国家战略研究 第1辑

周　琪 / 主编

社会科学文献出版社
SOCIAL SCIENCES ACADEMIC PRESS (CHINA)

卷首语

毫无疑问，世界正处在巨大的变革之中。从世界经济、战略格局、国际社会转型直至区域组合、国家发展等多个方面，世界变革之翼正在扇动起阵阵波浪。在这一波世界巨变中，中国蓬勃复兴和美国开始感到力不从心，是当前人们关注的焦点之一。今天，全球化已经是被用得最滥的名词了；但即使关注"去全球化"的人们也不得不承认它的世界属性。因为我们处在一个世界体系之中，我们面临的问题无法脱离世界的视角而仅仅从某一个国家或某一个领域来考量。因此，我们对问题的研究是具有世界视角的。也正是在这一视角下，我们在本书中研究中国和美国的发展及其相互关系问题，以及其他对世界变化具有重要影响的问题。

2016 年是中国实施"十三五"规划的开局之年，也是实现全面建成小康社会的攻坚期第一年。环顾国内外经济发展形势，我们看到，中国面临的挑战是严峻的，如何应对挑战、抓住机遇，变不利局势为有利局面，是 2016 年度中国发展战略的首要问题。

从国际环境来看，世界经济形势继续动荡，正处在大调整、大分化和大转变的阶段，有可能是世界性货币危机、银行危机和政治危机高频率发生时期。国际贸易、世界金融以及制造业等领域均存在萎缩和风险增大及产能过剩等问题。

首先，世界贸易萎缩造成全球经济增长乏力，同时造成经济增长缺乏动力。2015 年世界 GDP 增长率是 3.5%，低于 2002~2008 年的年均 4.5%。世界经济潜在产出没有提升，而且世界贸易和投资逆开放趋势变得越来越明显。全球化高涨时期，外贸一直是经济增长的引擎。美国奥巴马政府倡导的TTP、TTIP 明显地具有排他性、集团化和本地化特征。这表明全球化在原有轨迹上的急速飞驰过程中被踩了刹车；全球化不会逆转，但有可能发生变轨，出现新的形态和规则。

其次，世界金融体系脆弱，尤其欧洲金融存在很大潜在风险。德意志银行的严重亏损引人关注，它每年拥有几十万亿欧元交易量，且交易对象很大一部分是美国的银行。虽然现在能看到的损失可能只有 5000 亿欧元左右，但几十万亿欧元产生连锁反应的后果将十分恐怖。由于德意志银行对欧元有着极为重要的支撑作用，如果其出现问题势必引发欧元区的危机。最终美国一定会被带进去，后果便是美元汇率上升趋势很难持续。

因此，"十三五"时期，甚至在更长一个时期内，中国的国际环境与 20 世纪 90 年代以来的形势相比有很大变化。2015 年，中国外贸出口增长在三个方面表现得比较好，第一是对新兴市场国家的贸易，第二是对"一带一路"沿线国家的贸易，第三是对与中国签订自由贸易协定的国家的贸易。但是，由于中国的劳动力和土地都贵了，出口加工贸易表现不好，特别是以低端加工业为主的贸易。

从国内形势来看，中国经济结构转型面临着三大挑战。第一，中国经济进入新常态带来的挑战；第二，供给侧结构改革的挑战；第三，经济发展如何与生态、人文和社会发展协调的挑战。

2015 年，中国股市暴涨又暴跌。2016 年年初，一线城市楼市突然暴涨，首付竟然可以从一些所谓互联网金融公司获得贷款，这是典型的美国次级贷款模式在中国的翻版。如果不进行根本性的结构性改革，只着眼于某些金融手段，就长期而言不可能从根本上化解风险。

目前我国急需研究和解决的问题是：提供更加完善的金融基础设施，提供起码的支付结算工具，尤其是安全、高效的人民币跨境支付系统和工具。中国要在境外提供足够的人民币资产，要建立多种高效、稳定的回流机制，而建立稳定的、多渠道的、可供选择的回流机制，就要大幅增加对外人民币计价债务，促进其作为储备资产的使用。发展人民币在岸和离岸的债券市场，特别是在香港发展离岸的人民币债券市场，将其作为区域性市场来建设。要建立区域性的汇率协调机制，避免日元国际化的教训。长期而言，在亚洲区域内建立金融一体化的机制，可以避免单独面对欧元和美元的冲击。推动区域的金融合作机制的建设，在亚洲地区建立"人民币经济圈"应该成为中国金融战略的重要内容。

人民币正在加快国际化步伐，对其风险管理的问题应该引起我们的重视。对原有管理货币的理念、体系、手段等各种工具都要进行深刻的调整和提升。想推行人民币的周边化、区域化、亚洲化，就要维持人民币的相对稳定。

中国在产权、土地、人力资本、资金等这些要素和配置上出现了问题，主要是经济配置机制问题，既包括微观制度，也包括产权制度。微观制度要做根本性调整，放松管制，不仅包括教育、医疗这些领域，也包括国防领域；除了高度敏感的行业外。只要不涉及国家经济、安全稳定的，理论上都应该放开，增加竞争供给，减少或部分取消管制。

中国应逐步、适时地调整产权制度。土地产权制度完全不动，就会造成贫富分化、城乡差别等问题。农村土地制度可以做微调，增强流动性。林权改革步子应该放开一点，更大一点，但要在可控制的范围内。对农村土地，建议采取一些措施增加改变的幅度和力度，但由于条件不成熟，目前不宜进行全面制度改革。

目前，中国发展对外贸易最大的问题是成本上升。其中既有经济发展的必然性，也有很多政策性的因素，我们需要做出必要调整，放慢成本上升速度。中国在对外开放的问题上做了很多事情，如 FTA 发展很快；但总的来看，速度还不够快，力度还不够，真正关键性的谈判还没有取得太大突破。如 RCEP、东盟 10+6，还有中美、中欧的 BIT 谈判。这些谈判不能取得进展，就不能实现开放促改革的效果。

经济增长速度对我们国家仍是极其重要的。"十三五"期间要求经济年均增长速度在 6.5% 以上，难度非常大。要保证 6.5% 以上的经济增长速度，就需要做到该放弃的一定要放弃，比如，与东南亚相比已经失去竞争力的那些产业。我国已经不再具备过去那种劳动力的优势；未来劳动力成本很难再降下来；再加上能源成本、土地成本降不下来，税费、利息、运输成本也降不下来，那么，这些产业就很难发展。用大量投资去挽救房地产、煤炭、石油这类产业是不明智的。我们需要做"战略性放弃"，特别要放弃那些可能要被新技术颠覆的产业。

人口问题对于中国的未来发展具有重要的意义。人口下行与中国这一次经济下行关系紧密，需要给予极大的重视。日本现在面临的也是这个问题，人口负增长、经济下滑。对于日本安倍政府的政策，有一句很经典的评论，"你可以印出票子来，但是你印不出花票子的人来"。

技术创新是关键。技术创新是可以替代人口红利的。未来10年、20年、30年，只有创新和技术能够救中国。从美国来看，尽管经济经历几次低迷，但技术领先发挥了很关键的作用。

从战略上来考量，短时期内我国上升的产业首先是旅游。人到60岁后相继退休，预计可以带动15~30年的旅游热。随之带动的是航空运输、航空燃油等行业，此外还有医疗、养老、火葬场、墓地等行业也将受惠。因此，经济结构的转型，实际上会朝着这些行业方向发展。

根据2014年数字计算，我国服务贸易逆差仅教育方面就有1000亿美元，旅游方面逆差也达1000亿美元。现在，服务业的贸易逆差越来越大，尤其在教育、医疗、健康领域，很多人到外国去请私人医生，养老都跑到国外去，导致服务业需求也都流到国外，这是需要重视的。根本原因是这些行业没有放开准入，结果导致需求外流很大。这些阶段性产业一定要保住，因为这些产业可能有30年的发展。

国家越来越重视生态发展的问题，我们要把生态环境变成增长的一部分。把生态环境，比如湿地，和旅游发展结合起来，把原本认为的负担变成增长的部分。

中国提出的"中国制造2025"，实际上是传统工业向现代工业体系的转型升级，是工具、方法和手段。未来，中国的工业体系必须按照"中国制造2025"的思想进行升级改造。制造业是国家的命脉，工业产品是国家发展的支柱。

由于经济增长疲软，国家应对政策的出台更加密集，但是传统的货币和财政政策中期内不足以推动经济加速发展。为了缓解经济通缩风险，我们应鼓励央企和地方国企通过合并、改制、重组上市甚至破产来加速有序地去杠杆化，进一步推动产权多元化和新一轮的"债权换股权"。

展望"十三五"时期中国内外经济环境，我们面临的变化是巨大的，挑战是严峻的，但是中国并未失去重要的窗口机遇期。

"一带一路"倡议的提出和实施，是中国的破局之举，具有重要的战略意义。所谓"破局"必然伴随着巨大的风险。我们必须提高对"一带一路"的风险认识。"一带一路"的实施，不仅包括带动对外投资增长，以增长国外需求来弥补国内需求的不足，同时也包括破解国际贸易新变化对中国形成的制约。在国际贸易的新变化中，最为典型的是美国主导的 TPP 贸易谈判。TPP 是一个充满地缘政治算计的贸易协定，尽管其前景尚难预料，但其所代表的世界贸易规则变化的趋势，必须引起我们的高度重视。TPP 对中国短期内影响不大，长期来看会对中国外贸和投资产生一定影响，但是由此倒逼中国的企业改革，提高了中国企业的竞争力，同时加快中国金融体系的改革，我们完全有能力应对这个挑战。

分析中国发展的国际环境，美国的战略动向无疑是最值得关注的问题。事实上，美国和中国一样，也正处在世界变革的风口浪尖。

2016 年适逢美国大选，美国国内政治风波迭起，选情扑朔迷离。但是迷雾中仍然可以看到其政治发展的大体轮廓，特别是特朗普现象与桑德斯现象的凸显，表明美国的政治生态已经受到强烈冲击。此次大选期间，特朗普在共和党内异军突起，桑德斯在民主党内上升势头迅猛，背后是美国中产阶级和白人蓝领阶层的衰落、经济不平等的加剧、民主制度的困境、美国社会面临经济全球化感到的烦躁以及美国国际地位的变化。特朗普主要表达了白人蓝领阶层对美国现状与共和党建制派的不满，桑德斯则主要表达了美国年轻人和中下层白人对民主党建制派的不满。透过对特朗普现象与桑德斯现象的解读，以及对美国大选阶段性的分析，我们可以看到美国民粹主义思潮的崛起。无论此次大选鹿死谁手，美国的变化都势在必行。本书定稿时，美国大选结束，特朗普成为下届美国总统；特朗普政府将拉开美国变革的序幕。

实质上，美国的变化早已在多个方面表现出来。我们注意到，2010 年以来，美国国防支出无论是名义还是实际数额都在明显减少，而且占联邦政府支出和 GDP 的比重也在下降。究其原因，巨额政府债务和财政赤字、经济衰退和增长乏力具有根本性的影响。本书中《军费削减对美国军事力量的影响》一文指出，2011 年从伊拉克撤军和 2014 年从阿富汗撤军是过去几年里美国军费削减的直接原因，而巨额政府债务和财政赤字、经济衰退和增长乏力则是美国军费减少的长期性和根本性原因，同时社会支出的不断膨胀进一步挤压了国防支出。在对国防预算的削减中，陆军幅度最大，海军陆战队次之，空军削减幅度很小，海军基本上没有变化，但是国防部用于采购和研发的预算今后将会有较快的增长。这表明美国希望用数量换质量的方法来建立一支依靠高新技术的更敏捷、更灵活、更易部署的军队。然而，目前技术的进步并不足以对冲规模的减小。军费削减对美国常规军事力量产生严重不利影响，除了若干年内将不可避免地影响美国军事力量、军事战略和作战方式，而且势必进而影响美国的全球战略。

美国奥巴马政府的亚太政策与历届美国政府相比发生了重大变化，提出了把美国战略重点转到亚太地区的"再平衡"战略。尽管美国"再平衡"战略的提出，具有美国的经济、军事、外交以及国际政治和世界经济格局变化的因素，但无法掩饰近十年来美国国际影响力正在下降的趋势。本书中《美国推行"再平衡"战略的措施与阻力》一文认为，军事方面的"再平衡"比其他方面进展得更快、计划更周密；TPP 成为奥巴马政府"再平衡"战略在经济方面的重要支柱；在亚太地区内也进行了战略重点的"再平衡"，从过去更重视东北亚转变为加大了对东南亚的重视。然而，美国政府的"再平衡"战略并非没有遇到阻力和挑战。"再平衡"战略招致中国对美国意图的猜疑，给美国所期望的在全球重大问题上同中国的合作造成障碍；非军事方面进展缓慢导致"再平衡"战略被主要视为一个安全战略；国防预算的大幅度削减使美国军事力量被削弱；中东乱局和乌克兰危机牵制了美国的全球关注力，也使奥巴马政府在实施该战略时显得力不从心。

2015 年是世界的战争纪念年，中国和国际社会都举行了隆重的纪念活动，对 20 世纪重大战争灾难进行深刻反思。我们纪念战争，不仅是为了缅怀历史，更是对现实的危险提高警觉，战争有卷土重来之势，和平发展的历史潮流正面临战争风险的威胁。《警惕战争危机卷土重来》一文回顾了历史上战争的起因，分析了当前战争的潜在因素，提出防止战争风险、继续和平发展的应对之策。该文在分析战争危机加剧的时代背景和具体因素时指出，根据历史长周期的规律，今天的世界已经走过了国际秩序的平衡阶段，正处于不平衡日益加剧的阶段，已经越过了稳定的常态期，进入了动乱的常态期。第一，深重的经济社会危机毒化政治气氛，加剧可能导致战争的紧张局势。第二，国际乱局的扩大推动战争冲突规模的扩大。自 21 世纪第二个十年以来，国际性的地区动荡和战乱逐年加剧，范围和规模不断扩大。第三，军备竞赛由减转增，战争武器大量堆积。与安全环境的恶化趋势相同步，作为冷战红利的裁军和军备缩减的进程已告结束，世界转而开始新一轮军备竞赛。此外，国际极端主义势力的猖獗、传统的防止核扩散机制日益失效等都成为诱发战争的危险因素。

目　录

中国经济下行之症结与人口问题

周天勇[*]

摘　要：现代经济学描述的一般例行的经济周期，应在 3~5 年；如果没有 2008 年年底开始的财政和货币政策的强刺激，中国经济增长速度实际上从那时就开始下行了，迄今已近 8 年之久。中国经济"中速增长常态论"和"高增长论"是经济理论和政策研究界对当前中国经济下行分析的主流观点。

但深究起来，其论据都难以成立。事实上，当前中国经济下行的深层原因在于：中国实行长达 35 年的计划生育，造成人口增长率过快下滑及人口结构过快少子化和老龄化；同时，85% 的外出务工人员年老后没有办法留在城市，只能选择返乡，或者大量 20 世纪八九十年代出生的人漂泊在城市中。由此造成农村人口城市化水平很低。这些因素在影响当前经济下行的原因中占有很大比重。由于人口增速下降过快和老龄化时间较长、幅度较大，中国与其他国家中等收入陷阱不同的、特有的中等收入"人口坑"陷阱。抗击经济增速下行不可能决胜于短期一役，而是需要一个艰苦努力的持久过程。从思路和政策上讲，首先，要推出长期稳定经济增长的人口恢复政策。其次，应出台促进人口流动和重启城市化的体制改革政策。再次，在适当一段时间内采取定向从外吸引和迁移人口的政策。

关键词：中国经济　人口政策　人口老龄化　人口流动　体制改革

---

*　周天勇，中共中央党校国际战略研究所副所长，教授。

当前，中国经济正处于下行之中。从国家统计局 2015 年 10 月中旬公布的国民经济数据看，国内生产总值（GDP）增长速度从 2011 年的 10.2%，下滑到 2015 年第三季度的 6.9%，消费价格 2015 年 1~9 月上涨 1.4%。[①] 从媒体报道看，2015 年入秋以来玉米价格下跌明显，农户价格平均下跌 20%以上，最高跌幅相比上年达 30%；小麦在 10 月 1 日前也经历了一轮断崖式下跌。[②] 截至 2015 年 9 月，国内需求不足导致工业品出厂价格连续 43 个月下降，劳动力人口减少导致劳动力工资和社保等成本上升，使工业产能开工率仅为 65%~70%。

在没有其他特殊原因的情况下，现代经济学描述的经济运行周期，一般发生在 3~5 年。根据这一标准，中国经济的增长速度本应在 2008 年就进入下行阶段，但是，由于 2008 年年底开始的财政和货币政策的强刺激，中国经济增长速度的下行被推迟了 8 年之久。

与其他东亚国家相比，中国经济增速下行为何来得如此之早？导致下行的特殊或深层次原因是什么？未来下行还会持续多久？下行的底部在什么水平上？笔者认为，国内主流观点的分析并没有说清楚这些问题。在中国经济理论和政策研究界对经济下行的各种分析中，比较著名的有"中速增长常态论"和"高增长论"，但深究起来，其论据都难以成立。笔者认为，此次经济下行的深层次原因是过去时间过长和力度过大的、中国特有的计划生育政策，造成人口增长率过快下滑和人口结构老龄化。本文根据计量经济模型的验证，1974~1994 年的人口增长与 20 年后 1994~2014 年的经济增长速度高度相关。以此预测，1995 年以后的人口增长下行很陡和很快，可能导致"十三五"期间经济增长速度从 7% 急剧下降到 3.5% 左右；"十四五"期间又会从 3.5% 下降到 2% 左右；以后在 2035 年之前，一直会在 1.5% 左右徘徊。[③] 这将严重影响中国 2020 年全面实现小康社会和 2050 年达到中等发达国家发展水平这一伟大任务的完成和目标的实现。

搞清楚这次国民经济增长持续下行的意义在于：一是经济增长处于中低

---

① 中华人民共和国国家统计局网站，http://www.stats.gov.cn/，下同。

② 金微：《三大主粮价格罕见全线下跌》，《华夏时报》2015 年 10 月 17 日。

③ 周天勇：《人口生育和流动管制的经济后果》，《财经问题研究》2015 年第 9 期，第 3~14 页。

速水平容易成为一个政治问题，使中国难以实现在两个百年全面建成小康社会和达到中等发达国家水平的发展目标。① 经济下行实际上是过去政策造成的后果，而且未来还会进一步加重和持久，如果看不到这一点，单纯强调中国经济的增长潜力，认为未来中国经济增长还会以 8% 以上的高速度维持 15~20 年，将使中国经济决策者处于被动地位。二是必须搞清楚造成经济下行的深层次原因是什么，才能对症下药，采取有针对性的体制改革和行之有效的经济政策，使宏观调控的副作用更小，效果更好。

一　"中速增长常态论"和"高增长论"的缺陷

"中速增长常态论"和未来 15~20 年中国经济还会以 8% 以上速度增长的"高增长论"是当前中国经济理论和政策研究界的主流观点。但是，这些论点均存在着解释乏力和论据不足的缺陷。

（一）"中速增长常态论"解释的乏力

"中速增长常态论"认为，中国经济未来会保持中速增长的常态，其政策含义是：中国已经到了中速增长阶段，不必强行刺激，关键是提高经济增长的效率。②

"中速增长常态论"的代表者认为，按照其他先发国家和地区经济发展规律，中国经济经过 30 多年高速增长，自然会进入中低速发展阶段。德国、日本、韩国和中国台湾等国家和地区，就是按照这种轨迹发展起来的。因而，大多数国家在人均 GDP 达到 11000 美元（以购买力平价计算）时，基本上都从 8% 的增长速度进入中低速度。目前，中国经济正处在由高增长向中高速增长的转换期。这个中高速增长的"底"在何处，还没有被探明。从国际经验看，日本、韩国在从高增长期回落时，增速下降幅度接近 50%。③ 中国是一个经济发展不平衡的大国，高速增长回落后的均衡点可能会高一些，比如在 7% 左

---

① 从中国共产党 1921 年成立到 2020 年建党百年时，全面实现小康社会；从中华人民共和国 1949 年建立到 2049 年建国百年时，经济社会发展达到中等发达国家水平。
② 刘世锦：《攀登效率高地（2015~2024 年中国经济增长展望）》，中信出版社，2015。
③ 刘世锦等：《陷阱还是高墙：中国经济面临的真实挑战和战略选择》，中信出版社，2011。

右，或者 6%~7%。① 这种观点认为，中国经济规模已经比较大了，基数大速度就会下降，劳动力成本就会很高，资源、环境、土地等要素约束会不断增强。目前，中国按购买力平价计算的人均 GDP 已经达到 11000 美元，正是从高速到中高速，甚至中速的转折时期，8% 以上的高速增长将难以维持。其政策含义是，从未来长期来看，国民经济不会再回到高速增长的水平上来。所以，宏观经济政策要"淡定"，要保持这种 7% 及 7% 以下的中速度增长；这一增速水平将常态化。

"中速增长常态论"的论据是：第一，中国与日本、韩国以及中国大陆与中国台湾同阶段发展相比较，已进入速度下降期。第二，中国 GDP 规模基数已经较大，而基数大会使得速度下行，这是个规律。但是，这些论据是值得怀疑的。

首先，中国经济的发展轨迹不能与日本、韩国以及中国台湾地区做简单比较。

2011 年，中国高增长阶段结束。它是以汇率美元计，是在人均 GDP 从 5500 美元向 13000 美元冲刺时，从 8% 的速度跌落下来的，并非如韩国和台湾地区一样，在 12000~14000 美元的区间跌落下来；与同为东亚模式的其他国家和地区比，中国现代意义上的增长从 1979 年开始到 2011 年从 8% 的速度跌落，只持续了 33 年，比韩国和台湾地区要短 10~15 年。33 年，正是中国的发展进入从中高收入向高收入关键阶段冲刺的节点，但中国增长的推动力却在此时减弱了。

事实上，早在 1998 年中国 65 岁以上的老年人口就达到总人口的 10.2%，进入老年化社会，当时人均 GDP 只有 869 美元，远低于世界其他老年化国家（以 65 岁以上人口占总人口 10% 为准），已经呈现"未富先老"的状态。只不过 1978~1988 年农村公社解散和农户承包，以及知识青年集中返城结婚生育形成人口增长，加上放开农村剩余劳动力向城市转移和加入世界贸易组织（WTO），使中国经济在 1998 年之后的 10 年中仍然能保持高增长，未出现未强先乏力的征兆。

---

① 刘世锦：《以深化改革开启经济增长新常态——近中期中国经济形势展望》，财新网，2014 年 3 月 20 日。

与韩国和台湾地区相比较，中国经济从8%的增速跌落，再未回返的年份是2011年，当时的发展水平（以汇率美元计算）是人均GDP为5447美元；而韩国是2002年，人均GDP为12094美元；台湾地区是1997年，人均GDP为14048美元。韩国从2002年往前推到1961年，高增长期间为42年；台湾地区自1997年推到1950年，高增长期间为48年。中国大陆1978年人均GDP不到150美元，从此开始市场经济条件下和二元结构转型过程的现代意义上的经济增长，到2011年增长速度下降到8%以下，其间仅有34年。[①]

"中速增长常态论"的问题在于：（1）中国在从8%的速度跌落时，人均GDP无论是按实际汇率，还是按购买力平价计算，只是韩国和台湾地区的45%和39%，称其发展轨迹与韩国和台湾地区相同，与事实不符；（2）如果中国经济以后不能回到8%以上的增速，从高增长起步到结束的时间看，中国比韩国短了9年，比台湾地区短15年。韩国和台湾地区，从人均GDP为5500美元的中等收入水平到12000美元和14000美元的高收入发展阶段，正是经济高速增长的冲刺时期，中国大陆与韩国和台湾地区有相似的东亚发展结构和模式，因此对比起来，无论怎么说，中国经济增长也不应该现在就进入中低发展速度的区间。

表1　中国大陆与韩国、台湾地区经济增长历史比较

国家和地区	GDP 8%速度截止年份	8%以前的高增长时间	人均GDP（当时汇率美元）	人口生育率（%）	人口自然增长率（‰）	65岁以上人口比例（%）
韩国	2002	1961~2002年共42年	12094	1.17	3.5	7.0
台湾地区	1997	1950~1997年共48年	14048	1.70	9.0	8.0
中国大陆	2011	1978~2011年共34年	5447	1.04	4.8	9.1

资料来源：笔者根据三地统计局网站有关数据整理得出。

[①] 周天勇：《人口生育和流动管制的经济后果》，《财经问题研究》2015年第9期，第3~14页。

从表 1 可以看出，中国经济增长率高于 8% 的期间比韩国和台湾地区短 8~16 年；在从 8% 的增速跌落的年份，中国的人均 GDP 比韩国和台湾地区少一半多，人口生育率低于韩国和台湾地区，人口自然增长率低于台湾地区，略高于韩国，人口老化程度高于台湾地区和韩国。其经济含义是：未富先老，未强先衰；经济增长失去了在人口增长和人口具有年轻活力时的动力；计划生育政策的实施使中国失去了 10~15 年的高增长时间。

其次，"中国经济总规模基数大而使增长速度下降"的观点论据不足。经济总规模基数与人均经济规模基数应当有所区别。虽然中国经济总规模已经排在世界第二，但是，2011 年人均 GDP 水平却排在全球第 89 位。从地理面积密度来看，中国比日本、韩国和台湾地区都要小得多，也无法支持基数已经很大而速度下降的论点。

中国经济"中速增长常态论"并没有解释清楚，为什么中国经济在人均 GDP 为 5500 美元的向高收入冲刺阶段就进入了中低速增长？为什么中国经济 8% 的高增长的期间比韩国和台湾地区大体短了 8~16 年？因此，"中速增长常态论"没有解释清楚中国经济下行特殊的、内在的和根本的症结是什么。

（二）"高增长论"存在的盲目性

与"高增长论"相关联的还有"外因说"，即认为中国经济下行主要受世界经济下行的影响，中国经济本身还有较大的上升空间。其政策含义是：政府不能对经济下行坐视不管，而要以积极的财政和货币政策，调控经济增长回升。虽然这一派观点对保持中国未来经济的信心有利，但是在政策操作上，也给是否用财政和货币手段进行强刺激，政策力量应该运作到什么程度，提出了一个预期不明的两难选择。

这一派的代表学者认为，根据世界银行近年公布的数据，无论全世界的、发达国家的，还是发展中国家的增长率，都比往年有所下降，这是世界各国共同的趋势。国际周期性波动可以解释中国经济增长速度的下行。[①] 持该派论点的学者特别强调城市化对中国经济长期高增长具有推动力。他们认

---

① 林毅夫：《国际外部性因素是重要原因》，新华网，2015 年 3 月 4 日。

为，到 2049 年，中国人均 GDP 水平将达到 4 万~5 万美元；城市化率达到 75%，未来人口达到 2000 万的城市会日益增多。因此，中国经济还会以 8% 的速度增长 15~20 年。[①] 从韩国、新加坡和台湾地区等东亚经济体来看，它们利用后发优势，在人均收入仅达到美国的 21% 的时候，实现了 20 年的 7.6%~9.2% 的增长速度。[②] 中国人均 GDP 为美国的 15% 左右，所以中国国民经济还具有长期高增长的潜力。

但是，"高增长论"存在着盲目性。

首先，"高增长论"没有看到中国经济下行的首要原因是内需萎缩。

（1）中国投资和消费内需不足是自身的问题，而不是国际经济状况所致。中国经济波动与世界经济动荡之间的确互为影响；目前，中国需求不足对世界经济下行的影响越来越大。从表面上看，美国 2008 年次贷危机和欧洲 2011 年主权债务危机使全球发达国家进口需求萎缩，造成中国出口困难。在欧美经济陷入最低谷时，似乎可以说中国出口的下降与欧美经济的不景气有关。但是，如果说中国经济主要是受世界经济不景气造成的，那么，在欧美经济近几年复苏和好转时，中国经济也应当同步回升。但是，中国与世界的经济起伏实际上是反向的，即在欧美经济复苏时，中国经济反而下行。这说明，将这次时间较长的中国经济下行的主要原因归结于欧美日等国和世界经济不景气，是不成立的。

（2）中国出口竞争力下降的重要原因是自身劳动力成本（工资加社保等）的上升。中国人口的少子化和老龄化，导致要素供给方面劳动力成本进一步上升，抑制了出口增长；各种消费需求增长速度也因此放慢，特别是住宅需求趋于饱和和过剩。由此而来的是建材、房地产、家具家电等产能过剩。相当多的产品需求下行，导致对其生产能力的投资增速也因此下行。2014 年，中国作为占全球贸易总量 12.2% 的贸易大国，因内需不足，对进口需求放缓，特别是对世界主要大宗商品需求疲软，成为影响全球经济增长速度下行的重要因素。中国进出口的变动亦影响了世界其他经济体的进出口变动。

---

① 林毅夫：《城市化是中国经济发展的重要增长点》，《南方日报》2013 年 10 月 12 日。

② 林毅夫：《如何挖掘中国的增长潜力？》，爱财经网，2014 年 10 月 28 日。

其次，"高增长论"没有看到中国迁移人口进城并市民化的比率很低；2008 年政府就对此进行了强刺激，但其结果是产能和住宅存量过剩更加凸显。

（1）中国迁移人口市民化存在着障碍。中国农村人口城市化流向的特点是"青出老回"。由于城镇户籍、住房、教育、社保等体制存在"半歧视"因素，进入城镇的农民并没有从此定居下来，而是在年老后失去工作能力时又从城镇回到农村，或者终身在城镇中漂泊，居无定所，没有完全和平等的教育等公共服务和社会保障。这样的人约占进城农民的 85%。中国城市化特有的流程和过程对经济增长的推动力量，同样不能与德国、日本、韩国和中国台湾地区做简单比较，两者在人口流动管制政策、土地制度、地方财政体制方面存在很大差别。中国人口规模巨大，地区之间发展不平衡，从 1950 年起有两段截然不同的变动过程，一是计划经济、"一大二公"的经济模式和人口迁移管制及户籍城乡分割体制，严重约束了人口流动；二是从过去计划体制向市场经济转型，农村人口可以到城镇务工和暂住。今天中国经济运行、结构和增长之后果，带有以往体制和政策的深刻历史烙印。

1978 年以后，中国经济向市场经济转轨，逐步放开了人口流动、允许农村劳动力到城镇务工并实行临时居住制度，特别是最近通过了居住证暂行条例，进一步推进户籍制度改革。[①] 但迄今为止，中国与德国、日本、韩国和台湾地区仍然不一样的是：第一，没有彻底放开户籍管制，还存在城乡户籍分割，这是一种半管制的人口流动和迁移制度。第二，存在教育等公共服务的不平等。农民和进城农民工的子女不能享受与城镇居民同等的教育。第三，社会保障方面，进城农民工在异地的养老金划转和接续上存在障碍，许多企业没有给农民工缴纳各种社会保险金；农村合作医疗体制不能与城市的医疗保障体制接轨；农村养老标准和城市养老标准存在巨大差距，农村老年人口无法在城市生存。第四，虽然土地制度改革不断推进，但复杂的集体土地承包体制，使想进入或者已进入城市的农民，无法通过简单和易操作的产权交易或者其他流转的方式，退出土地和农业；政府强制的和不平等的土地

---

① 国务院总理李克强 2015 年 10 月 21 日主持召开国务院常务会议，通过了《居住证暂行条例（草案）》，见凤凰网 2015 年 10 月 22 日报道。

征用，使农民无法获得土地交易的合理收益，加上多年以来对农村超生子女越来越沉重的罚款，相当多的农民在城镇中创办小企业和购买房屋的支付能力低下。

由于城镇房价太高，而农村农民和进城农民工收入水平较低，他们之中在务工城市或家乡周边城镇购房的人口所占比例较低。农民虽然已经进入城镇，但以住宅建设和销售为主要内容的城市化，以及由此产生的对经济增长的推动力，与韩国和台湾地区相比仍然大打折扣。让80%以上进入城镇的农民拥有自己持有产权的住宅，不再租房漂泊，是他们得以成为市民的基础。然而从农村农民，包括进城农民及其家庭来看，想进入城市，到城镇买房，特别是在工作地买房，至少从购买能力上看，大部分人几无希望。2014年，中国农村居民人均收入为9892元，农民每户年收入为34683元。如果直接到城镇买房，其房价收入比为17.29，即农民即使不吃不喝，也要积攒17年才能买得起城镇住房。而在城镇工作的农民工，以其两口人就业年收入约为6万元计，房价收入比为10，同样不具备购房能力。即使农民工在城镇租住，成本也相当高昂。根据国家统计局2013年的统计调查，全国进城农民工月均生活消费支出为892元，其中，453元用于房租，占消费支出的50.78%①，高出国际一般水平20个百分点。

（2）作为城市化核心推动力，住宅供给已经严重过剩。由于大量农民买不起城镇住宅，同时城镇人口呈少子化、老龄化和低生育、低增长的现象，城镇住宅建设和供给规模出现严重过剩。

从1991年到2015年年底（其中2015年预计商品房竣工400万套，保障房竣工480万套），我国城镇商品和保障住宅竣工累计套数（加上住房体制改革前原有存量，再加上7000万套小产权房），规模为34781万～37781万套，减去估计拆除的2000万套，到2015年年底，城镇住宅存量为32881万～35881万套。截至2015年8月底，正在施工的商品住宅面积还有46.62亿平方米，新开工的近6.6亿平方米，共计53.22亿平方米。② 除去上述数

---

①　数据来源于中华人民共和国国家统计局网站。

②　数据来源于中华人民共和国国家统计局网站。

字，从 2015 年 9 月到年底还会有约 1 亿平方米商品房竣工。2016 年之后即使没有任何一个新楼盘开工，也还将增加 5222 万套房屋供给，届时，城镇全部住宅供给将达到 38103 万~41103 万套。全部竣工后，按每套 3.5 人计，城镇住宅可容纳 13.33 亿~14.38 亿人口居住。预计到 2015 年年底，我国城镇已被购买和竣工住宅的空置率为 20%~25%，城镇地区空置住房为 6576 万~8970 万套，其中开发商未售出的库存住宅在 700 万套左右。

去除伪城市化因素，城镇常住人口户数大体为 1.38 亿。住宅全部竣工后，扣除部分外出农民工和一部分老人在城镇购买的大约 1500 万套住房，城镇常住居民，每户平均可拥有 2.27~2.49 套。按照城镇居民人口中 21%有多套房，66%平均一套房，13%无房租住计算，[①] 2015 年如果扣除开发商没有售出的库存住宅，减去 1500 万套被农民工买去的住宅，城镇居民中拥有 1 套房的有 9108 万户，租房住的有 1794 万户，多套房的有 2898 万户。

根据上述两大主流观点的判断可以得出以下结论：第一，中国将进入中速增长的常态化，只有通过提高效率来推动增长速度；第二，由于这次下行是外部需求不足引起的，是周期性的，中国未来还会因城市化水平的提高，而能够以 8%的速度高增长 15~20 年。因此，政府还要实行扩张的财政和货币政策，通过扩大投资来提高增长速度，填平波谷。但是，基于我们的上述分析，产生了如下问题：提高效率、增加供给，能抑制消费的萎缩吗？还能以大力发展房地产业推进城市化吗？一般扩张性的财政和货币政策，能刺激消费使其不陷入下行吗？以这样的思路和政策，能维持经济增长速度吗？这里显然存在着理论与实践困境。

二 人口增速下行和老龄化是经济下行的深层原因

准确找出中国经济增长下行的原因，对有针对性地谋划应对思路和政策，有重要意义。由上所述可以看出，中国经济下行的原因，表面上是

---

① 相关数据见西南财经大学中国家庭金融调查与研究中心甘犁等 2014 年 5 月 20 日发布的《中国家庭金融调查》，中国家庭金融调查与研究中心网站：http://chfs.swufe.edu.cn。

2008年开始的美国次贷危机和欧债危机等外需减少所致，但是后来受自身内需不足的影响越来越大，而且中国进口需求不足，也越来越成为影响世界经济下行的重要因素。"高增长论"认为，中国城市化水平还很低，等达到75%的水平，就会有大量的房地产和基础设施投资与建设，其需求将带来15~20年8%的高增长。但是，如果不彻底改革户籍、土地、公共服务和社会保障体制，以现在的格局而言，中国城市化基本上已经中断，不可能再有较明显的通过农民进城来推动未来经济增长的动力。

因此，从深层原因来看，中国经济下行在很大程度上是人口增速放缓和老龄化所致。在此次中国经济增长下行的压力中，人口少子和老化的权重占50%~60%；营商环境、税费负担和借贷资本财务成本等方面的不利因素占30%~35%；而中国经济内外联系方面的服务贸易不平衡、投资过度、外流和不法资金外逃占15%~20%。但是究其首要原因，这次中国经济增长下行还是人口超低生育、过低增长和过快老龄化造成的。

由于中国长期实行力度过大的计划生育，造成人口生育减少，人口增长下降，由此带来劳动力增速放缓，甚至负增长；消费因人口增长下降和老化而萎缩，特别是购买住宅的人口增速放慢较快，甚至以后还会进一步下降。

（一）人口增速放缓和老龄化

在能够影响经济增速的最大的变量方面，中国大陆与日本、韩国和台湾地区的不同之处如下。

（1）改革开放以前，在商品服务生产分配方面实行计划经济，但在人的生产上还能自主决策；改革开放之后，商品服务生产分配方面走向了市场经济，但人的生产上却实行了比韩国、新加坡和台湾地区指导性计划生育更有执行力和强制力的计划生育。

（2）中国是世界上唯一实行强制性计划生育的大国，而计划生育的最大缺陷是只能减少新生人口，不能调控各年龄人口（幼童、青少年、中成年和老年）及男女人口分布。计划生育甚至使中国大陆在人口变量方面产生这样的后果：第一，人口下降曲线比没有实行计划生育和实行指导性计划生育的国家和地区的下行要陡得多；第二，少子化和老龄化的程度比其他国家和地区更大（见图 1）；第三，男女比例失调，2013 年，男性人口比女性人口多近 3000 万人。①

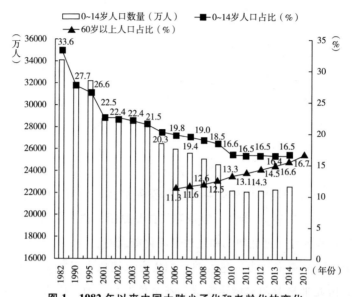

图 1　1982 年以来中国大陆少子化和老龄化的变化

资料来源：中华人民共和国国家统计局网站。2015 年 60 岁以上人口数为民政部预测数。

（3）与没有实行强制性计划生育的国家和地区相比，中国大陆较陡的人口生育和增长率曲线，与正常人口生育率和增长率曲线之间，形成增长过程中的"人口坑"（见图 2）。这个"人口坑"的下斜线，既形成每个时期经济增长下行的压力，也成为造成经济增长长期低迷的因素。从对消费投资的影响等方面来看，首先，推动劳动力成本上升，导致人口萎缩和老化，使以其为基础的消费以及投资和建设等都受到影响，导致经济增长速度放缓。其次，由于青年人消费率高，老年人消费率低，特别是青年人收入的边际消费率高，老年人低，导致结构性消费萎缩。而从整个多代际间的变动过程看，由于人口增长整体萎缩，随着幼童和青少年各种教育、成人住宅等消费以及老年健康医疗等消费的起伏，国民经济形成排浪式的衰退。

① 《专家称 5 年后中国光棍人数接近澳大利亚总人口》，中国青年网，2015 年 9 月 1 日。

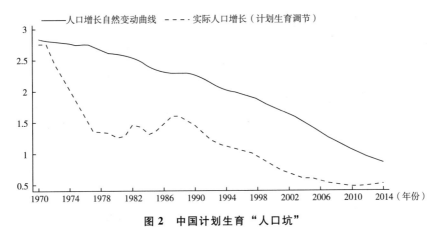

图 2　中国计划生育"人口坑"

资料来源：实际人口增长线来自中华人民共和国国家统计局网站。人口自然增长曲线为笔者采用 2013 年世界各国不同人均 GDP 发展水平上对应的人口增长率，模拟动态中国人口增长率而得。

（二）人口增长和结构剧烈变动必定影响经济增速

在中国，人口研究学者一般不关心国民经济静态运行、动态周期和宏观调节政策，而研究宏观经济运行和动态经济发展的学者则一般不研究人口变化因素对经济的影响。这是很大的缺憾，也说明为什么学界对 2008 年起长达 8 年之久的经济下行原因解释乏力，无法提出摆脱这一困境的大思路和可行的对症下药办法。

（1）一般来说，人均 GDP 越高，人口生育率和增长率越低，经济增长率也越低。而中国却是在人口超低生育率和低增长率的情况下，经济还能保持长时间的高增长。然而，中国在人均 GDP 只有 5500 美元时，人口生育率和增长率已经降低到了人均 GDP 为 13000 美元左右的国家和地区的低生育和低增长率的状态。这与国际一般规律偏差较大。

（2）笔者在对中国 1974~1994 年人口自然增长率与 20 年后 1994~2014 年的经济增长率数据进行回归分析中发现，两者竟然高度相关（参见图 3）。在人口增长波动较大的国家，由于人口在 20 岁左右时要进入劳动年龄，要成家结婚，要租房购房，要生儿育女，其增长率的上行和下行，对消费和投资以及经济增长速度，有着非常大的影响。

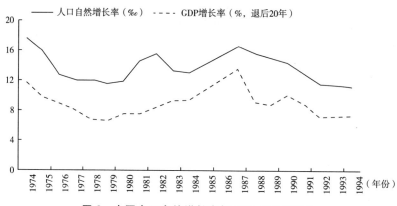

图 3 中国人口自然增长率与 GDP 增长率对比

资料来源：中华人民共和国国家统计局网站。

从图 3 可以看出，正是 1978~1987 年，农村联产承包在一定程度上恢复了自然的小农经济，知识青年集中在这个阶段回城结婚生育，人口增长率上行，在 20 年后这一时期的人口达到了劳动年龄以及农村中的这些人口向城镇和工业转移，进入各种工作领域，并结婚生育，开始买房及其他消费。这一时期（1998~2008 年）也正是中国国民经济高速增长时期。而后来越来越严格的计划生育和人口向外流动导致生育率逐步下降，人口增长率下行。20 年后，2008 年开始劳动力人口增速放缓甚至减少，结婚生子的人口增长放缓，受此影响，国民经济增长趋于持续下行。

（3）关键在于，20 年前人口增长与 20 年后经济增长高度相关性已为铁的事实所证明，如果中国经济学界不能推翻这一数据关系所表达的定理，那么，由于 1995~2010 年人口增长率下行的坡度仍然很陡，从 20 世纪 90 年代到现在，生育率越来越低，人口增长率也趋于下行，下一个十年如果不采取特别的重大战略措施，经济增长率将从 7%一直下滑到 2%左右。

凯恩斯在《就业、利息和货币通论》中解释国民经济周期性变动时，曾经提到固定资产寿命和人口增长速度是其中的两大变动因素。[①] 这也是最基本的经济学原理之一。但是，在中国经济增长波动研究中，学术界却对因实施强制性计划生育而导致人口变动的中国特有的经济增长因素视而不见。

---

① 〔英〕凯恩斯：《就业、利息和货币通论》，高鸿业译，商务印书馆，1999。

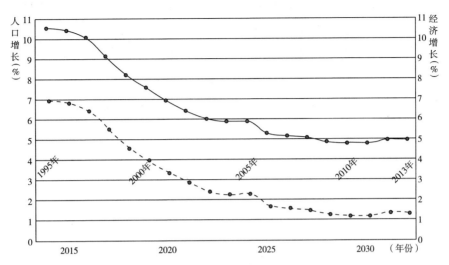

图4 1995～2013年人口增长下行对2015～2033年经济增长的压力关系

资料来源：周天勇：《人口生育和流动管制的经济后果》，《财经问题研究》2015年第9期，第3～14页。

（三）增长乏力：人口流动不畅和城市化进程的中断

农村人口城市化是一个世界性的经济规律和社会发展趋势，世界上还没有在农村人口占很大比例的情况下实现从发展中国家向发达国家转变的先例。农村人口不断地向城市转移和集中是一个国家经济高增长的重要推动力，其结果是迁移人口真正实现城市化的水平达到65%时，基本完成工业化，达到85%时进入较成熟的后工业化国家。

从刘易斯和舒尔茨等人的二元结构和人力资本理论来看，人口流动，特别是城市化，既是流动过程中通过学习等形成人力资本的过程，也是剩余劳动力得到利用、收入提高和相关土地等资源重新配置，推动经济强劲增长的阶段。舒尔茨经过计算认为，美国20世纪初的经济增长，有1/4来自人口流动的推动。[1]

国内经济学家们往往将中国大陆的人口流动和城市化水平及阶段与一些国家和地区做简单比较，忽视了中国在户籍、流程、公共服务制度和土地体

---

[1] 周天勇主编《新发展经济学》，中国人民大学出版社，2006。

制上存在巨大差异。户籍不能城乡统一；年轻时出村进城，老年后出城回乡；教育、医疗和养老等社会保障不公平；土地体制僵化。这些使得人口流动、人口消费和投资、农村土地等资源的再配置等在其他国家和地区可以成为强劲促进经济增长的动因，在我国的推动力则锐减一半。

（1）如图5所示，中国85%的农村人口只是在年轻力壮时进城务工，待年老时便回到农村，几乎没有对住宅等的大额投资和消费，因而对经济增长贡献较小；老年回到农村后，其消费水平更仅是城市居民消费水平的1/4到1/3，形成消费塌陷。

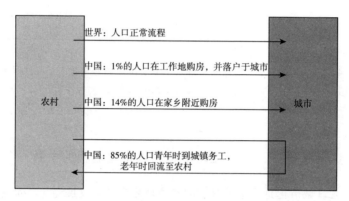

图5 中国特色城市化人口流动

资料来源：周天勇：《人口生育和流动管制的经济后果》，《财经问题研究》2015年第9期，第3~14页。

（2）由于所有权的复杂性，农村农民使用的耕地、宅地和林地等再配置存在着障碍，全国近1亿亩农田撂荒或者粗耕；流转集中的土地，由于谈判成本高、租金不断上升等不确定因素，规模经济举步维艰。

（3）由于存在政府强制征用和寡头垄断卖地的方式，城区和开发区盲目扩大，项目用地高估多报，土地的再配置浪费严重；城市中的资金不能通过交易和股份等长期共同赢利的方式进入农场、林场和其他农村项目。

（4）由于教育、医疗和社保的不平等，进城农民家庭有大部分儿童和相当部分妇女留守农村，进城农民工及其子女在这些准公共产品的消费上，水平也较低，对教育、医疗、健康和养老等服务的消费能力和支出有限。

(四) 放开生育将有助于实现小康社会的目标

有学者认为，增加人口会影响人均 GDP 翻两番的目标，这是错误的观点。首先，我们应该看到经济急剧下行的危险与常规政策的无效。

如上所论，就 2016 年以后的情况来看，由于人口增长曲线下滑太陡，经济增长率会从 7% 一直下行到 2% 左右，最后徘徊在 1.5% 的水平上。扩张的财政和货币政策是一种短期的、西医式的治疗办法，副作用较大，不能持久地、根本地增加国民经济的朝气，对冲下行的暮气，根本解决不了长期人口增长下行和人口老化造成的未来经济增长长期下行的难题，而且还会同 2008 年年底的强刺激一样，形成住宅和产能过剩等更严重的后遗症。放松、放开生育，虽然短期内不如财政政策和货币政策效果明显，但逐步增加人口，改变人口增长下行较陡的曲线，这是一种中医式的根治疗法。逐步增加人口规模，逐步缓解人口萎缩和老化问题，夯实需求基础，从对深层次症结的解决入手，避免未来国民经济增长从 7% 下降到 2% 的趋势，使中国经济在今后 35 年的增长率，保持在 7%~4%。

这种对症下药的疗法，其效果为：第一，止住人口进一步萎缩导致的经济增长即期下行。避免新生育人口继续负增长给经济增长带来的更大压力。第二，人口自然增长率回升，可以对冲老年化人口死亡率高带来的消费减少，新生育人口可当期增加一定的消费品和服务等需求。第三，通过放松、放开生育措施，每年增加一定的新生人口，可逐年形成人口累积，扩大消费和投资需求，对经济增长起到越来越强的支撑作用。第四，从 2016 年开始放松、放开生育，到 2036 年时会形成新一轮经济增长上行期，这一是对前期失去的经济增长速度的后补；二是据曹远征和马俊领衔的两个团队的研究，2035 年以后是中国老龄化造成的社保资金缺口最严重的一个阶段，而 2016 年开始增加生育的人口，2036 年后进入劳动年龄，可扩大提取社保金的基数，大大缓解养老金缺口，降低债务和金融危机的风险；三是避免中国 GDP 总量崛起后被印度超越，同时被美国再次超越，陷入二次衰落的风险。

其次，放开生育将有助于实现 2020 年全面建成小康社会的人均 GDP 目标。上述错误观点认为，劳动力创造的 GDP 有限，而婴童是消费人口，这使得人均GDP增长放慢。但是这一观点没有看到：第一，新增人口萎缩，老年人消费率低等，对消费和投资是负乘数和减速效应。而新增加的人口由于婴童消费率高，反而会产生消费和投资，最终对GDP形成正乘数和加速效应。第二，目前中国的问题是供大于求，因此，增加需求将使生产和服务能力得到最大利用，从而能创造出更大的GDP。此外，在实际消费过程中，相关购买与拉动生产和服务具有关联效应，即有支出的乘数作用，新增GDP除了保持新增人口人均GDP与原有人口一致外，还会多增加GDP，推动人均GDP的较快增长，有助于实现2020年人均GDP比2000年翻两番的目标。这样，根据人口生育情况，放松、放开生育，不仅不会导致因人口增加而使2020年全面建设小康社会人均GDP目标无法实现，反而有助于这一目标的实现。

（五）从国际比较来看中国的"人口坑"陷阱

上文已经指出，从无计划生育的国家和地区人口增长曲线、韩国和台湾地区等指导性计划生育人口增长曲线和中国强制性计划生育曲线间的比较来看（参见图2），第三条曲线与第一条和第二条曲线之间，存在程度不一的"人口坑"。从人均GDP自5500美元向15000美元迈进的阶段看，中国已经进入这一陷阱，如果没有特殊的替代性措施，在未来的35年中，中国经济增长将从7%转入1.5%左右的长期低迷阶段，从21世纪20年代初经济增长速度下滑算起，可能会造成"21世纪中国发展失去的40年"。从世界最大经济体美国和人口仅次于中国并同为金砖国家的印度比较来看，此预测并非危言耸听。

"人口坑"与"中等收入陷阱"存在关联。国内学界曾经对"中等收入陷阱"展开过广泛讨论，这里仅就"人口坑"问题把中国与美国和印度做比较分析。

首先，美国和印度对中国在国际竞争中的人口优势不能忽视。虽然美国人均GDP的基数已经很高，印度有其政府行政执行力弱、种姓制度不利于低层人群向上流动等因素，但是，在人口增长速度和结构方面与中国相比，美国2014年人口生育率为2%，人口自然增长率为9‰，人均GDP为52800美元，65岁以上的人口超过总数的13%，2015年全年GDP预计增长2.5%。

印度 2014 年人口生育率为 2.3%，人口自然增长率为 18‰，人均 GDP 为 2117 美元，24 岁以下人口占总人口的 50%，一些国际机构预测 2015~2018 年，印度经济增长率将为 8% 左右。中国 2014 年人口生育率为 1.26%，人口自然增长率为 5.21‰，人均 GDP 为 7589 美元，65 岁以上人口占总人口的 10.05%，2015 年经济增长率预计为 6.9% 左右。

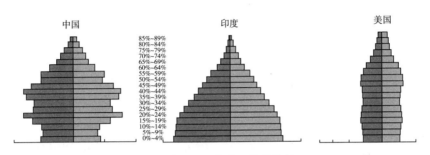

图 6　中、印、美人口结构比较

资料来源：周天勇：《人口生育和流动管制的经济后果》，《财经问题研究》2015 年第 9 期，第 3~14 页。

从中、印、美三国数据和图 6 可以看出：第一，中国人口结构老龄化程度深。美国人口结构比较合理，老年人口与非老年人口比例平衡；印度人口较年轻，老龄化程度浅；中国 65 岁以上人口比例已经与美国相当，未来将比美国更为严重。第二，中国未富低生和先老的特征十分明显。美国人均 GDP 分别是中国的 6.95 倍和印度的 25 倍。与美国相比，中国在人均 GDP 比美国低几倍的情况下，生育率降低到更替线以下，人口增长率也只是美国的 57%。

假如印度和美国 2015~2025 年人口增长率平均分别为 15‰ 和 8‰，GDP 增长率平均分别为 8% 和 2.5%，2026~2035 年人口增长率平均分别为 10‰ 和 7‰，GDP 增长率平均分别为 7% 和 1.5%，2036~2050 年，人口增长率平均分别为 7‰ 和 7‰，GDP 增长率平均分别为 5% 和 2%；而在此期间，中国人口增长在 2030 年前后达到 14.5 亿人，在 2050 年前后再下降到 13.8 亿，经济增长率如果是图 4 中预测的前 11 年、中 10 年和后 15 年平均分别为 4%、2% 和 1.5%，那么，对美、中、印三国的 GDP 总量和人均 GDP 的预测将得出表 2 所示的结果。

表 2　基于人口基础的美、中、印三国未来 GDP 增长和人均预测

国家	2015 年		2025 年		2035 年		2050 年	
	GDP（亿美元）	人均 GDP（美元）	GDP（亿美元）	人均 GDP（美元）	GDP（亿美元）	人均 GDP（美元）	GDP（亿美元）	人均 GDP（美元）
美国	178537	55350	228543	65426	278593	74380	348306	83754
中国	108680	7904	168777	11884	205738	14188	257220	18639
印度	29127	2301	62884	4281	123703	7623	257170	14274

资料来源：2014 年基础数据来源于三个国家的统计局。

其次，由于印度进入高速和中高速增长时并不实行计划生育，而美国人口增长速度平衡并结构合理，因此，如果中国没有强有力的政策来弥补"人口坑"造成的 GDP 失速，那么人口萎缩和老龄化局面得不到改善的结果便是：第一，不以购买力平价计算，假定汇率不变，中国 GDP 规模在 21 世纪 30 年代后期与美国的差距缩小到 6 万亿美元后，到 2050 年差距又将拉大到 9 万亿美元；考虑汇率变动，包括以购买力平价计算，可能中国 GDP 在 2025～2035 年超过美国后，又将被美国所超过；第二，印度在 2050 年时，GDP 总规模相当于中国，2050 年以后，由于其人口结构合理，加上汇率变动，其 GDP 总量将超过中国，成为世界第二大经济体。

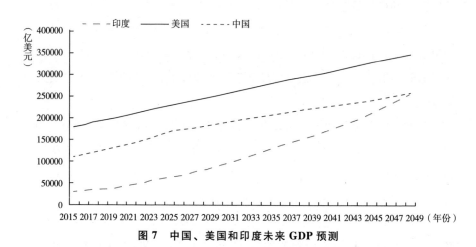

图 7　中国、美国和印度未来 GDP 预测

当然，在清醒地认识到"人口坑"风险的同时，我们也要看到中国经济发展的优势和潜力。

首先，经过三十多年的改革开放，中国已积累了规模巨大的优质人力资源。劳动年龄人口的受教育水平大大提高，受中高等教育的人口数量居世界第一；像韩国和台湾地区一样，中国目前也到了国外留学生和往届毕业的海外人才大量回流阶段。根据舒尔茨等人力资本与经济增长关系的原理，这将是中国未来经济增长的强劲动力。

其次，中国科技实力在增加。2014年中国的科技投入达到13400亿元，占GDP总额的2.1%。中国技术研发能力大大提高，科研和技术转化条件今非昔比，许多技术正源源不断地得到创新、培育和产业化，成为制造业升级换代和服务业转型的基础。2013年，中国研发人员总数占到世界总数的25.3%，超过美国研发人员总数占世界总数的比例（17%），居世界第一。近年来，中国创新能力稳步上升，国家创新指数排名在全球40个主要国家中升至第19位，在一些新技术领域，我们与欧美日等国家或地区已处于同一起跑线上，越来越多的自主创新技术进入全球领先地位，形成了实验室、孵化器、中试平台、规模化投产的新技术产业化体系。

再次，高铁、核电、移动通信、互联网、大数据、智能制造等技术，通过自主创新，以及吸收、消化、再创新和集成创新，形成了高端产业，极大地提升了中国的装备水平和制造能力；同时互联网和移动通信技术也改变了服务业态，大大降低了中间成本，节省了信息、交通和租金等费用，扩展了服务业的新领域，促进着服务业的转型升级。

最后，中国已经建立了门类齐全和基础雄厚的制造、能源和交通等体系，装备制造业水平也今非昔比，并有较强的设计建筑安装等工程能力；中国有世界上最大规模并还在日益增长的市场，2014年进出口贸易量占全世界的12.2%，产业发展有较大的容纳和回旋余地。

因此，只要应对思路和措施得当，我们完全有弥补"人口坑"损失和跨越计划生育"中等收入陷阱"的能力。

三　从人口政策入手解决经济增长下行的问题

如上所论，如果不从大的思路方面入手解决本文所分析的症结，重新寻找经济增长的动力，而用常规政策工具来进行调节，可能会因针对性不强而南辕北辙。针对当下和未来经济下行趋势的根本性问题，本文提出以下框架性思路。

（一）恢复非老年人口增长和改善人口结构

放松、放开生育是关键性的问题。国家现在已经出台二孩政策，但是，这还不够，应当立即停止和废除对社会抚养费的征收，并在一段时间内适当实行从国外迁移进人口的政策。

1. 放松、放开生育的积极意义

实施放松、放开生育的人口政策，可以修补、浅化"人口坑"，并形成未来越来越上翘的人口恢复性增长曲线。在没有实行计划生育的国家和地区，人口增长是平滑的波动曲线，其经济波动可以由财政政策和货币政策来调节。而在人口增长波动幅度较大，特别是快速下滑的国家和地区，单纯扩张性的财政政策和货币政策很难奏效，且副作用很大。比如扩大投资、加大建设规模的政策，会由于需求在相对萎缩，进一步导致生产能力、住宅和基础设施的过剩，造成生产者物价指数（PPI）持续下降；再比如扩大对机器人的投资、生产及对劳动力的替代，会使收入更加向资本集中，并扩大生产能力，而由于劳动分配财富的比例下降，会造成资本所有者阶层和劳动者之间收入分配差距的扩大化，使消费相对不足引起的生产过剩更加严重。

因此，这里相关的政策建议是，不仅现在开始实行二孩政策，而且到2017 年应当全面放开，让生育自主；如果生育率依旧不理想，则可以考虑从 2018 年开始实行鼓励生育的政策。

实际上，单独二孩政策出台前曾有预计 2014 年可能会增加 200 万左右的新生育人口，但出台后申报的只有 100 万对夫妇，而真正生育的仅有 47万对。笔者认为，生育即使全面放开，由于较高的生育抚养成本，加上 8%左右的妇女不孕不育，人口生育前景并不乐观，整个国家将会面临育龄妇女普遍因抚养成本高和其他因素而不生育的问题。从韩国、日本和台湾地区鼓励生育的困难程度看，我们必须对此有清醒的认识。

2. 立即停止征收社会抚养费

社会抚养费实际上是对没有按规定生一胎，超一胎或二胎及以上的城乡居民（实际主要征收对象是农民）的一种税收，年规模估计在 200 亿~300

亿元。

改革开放初期和中期，许多个体户和中小企业是农民创办的。征收的社会抚养费大部分供养了计划生育部门和基层政府，成为国民经济的一种负担，掠夺了相当一部分农民的收入和多年积蓄，削弱了农民的生活及子女教育和买房等方面的消费能力，也大大缩减甚至剥夺了一些农民的创业资本。这项政策在一定程度上加剧了 20 世纪 90 年代中期以后，农民创办个体户和中小企业增长速度下降；一些地方甚至出现负增长。

目前，因超生而没有户籍的人口在 1300 万左右，如果追缴罚款以平均每人 10 万元计，计生和基层政府部门要收入 13000 亿元，这是一大笔主要向农民征收的重税。在城市企业不景气而农民返乡增多和粮价下降的形势下，这会更沉重地打击农民创业、置业的能力，甚至会使许多农民家庭陷入困境。

取消社会抚养费，赦免过去超生人口的社会抚养费，本身就是降低税负和刺激生育，特别是鼓励农民家庭消费及投资创业、置业的一项重要财政政策。

因此，笔者建议，从 2016 年起废止社会抚养费的征收，并赦免以往因超生而欠交的社会抚养费。

同时，立即废除计划生育审批登记等制度，取消在户籍、入托、就学、就业等方面与计划生育挂钩的一系列不合理规定，并通过立法严格执行不得解雇怀孕哺乳期妇女的政策。如果放开生育后人口增长仍不理想，国家可采取逐步将托儿和幼教纳入义务教育，对生二孩者减免个人所得税等政策。调整人口政策，逐步将目前的人口生育率，从 1.3% 左右恢复到 1.6%，再努力复原到 2%。从近期看，婴儿的增加会逐步增加与孕育、妇产、婴儿、幼童等有关的消费，增加奶粉、玩具、童装、幼教等方面的支出，从而促进这些消费品生产的扩张；保姆和其他家政服务需求亦会扩大；住房需求也会因新增人口而有所增加。

3. 适当放开外籍人才和女性人口迁移入境

考虑到放松、放开人口生育后，青壮年人口的抚养比在一定时期会有所上升，而且目前非老年人口结构中男女比例失调；同时，考虑到吸引海外华人人才和其他欧美澳等国家非华裔高技术人才的需要，可定向对愿意进入中国务工、居住、成婚的人口（重点是创新人才和女性），在一段时间内实行放开入境迁移的政策，并视不同的情况，发放居住许可证、工作许可证和允许其加入中国国籍。这样，不仅可以增加创新人才，增加人力资源，为产业领域增加劳动力人口（也有相当比例的劳动力进入服务业，如旅游、医疗、健康和养老服务等领域），增加劳动力供给，而且还可以缩小人口的性别比，增加生育人口，缓解中国一段时间内抚养负担加重的问题。

（二）消除农民工人口市民化的障碍，重启城市化进程

提振经济增长的另一思路是，促进人口流动和重启进入城镇的进程，有助于人口的市民化和城市化。促进人口流动和城市化，加之经济进一步市场化，一定程度上会抑制人口增长，与增加人口提振经济的思路有一定的冲突。但是，如果不放松、放开生育，人口萎缩的局面会更加严峻。

实施促进人口流动和重启城市化的各方面改革和政策，将激发人口的活力。应从 2016 年开始分步推进以下促进人口流动和重启城市化的政策。

1. 促进农村进城务工人口市民化的政策

放开户籍管制，实行城乡无差别的户籍管理体制。消除中华人民共和国公民在不同居住地购车、购房、教育、医疗、社保等诸方面的城乡和地域户籍方面的歧视；

在城镇幼儿、义务、职业和高等教育，煤气、自来水、公交等公共产品和准公共产品方面，只要是中华人民共和国境内有国籍的合法人口，都享有平等获得服务的权利，政府有公平提供服务的义务；

医疗、养老、失业和低收入人群生活等社会保障品，实行城镇新进人口与原住居民均等化的制度。

2. 鼓励农村剩余人口退出农村和提高其创业置业能力

由于一、二线城市房价已经太高，并考虑到农村人口进入城镇的收入能力和成本门槛，将重启城市化的重点，放在鼓励农民回乡到家乡城镇和小城市创业、就业和居住。同时，尊重劳动力和人口市场调节决定迁移和流动方向的原则，鼓励一部分进城农民，根据其能力在大中城市创业、就业和置业。这些城市的政府应在一系列公共服务和社会保障方面，向他们提供均等的待遇，使他们成为新市民。

在不改变土地集体和国有终极所有权的前提下，明晰农村宅地耕地林地的最终使用产权，确权发证，使原土地使用者有出租、交易、抵押、入股和继承等所有财产产权的权利；统一延长和逐步取消土地使用的年期制，在年期制延长到取消的过渡时期，城乡土地使用者无偿自动续期；废除农村集体土地改变为建设用地时，必须由政府征用为国有的规定，农村集体土地平等入市，同地同价；进入城镇的新市民人口，不取消其耕地宅地林地牧场的使用产权，并对不愿意交易的，可委托经营，也可设立使用权托管公司，进行运营和管理；改革所有建设等用地由政府行政寡头垄断卖地供地的体制，使用者可选择市场方式进行土地交易、入股、出租等，可由政府监管土地交易中心和交易过程；2017年起开征房地产税，逐步在市县一级以房地产税替代土地出让金，避免既征收土地出让金，又收取房地产税的双重税负发生。

通过上述系统和全面改革，可以产生以下效果：一是一些从农村迁移和进城的农民，可以通过将土地在市场上合理估价和交易，获得在城镇中创业、购房的积蓄，从而脱离农村，进入城市；二是避免因土地估价太低造成农民不愿意脱离土地，同时耕地宅地林地缺少投入、疏于经营和管理，耕地大面积撂荒，村宅大面积破败，农业和林业生产又难以实现规模化经营；三是出让金改革为房地产税后可大大降低地价和房价，加上农民能从土地交易中获得合理收入，可逐步降低农村新进入城镇人口的房价收入比，增强农民的购房能力，消除进城农民人口长期临时居住却无自己产权住宅这一城市化的最大障碍。

这些土地和住宅体制的改革，对于人口流动僵化造成的经济增长下行，有以下一些明显的改善和提升作用。第一，人口流动障碍的减少和消除，可促进流动的氛围和活力，提高农村人口进入城镇后成为市民的城市化率；第二，数十万亿元土地和房屋等资产得到盘活，利用率得到提高，使经济增长得到推动；第三，恒产，才有恒心，才有恒投入和恒经营，才能抑制目前大规模投往国外的恒产和无年期的房地产的投资外流，并逐步把它们吸引回来，才能使对草场、林地、农场等投入持续化；第四，对促进农村土地的规模化生产经营，减少和消除耕地和住宅的撂荒率和破败率，调动造林投入和改造盐碱沙漠废弃地的社会积极性，也都有重要的推动作用。

（三）通过三个方面更大力度地弥补增长动力的不足

弥补因人口萎缩和老龄化而出现的增长"动力坑"的同时，还需要采取其他各项创新、改革和开放的强有力的战略措施，增加跨越中等收入"人口坑"陷阱的动力和势头，改变中国面临美国和印度竞争的不利态势。

1. 更大力度的创业创新

大众创业，万众创新，投资于企业，发展实体经济，使人民富裕和消费需求旺盛，是中国未来经济良性循环，持续增长的基础。近几年来，中央和国务院就促进万众创业，改革行政体制，简化了许多审批程序，提高了创业准入的便捷程度；同时为促进创新和创业，出台了一系列优惠政策，清理收费，减免税收，改善了营商环境，增加了市场主体的数量。

大体估计，在创业方面，假如中国每千人中的中小企业（将 5 个个体商户折算成一个小企业计）的数量达到一般发展中国家每千人 30 个的水平，企业的数量就会达到 4100 万个左右，按单位企业从业人员 10 人计，如果年平均收入为 3.6 万元，交社保 1 万元，劳动报酬就为 46 万元，业主利润年 30 万元，投入折旧 20 万元。即便国家免除一切税费，每个企业创造的增加值也会达到每年 100 万元的规模。目前，中国每千人拥有的企业数量不足 20 个，而在我们的一个发展阶段，可能每千人 30 个中小企业与现有的发展水平较相匹配。假如创业和中小企业发展正常，未来的国民经济中，大投资、大资本、大企业和大项目所减少调整的一部分 GDP，就会由创业和中小企业发展形成的增量所替代。

在创新方面，如果通过智能制造提升、工业升级 2025 以及互联网加工业和服务业等战略，将技术进步对经济增长的贡献率从目前的 52% 左右逐步提高到 65% 左右，争取每年提升的幅度再高一些，也会强劲地弥补人口萎缩和老龄化造成的经济失速。

2. 更大力度地通过全面深化改革释放活力

实行强有力的改革会激发民间和社会的活力，形成推动未来国民经济持续增长的强劲动力。改革的关键是形成政府科学调控，市场调节决定要素配置，劳动者和企业成为创业、投资、经营和就业等主体的，经济增长充满活力和动力的体制。唯有改革，才能激发人民、社会和市场的活力和动力，这是中国经济持续增长不竭的动力所在。

除了上述促进人口生育和人口流动方面提出的各项体制改革外，还需要在以下几个方面进行改革。

（1）在行政体制方面，精简机构，逐步减少供养人员规模，简政放权，减少审批和办事程序与环节，重在服务和监管，推广市场主体的负面清单管理，以及政府权力和责任正面清单管理；在区域体制上，压缩政府层级，完善自由贸易区并对其加以复制推广，推进京津冀一体化，发展长江经济带。

（2）在财税方面，进行营改增转型，清费减税，推进基础设施建设的（PPP）改革，理顺中央与地方的事务和财税关系。

（3）在金融体制方面，放宽准入，允许设立民营银行，通过降息降准促进资金低成本流入实体经济，建立存款保险制度，使利率市场化，使企业上市融资发审制度改为注册制，不断创新保险产品，建设适应于创新的科技金融体系。

（4）在国企方面，去行政级别化，通过减持国有资产来补充养老金，同时使国有企业资产社会化，以此来推进混合所有制改革，加大反垄断改革力度。

（5）在教科文等方面，高等教育向鼓励创业、创新和就业方面改革；改革文教卫及旅游保健等服务业体制，一些领域逐步对民营经济和国外开放，吸引社会资金，加大服务业的竞争，使服务业健康发展。

从目前全面深化改革的顶层设计、部门贯彻、地方创新和实施、广大人民群众参与来看，还需要解决以下问题：第一，改变一个部门或者少数几个部门闭门研究制定方案的局面，提高专家和群众在方案制定方面的参与度。目前，许多改革方案只在中央政府部门间征求意见和协调，使制定和出台的方案或多或少反映部门的权力利益。第二，方案改革以激发活力和增加经济增长动力为首要原则，以能实施操作为前提。目前出台的一些方案，不是从调动经济发展活力和动力出发，而更多的是考虑其他因素；有的方案是各部门和各种力量妥协的产物，在实际实施中操作者往往处于两难境地；而且，为了避免改革的风险和责任，许多地方、部门、国有企业和事业领导多存在不作为现象，许多改革难以推动。第三，应当先行先试，调动地方、基层和民众的积极性和创造性，广泛地进行改革的探索。过分强调依法治国，改革立法在先，使得立法工作"压力山大"，实际上影响了改革进程。第四，尽量少设置"底线思维"，不要求绝对没有风险，不要求绝对保证稳定。目前，在许多改革中，不少专家提出这样和那样的底线，要求不存在一点儿风险，绝对不影响稳定。"底线思维"条件设置得越多，改革方案中妥协的程度就越高，改革的彻底程度就越低，最后使改革不痛不痒、流于形式。第五，切实解决改革方案实施的"中梗阻"和"最后一公里"问题。任何改革都需要有时间表、路线图、执行反馈、责任追究。什么时间完成、完成哪些事项，完成到什么程度，谁来考核和谁来验收，如没有完成如何追究责任，等等，都必须有汇报、督查、反馈、奖励和责任追究。否则，再好的改革方案也难以执行和落实。

需要特别指出的是，克服经济增长下行的关键是切实推进改革。如果改革流于形式或失败，或者在时间上拖延，那么人口萎缩和老龄化就会加剧，农民就无法具有创业置业并进入城市的能力，城市化就会长期中断。这样一来，民间资金必然会外流，实业会萎缩或转移，大举到境外去购买土地、投资企业和购置住宅；旅游、教育、医疗健康等服务业必然竞争不过其他一些国家，这方面的需求也会大量外流，形成巨大的服务业贸易逆差，拖累经济增长速度；在知识产权、收益分配和其他社会政策上，不深化和不落实改革，就不能鼓励创新，也不能鼓励海外人才回流，促进产业升级，等等。倘若如此，毫无疑问，经济增长速度还将进一步下行。

3. 更大力度地对外开放和实施"一带一路"倡议

更大力度地对外开放，实施出口转型升级和更高层次的"走出去"以及"一带一路"倡议，是中国的新增长动力。但关键是在走出去时要运用文化软实力、新型和适用技术，提高国际竞争力；经济利益与政治利益相平衡，总体上不亏损而有盈利；应当高度重视和评估"走出去"和"一带一路"倡议中的国别、项目、市场、政治、法律、文化等方面的不确定性，科学决策，将投资、建设、运营的风险控制在可把握范围，并形成"走出去"的国家战略、部门协调、协会机制和企业跨国公司体制，进行成本收益核算，避免内部人控制，防范外部和内部道德风险，整体上不做赔本买卖，使国民净收入回流中国。

　　从出口的升级角度看，建立自己的技术品牌销售体系，在各个领域中建立自主知识产权的民族品牌；逐步形成各门类产品生产和出口销售各方面的联动和协同，建立出口的协调机制，遏制多头恶性低价竞争；设立全球批发、出口和各地区代理甚至零售等上下游一体的商业网络，掌握销售的主动权，控制销售环节的利益漏损流失。

　　在"一带一路"实施中，按照产业在全球梯度发展的规律进行转移，促进大规模和集成的高技术产品出口。在严格知识产权和技术保密约定、防止核不扩散的契约保证等前提下，着力推动我国拥有自主知识产权的集成技术，技术密集、销售额大、附加值高的项目出口，并且使其设计、技术、工程建设、培训、后续服务等成龙配套和连续化。这样既可推动发展中国家的工业化和经济发展，也可扩大中国发展的外部需求空间。

　　鼓励中国对外投资，不仅要使中小微企业投资者走出国门，而且大型和特大型企业也要走出去，让一批有国际竞争力的，特别是不受国际规则限制的民营大型和特大型跨国公司在海外投资、建设、生产、销售等市场上崭露头角。事实上有的央企通过吸收各国各方资本，形成合资跨国企业走出去，既形成了现代跨国公司治理体制，又可做到利益共享、风险共担，同时也可降低企业内控和监督的成本和道德风险。

　　从全球视角来看，一些企业可以将最终产品的出口改为一部分中间产品出口，在生产地组装并销售，从而消化国内产能，调整和提升中国的产业结构，并在全球经济空间中、在与投资对象国的合作共赢中，通过国内外制造业、服务业、贸易和资金等的国际流动，获得国民收入的净流入利益。中国在对外经济战略中，应秉承合作互利、共同发展的理念，高新技术与适用技术产品和产业走出去相结合，金融与投资联动，贸易与产业联动，国内与国外形成产业关联。

　　实施"一带一路"，扩展全球市场和替代国内需求的不足，缓解中国资源和环境的紧张局面，弱化劳动力成本提高对出口的影响，以出口质量替代出口数量，以技术品牌商业网络出口的高竞争力替换低端制造产品规模出口的弱竞争力，实行出口和走出去方式的转型，使中国经济增长获得新的拉动力量。

　　总之，改变"人口坑"造成的经济增长下行，是一个长期的过程，要做好持久的应对战略。通过恢复人口生育和增长，促进人口流动和重启城市化进程，使"人口坑"逐步变浅和后续曲线逐步上行；通过更大力度地鼓励创业创新，全面推进改革，实施更大程度的开放和"一带一路"建设，对人口红利的消失进行替代，对"人口坑"造成的经济损失进行弥补，使中国在未来35年左右的时间内，将经济增长保持在4%~7%的中高速水平上，是完全可能的。

中国经济的通缩风险及应对政策

刘利刚*

摘　要: 目前中国经济正处于通缩的边缘。传统的货币和财政政策已不足以在中期内推动经济增长,缓解中国经济所面临的通缩风险。政府应鼓励央企和地方国企通过合并、改制、重组上市甚至破产来快速有序地去杠杆化;进一步的产权多元化和鼓励新一轮"债权换股权"应成为未来改革的重点。然而,"债权换股权"政策需要政治意愿去实施,需要使中国避免陷入通缩陷阱和中国式的"资产负债表衰退"。

关键词: 中国经济　通缩陷阱　资产负债表　债权换股权

由于经济增长持续疲弱,中国应对政策的出台也变得更加密集。2015 年 8 月 11 日,央行宣布调整人民币汇率形成机制,并对人民币汇率进行一次性贬值。紧接着在调整汇率机制两周后,央行在全球金融市场大幅动荡之际,宣布下调基准存贷款利率和存款准备金率。同时,国家财政政策更为积极,财政部的地方政府债务置换指标也从 2 万亿元人民币提升至 3.2 万亿元人民币。

这些措施鼓励银行向实体经济提供贷款,短期内对经济增长会起到支持作用。然而,这些传统的货币和财政政策并不足以在中期内推动经济增长,并缓解中国经济所面临的通缩风险。

目前,中国经济正处于通缩边缘。参照日本房地产泡沫崩溃后和中国自

*　刘利刚,复旦大学国家发展研究院客座教授。

身 20 世纪 90 年代的经验，实体经济在经济繁荣期之后进入快速去杠杆化时，往往会伴随着较长时间的低通胀，甚至导致经济落入"通缩陷阱"。而中国经济陷入通缩的风险已变得越来越大。在全球金融危机之后，地方政府和国有企业大量增加金融杠杆。产能过剩、盈利下降和需求下降都表明国有企业越来越难以用它们的盈利来还清巨额债务。同时，银行体系也将面临不良贷款的快速上升，使银行对实体经济贷款更加谨慎，甚至出现惜贷的状况。

要缓解上述风险，政府必须推出一系列有效的政策。短期内，货币政策需进一步放松。同时，政府应鼓励大中型企业和地方政府进入资本市场，通过融资来降低融资成本和投资期限错配风险。允许企业和地方政府发行期限较长的债券将帮助它们延长融资期限，并降低违约风险。

从中期来看，进一步的产权多元化和鼓励新一轮的"债权换股权"应成为未来改革的重点，从根本上解决国有企业和地方政府所面临的高杠杆率和高债务问题。实际上，"债权换股权"对中国政府来说并不陌生，四大银行在 20 世纪 90 年代末成功解决其巨额呆坏账就是"债权换股权"的成功案例之一。

虽然国企所有制混改的实施已被推迟近两年，但笔者仍持谨慎乐观态度。详细的改革计划和指导意见推出后应尽快允许试点。政府应鼓励央企和地方国企通过合并、改制、重组上市甚至破产来快速有序地去杠杆化，从而避免通缩的加剧和中国式的"资产负债表衰退"。

一 猪肉价格上涨和人民币温和贬值不会降低中国的通缩风险

最近几个月来，中国居民消费价格指数（CPI）通胀出现上升势头，主要是由猪肉价格大幅上涨所致。而猪肉价格上涨表现为周期性上升，是供需不平衡的表现。笔者认为，肉类消费品替代效应和供应方的快速反应将使本轮以猪肉价格带动的 CPI 通胀上升持续较短的时间（见图 1）。

就短期而言，如果猪肉价格快速上涨，CPI 通胀将温和上升。但是，即使在猪肉零售价格上涨约 50% 的极端情况下，2015 年全年 CPI 也将仅上升 2.1%，仍然低于国务院设定的 3.0% 的目标水平。

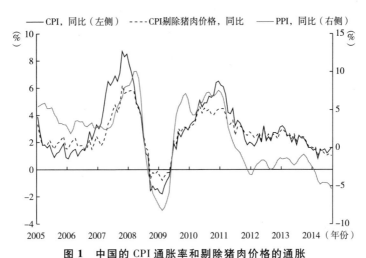

图1　中国的 CPI 通胀率和剔除猪肉价格的通胀

资料来源：香港环亚经济数据有限公司中国经济数据库（CEIC）。

尽管猪肉价格上涨带来 CPI 通胀温和上升，但剔除猪肉价格的通胀率仍呈下滑趋势。更重要的是，在过去三年多的时间里，由于国内经济和外部需求低迷，加上全球大宗商品价格下跌，生产价格指数（PPI）一直处于负值。

此外，政府在 2015 年 8 月 11 日对人民币汇率进行了一次性贬值，并对汇率形成机制进行调整。然而，这一措施对 CPI 通胀的影响有限。人民币的名义和实际有效汇率自 2014 年 6 月以来分别升值 13.5% 和 14%。与此同时，大宗商品价格也纷纷在同一时期下降了 14%～15%。笔者估计，人民币名义汇率贬值 3% 对中国进口价格只会产生有限的影响。因此，此前人民币贬值带来的 CPI 通胀的轻微上升，将被工业生产品价格大幅下降所抵消，人民币贬值对 CPI 的影响在很大程度上可以被忽略（见图2）。

笔者认为，周期性上涨的猪肉价格以及近期人民币汇率的贬值不会改变中国价格水平的走势。而 PPI 的持续下降也表明，在未来几个季度中，经济运行陷入通缩陷阱的风险在不断上升。

二　中国经济很有可能重蹈 1998～2002 年通缩和经济增长快速下滑的覆辙

目前，中国的价格状态与 1998～2002 年的状况非常相似。1992 年，通

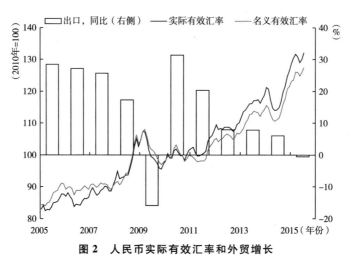

图2　人民币实际有效汇率和外贸增长

资料来源：香港环亚经济数据有限公司中国经济数据库（CEIC）。

胀开始迅速上升，中国央行立即采取了从紧的货币政策。1995年，中国的基准利率上升至12%；1994年，中国的利率水平到达顶峰（超过25%）。之后，CPI涨幅开始回落。到1996年，CPI通胀率已经下降至10%以下。然而，与此同时，中国的经济增长也开始减速，并在1996年下降至10%以下，低于1994年的12.8%和1995年的10.5%。

货币政策的快速收紧，加上不良贷款的大幅上升，使得经济增长减速超过市场预期。在1997年7月亚洲金融危机在泰国爆发之前，中国的PPI在1997年6月就第一次出现负增长，在1998年6月之后CPI通缩开始出现。此后，2000~2001年的CPI出现小幅上升，直到2002年年底CPI才开始快速上升。从1998年到2002年，中国的国内生产总值（GDP）增速放缓至平均7.9%，远低于10%左右的潜在增长率。同时，人民币坚挺和外部需求放缓也加剧了通缩的势头（见图3）。

与此同时，银行体系的不良贷款也开始大幅上升。到了90年代末，国有企业由于激励机制落后无法与私企和外企竞争，企业的亏损使得国有银行体系的坏账开始大量上升。1999~2000年，中国的不良贷款达到了非常高的程度。虽然官方没有透露具体数字，有学者的研究和估算显示，中国银行体系内的不良贷款水平已经达到同期贷款总量的30%~35%（见图4）。

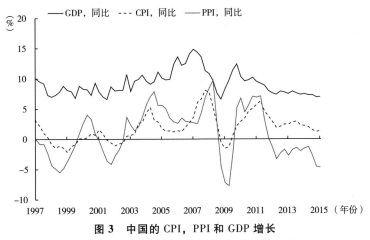

图 3　中国的 CPI，PPI 和 GDP 增长

资料来源：香港环亚经济数据有限公司中国经济数据库（CEIC）。

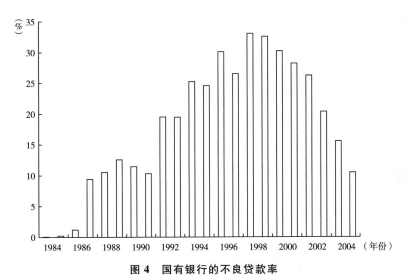

图 4　国有银行的不良贷款率

资料来源：赵毅《中国国有商业银行不良资产的形成与处置》，中国物价出版社，2001，第 8 页。

　　在通缩时期，由于国内经济的持续不振和外部需求疲软，私营部门开始囤积大量现金，但是银行却越发惜贷，因为 1997～1998 年亚洲金融危机后企业的信用风险不断上升。这使得信贷增长大幅放缓，尽管在 1997 年 10 月至 1999 年 6 月中国央行实行了 5 次降息，但信贷增长率仍从 1998 年的 16% 左右下降至 2000 年的 3.1%（见图 5）。

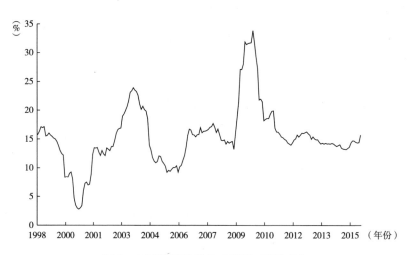

图 5　中国的贷款增长（1998~2015 年）

资料来源：香港环亚经济数据有限公司中国经济数据库（CEIC）。

　　1999 年以后，中国开始实施一系列经济改革方案。在此过程中，大量中小型国有企业被私有化，数以百万计的工人下岗。[①] 1999 年中国政府成立了四家资产管理公司（中国信达资产管理公司、中国华融资产管理公司、中国长城资产管理公司、中国东方资产管理公司），并将大量银行不良贷款从四大国有商业银行（中国工商银行、中国农业银行、中国建设银行、中国银行）转移到四大资产管理公司。[②] 同时，财政部发行债券来为"四大银行"进行资本重组，为它们在香港和上海证券交易所上市铺路。国家将"四大银行"20% 的股权出售，并用募集资金和银行之后所获的利润来偿还债务。这一部分私有化举措使中国重获健康的银行体系，也促进了随后十多年的经济高速增长。稳固的银行体系也使得中国经济在全球金融危机后能够快速复苏。但是，在全球金融危机中贷款的快速增长，也为随后几年中不良贷款迅速上升埋下了种子。

---

① "China Fights Zombies As ANZ Says State Debt May Mean 3% Growth," *Bloomberg News*, September 30, 2015。

② Guonan Ma and Ben S C Fung, "China's Asset Management Corporations," BIS Working Papers No. 115, 2002.

三　历史虽不会重复但总是出奇相似

2012 年 3 月，中国的生产价格指数（PPI）首次出现负增长和通缩风险的迹象。到 2015 年 7 月份，PPI 已经连续下跌 41 个月。值得注意的是，2015 年 7 月和 8 月 PPI 同比下降，分别为 -5.4% 和 -5.8%，这是 2009 年以来的最低水平。

CPI 通胀在 2011 年达到顶峰之后，2012 年下半年放缓至 2.0%，之后持续走低。2015 年前 7 个月，CPI 平均为 1.3%，远低于政府设定的 3% 的目标。

与早前需求冲击造成的通缩不同，造成近期 PPI 通缩的因素既来自供给方，也来自需求方。在供给方面，工业领域的产能过剩使得工业生产品的价格下行，尤其是在房地产市场进入下行周期之后。2014 年石油的供给冲击和大宗商品（如铁矿石）的供过于求，都加剧了商品价格的崩溃（见图6）。此外，人民币名义有效汇率自 2014 年 6 月以来升值了 13.5%，这使得人民币随着美元走强成为升值最多的货币之一。结果导致进口商品相对便宜，也使得国内的通缩压力进一步增大（见图7）。

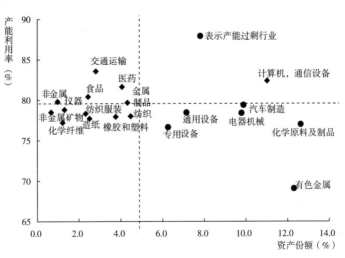

图 6　中国各个行业的产能过剩

资料来源：《中国经济展望》，2015 年亚洲发展银行展望报告。

图 7 人民币名义有效汇率、实际有效汇率和大宗商品价格

资料来源：香港环亚经济数据有限公司中国经济数据库（CEIC）。

在需求方面，国内需求和全球经济增长的疲弱抑制了价格上涨，国家打击官员铺张浪费和腐败的举措也导致消费的急剧下降。例如，酒类及烟草消费物价指数在 2013 年年底出现负增长，同时，餐饮业零售增长回落至 9% 左右，比 2013 年降低约 4 个百分点。

与 1997~1998 年亚洲金融危机后的情况类似的是，2008~2009 年全球金融危机后，中国的外部需求仍然疲软。除了美国经济逐步复苏，世界其他国家和地区的增长速度相当疲软，尤其是欧洲。平均而言，2012~2014 年全球经济平均增速为 3.4%，低于全球金融危机前 3 年的 5.4%。这使得中国出口需求持续减弱（见表 1）。

表 1 全球经济增长

GDP（同比）	OECD 国家（%）	非 OECD 国家（%）	全球（%）
1980~1989 年	3.0	5.4	3.2
1990~1999 年	2.7	4.6	3.1
2000~2009 年	1.8	7.2	3.9
2010~2014 年	1.9	6.5	3.9
2005~2007 年	2.9	9.1	5.4
2012~2014 年	1.5	5.6	3.4

资料来源：经济合作与发展组织（OECD）数据库，https://data.oecd.org/。

　　尽管中国银行体系的不良贷款率仍然很低，但由于2008年全球金融危机爆发后，中国的银行大量放贷，未来不良贷款将大量上升。虽然银行体系整体的不良贷款率仍然很低，约为1.5%，但2015年第二季度，坏账增速大幅上升至57%，这一趋势未来可能还将持续。未来几年公司的违约风险将进一步上升，银行对实体经济将进一步惜贷，央行降息的影响将难以传递至企业。从2014年11月以来，中国央行已在一年内把贷款利率下调了140个基点，并把存款准备金率下调了200个基点，然而2015年6月底，银行的加权平均贷款利率仍维持在6%以上的高位（见图8）。

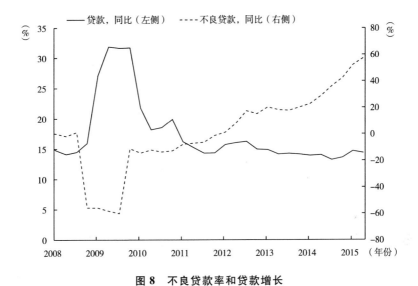

图8　不良贷款率和贷款增长

资料来源：香港环亚经济数据有限公司中国经济数据库（CEIC）。

　　虽然银行已经转向谨慎，但中国企业的杠杆率已经在过去几年中大幅上升。中国上市公司（尤其是国企）的负债与对股权比率从2008年的1.1左右上升到2014年的1.6。同时，它们的盈利能力从约6.5%急剧下降至3%左右。平均而言，12%的上市公司、14%的上市国企出现亏损，13%的上市公司、14%的上市国企的税后利润低于它们所支付的利息。随着越来越多的公司出现亏损，银行体系将面临不良贷款的快速上升，这也是为什么2014年中国开始实施宽松货币政策之后，银行贷款增长仍然停滞不前的重要原因。

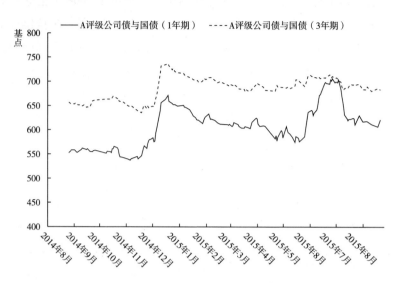

图 9　企业债券与政府债券的收益率之差

资料来源：香港环亚经济数据有限公司中国经济数据库（CEIC）。

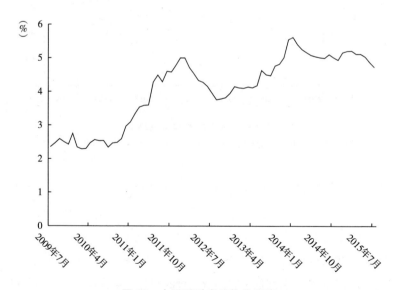

图 10　中国理财产品的收益率

资料来源：香港环亚经济数据有限公司中国经济数据库（CEIC）。

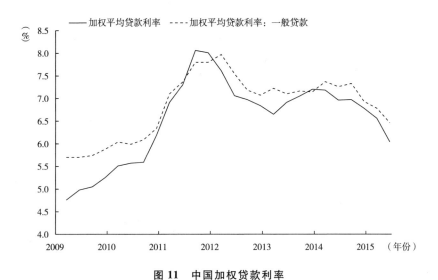

图 11　中国加权贷款利率

资料来源：香港环亚经济数据有限公司中国经济数据库（CEIC）。

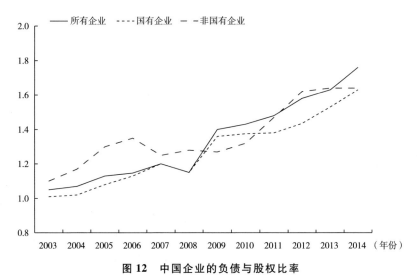

图 12　中国企业的负债与股权比率

资料来源：World Bank，"China Economic Update，" June 2015，http：//www. worldbank. org/en/country/china/publication/china-economic-update-july-2015。

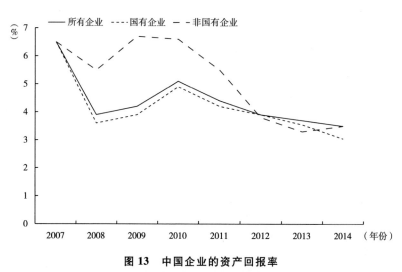

图 13 中国企业的资产回报率

资料来源：World Bank，"China Economic Update," June 2015, http：//
www. worldbank. org/en/country/china/publication/china-economic-update-july-2015。

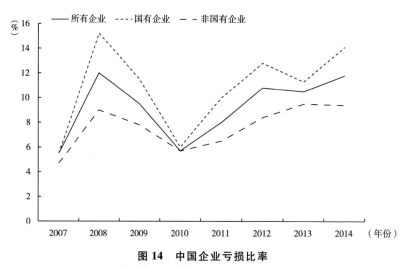

图 14 中国企业亏损比率

资料来源：World Bank，"China Economic Update," June 2015, http：//
www. worldbank. org/en/country/china/publication/china-economic-update-july-2015。

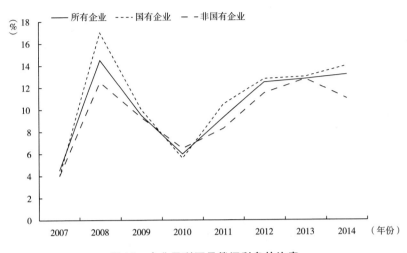

图 15　企业盈利不足偿还利息的比率

资料来源：World Bank，" China Economic Update," June 2015，http：//
www.worldbank.org/en/country/china/publication/china-economic-update-july-2015。

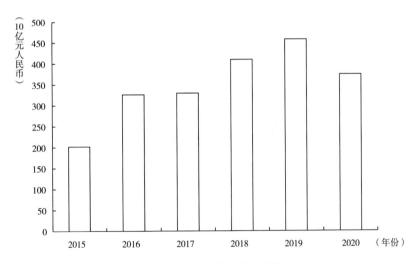

图 16　地方政府债务偿还时间表

资料来源：万德数据和作者计算，http：//www.wind.com.cn/。

除了国企负债累累之外，中国地方政府也通过地方政府融资平台加大了金融杠杆。尽管中央政府债务仍然低于国际标准，地方政府债务在全球金融危机后大幅上涨。目前，地方政府债务约占整体政府债务的 60%，而且许多地方融资平台债务的利率均在 8% 以上。随着 GDP 增速放缓至 7% 以下，很多地方政府可能会面临财政短缺的困境。事实上，2016~2017 年地方政府融资平台所需偿还的债务估计为 3000 亿~3500 亿元，约占地方政府财政收入的 4%~4.5%。这一严重的财政负担将排挤地方政府必需的基建投资，这将进一步拖累经济的增长。

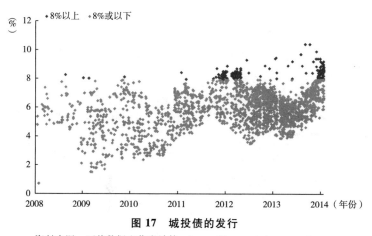

图 17　城投债的发行

资料来源：万德数据和作者计算，http://www.wind.com.cn/。

四　中国需实施有效政策组合来应对经济增速大幅下滑和通缩风险

第一，中国的货币政策需要变得更加积极主动，因此，央行在必要时需要进一步放松货币政策。尽管央行在 2015 年 8 月 25 日宣布降准降息，但经 PPI 调整后的实际贷款利率仍在 10% 的高位。因此，笔者认为，中国央行仍然有较大的空间来放松货币政策。如果资本继续流出，进一步降准仍十分必要，且降准的空间极大，中国的存款准备金率仍然保持在 18% 的高位。

第二，政府需要鼓励企业和地方政府进入债券市场来获得长期的融资，并消除它们进入债市发债的壁垒。全球金融危机发生后，地方政府已经设立了许多融资平台，来为 4 万亿元的经济刺激计划提供资金。与此同时，很多中国企业通过影子银行体系和离岸市场来融资，这也带来期限错配和货币错配的风险。其实，允许地方政府、企业特别是上市公司，进入债券市场将有助于减轻这些风险，它可以为地方政府和企业提供一个新的融资渠道。要实现这个目标，也需要政府进行有效监管和设立可靠的国内评级机构。这项政策的执行需要解决中国债券市场"一个市场 3 个监管机构的问题"。同时，发债的审批制也应转为注册制，商业银行应被批准可以为企业和地方政府发债、承销和交易。这样一来，商业银行的盈利不会因其大客户去资本市场融资而受到负面影响。商业银行也会因为资本市场的竞争而使得它们向实体经济贷款和更为关注中小企业。这种竞争也会帮助重启货币政策传导机制的有效性。

第三，债务置换计划应进一步扩大。2015 年以来，中国地方政府被允许发行利率较低的地方政府债券，以置换那些已经到期的高息地方政府债务。在地方政府债务偿还压力增大和财政收入下降的时候，这一措施将缓解地方政府的债务压力。这些较长期限的地方政府债务，也可以减少地方债务偿还与基建项目得到回报之间的期限错配。截至 2015 年 8 月，省级政府相继发行了 1.5 万亿元地方债，债务互换计划可能会提前完成。为了让地方政府加速去杠杆化，笔者认为这个方案应当扩大，或中央政府可以采取另一简单直接的标准，即通过债务与各省份 GDP 的比例来设定发债上限（例如40%），这样可以使地方政府能够发行廉价的和期限较长的债券来置换高利率的地方政府融资平台的债务。

第四，在 2015 年剩下的时间中，政府需要保持投资增长速度，以防止 GDP 增长低于 7% 的增长目标。在 1~7 月份，中国的固定资产投资增长同比放缓至 11.2%，低于 2014 年的 15.7% 和 2013 年 19.6%。更重要的是，2015 年前 7 个月的投资增长大幅低于年初确立的 15% 的增长目标。如果政府仍希望达到 2015 年经济增长的目标，固定资产投资在 2015 年剩下的几个月内需要同比增长超过 20%。

从中期来看，中国政府需要持续推进产权多元化改革。虽然国企和省级政府都大量负债，中央和省级政府仍拥有国有企业和城市商业银行等大量巨额资产。只要中国政府愿意推进"债权换股权"促进产权多元化进程，中

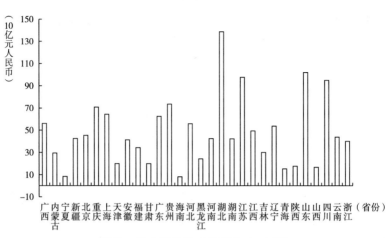

图 18　地方债发行（2015 年 1~8 月）

资料来源：万德数据和作者计算，http：//www.wind.com.cn/。

国企业和地方政府的高杠杆问题是有解的。其实，"债权换股权"对中国来说并不陌生，四大银行在 20 世纪 90 年代末能够解决其巨额呆坏账就是"债权换股权"成功的案例之一。在详细的改革计划和指导意见推出后也应尽快允许试点。此外，政府应鼓励央企和地方国企通过合并、改制、重组上市甚至破产来快速有序地去杠杆。

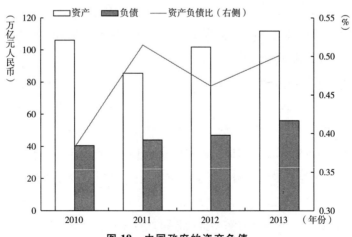

图 19　中国政府的资产负债

资料来源：李扬《中国主权资产负债表及其风险评估》，《经济研究》2012 年第 7 期。

　　笔者认为，混合产权所有制的改革并不会带来高失业的问题。首先，中国人口结构已发生变化，适龄工作人口总量自 2011 年就开始下降，这也是为什么中国经济增速自 2011 年以来一路下滑，但失业压力并没有因此而上升的原因。其次，从中国经济就业结构来看，制造业就业的峰值在 2011 年已经过去，而第一产业就业人口从 2002 年后已大幅下降，只有服务业就业人口还在大幅上升。同时，今后中国制造业大趋势是要用机器来代替人工，从而提升生产效率，允许民营资本的进入可以帮助解决资本投入加速自动化过程和产业升级换代。如果"混改"政策和放开第三产业准入的政策同时进行，服务行业的开放（金融、医疗卫生、电信、教育和养老）会给中国经济创造更多就业的机会。与朱镕基任总理时期的国企改革不同，下一步国有经济"混改"的推出和在一些垄断服务业引入民营资本的竞争，不仅会提高生产效率，也会创造更多很好的高薪服务业工作机会。

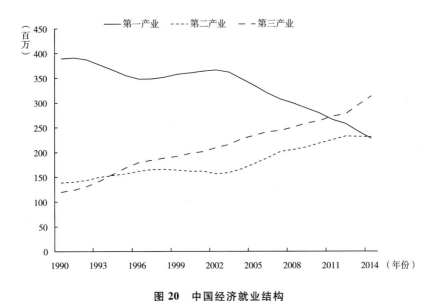

图 20　中国经济就业结构
资料来源：香港环亚经济数据有限公司中国经济数据库（CEIC）。

　　然而，"债权换股权"政策需要政治意愿去实施。政府需要加快落实并实施在中共十八届三中全会改革文件中的产权多元化改革，只有这样，才能使中国避免陷入通缩陷阱和中国式的"资产负债表衰退"。

TPP 前景及其对中国的影响

丁一凡[*]

摘　要：美国主导的《跨太平洋伙伴关系协定》（TPP）谈判成功，引起了国际舆论极大关注，并被认为是美国制衡中国崛起的重要战略部署。但是，TPP 前景并不明朗，不仅因为一些协议签署国面临政治变局，如美国即将迎来总统大选，国内政治会对 TPP 能否在国会顺利通过产生影响，其他国家也有类似问题，政局的变化会对 TPP 产生影响。同时，各协议签署国也存在对 TPP 利益的不同考量。从短期来看，TPP 对中国影响不大，但其发展前景将对中国经济产生影响。中国需要从政治和经济两个方面考量，对 TPP 采取必要的应对措施。

关键词：TPP　美国　地缘政治　中国

2015 年 10 月 6 日，美国、加拿大、智利、墨西哥、秘鲁、澳大利亚、文莱、马来西亚、新西兰、新加坡、越南、日本 12 个国家贸易部部长在美国亚特兰大发表联合声明，宣布历时 5 年的《跨太平洋伙伴关系协定》（以下简称“TPP”）谈判结束，各协议签署国将把协定文本送至本国议会审议通过。

表面上看，TPP 是一个地区自由贸易安排；只是涵盖的范围比 WTO（世界贸易组织）更大。TPP 议题涉及劳工、环保、服务业等，将要消除的

　＊　丁一凡，清华大学国家战略研究院资深研究员。

产品的关税有 18000 多项。目前 TPP 谈判协议文本还处于保密状态，可能要在数月之后各国议会审核通过才会公布。从理论上讲，文本内容公开后，任何有兴趣参与 TPP 的国家和地区，都可对文本进行检视，并据此考虑是否加入。预计，2016 年 TPP 将开放第二轮谈判申请。

美国主导的 TPP 谈判成功消息传出后，立即成为国际媒体评论的焦点。TPP 为何受到如此青睐？它是个什么样的地区自由贸易安排？对中国经济将有什么影响？中国应该采取什么样的应对措施？本文将就此展开讨论。

一　TPP 是个充满地缘政治算计的贸易协定

TPP 谈判经历许多起伏，并不是一个地区自由贸易谈判所能概括的。TPP 前身是智利、新西兰、新加坡和文莱于 2005 年签订的《跨太平洋战略经济伙伴关系协定》（Trans-Pacific Strategic Economic Partnership Agreement）。当时四国就货物、服务、知识产权贸易和投资领域给予互惠的经济合作达成协议。2008 年美国高调宣布加入这一谈判，并在奥巴马"重返亚洲"战略实施后将其纳入这一战略整体的一部分，使其成为这一战略的经济支柱。随后，秘鲁、越南和澳大利亚加入谈判。2010 年，谈判正式启动。加拿大、墨西哥和日本等国家也相继宣布参加，最终形成 12 国的谈判。

在美国加入谈判前，TPP 谈判范围比较简单，只涉及自由贸易领域。智利、新西兰、新加坡和文莱四国经济互补性强，没有太多摩擦，比较容易达成协议。美国加入谈判后，事情开始变得复杂了，特别是生物与药品的专利问题等都成了艰难的谈判题目。

在谈判过程中，各国政府都遇到一定障碍，特别是美国政府没有得到国会授予的"贸易促进权"，亦即"贸易快车道"，每项议题都需要递交国会讨论，进展速度甚慢。为此，奥巴马政府极力游说国会通过贸易促进授权法案。许多美国智库也发表文章，声称如果美国在 TPP 计划上失败，美国将遭受致命打击，因为美国将失去在国际贸易中制定规则的能力，"亚太再平衡"政策将失去意义，国际贸易日程将进入死胡同。[1] 一些智库与游说集团也帮助奥巴马政府游说国会，要求通过贸易促进授权法案，为政府提供快速贸易谈判通道。

奥巴马连任两届总统期内，在拯救美国汽车业、通过医改法案、结束伊拉克战争、制定从阿富汗撤军时间表、击毙本·拉登等方面有所建树。但是，TPP 谈判成功与否兼具内政外交方面的重要意义，并因其战略影响深远，可以作为奥巴马本人重要的历史遗产。为此，奥巴马不遗余力，积极斡旋。最终，在共和党议员支持下，奥巴马政府获得国会授予的"贸易快车道"，把 TPP 谈判向前推进了一大步。

美国的一些新保守主义战略专家把 TPP 看作是美国制衡中国崛起的重要战略部署。他们认为，TPP 协议将能够提高美国及其一批友好国家的经济增长率，同时转移美国最大的竞争者——中国的贸易流。这会引起国家实力的相对变化。如果 TPP 能够改变美国与中国实力对比轨迹，它或许是决定美国能否在 21 世纪保持其"不可或缺"地位的最重要因素。他们认为，过去美国在与中国打交道时，常常面临一种两难选择，即只能在遏制与交往两者之间选择，这种两难选择给了中国许多机会。而 TPP 是第三种选项，可以避开遏制与交往的两难困境。TPP 目的很简单，就是增加美国及其盟国相对于中国的经济收益，然后利用公共预算、通过"巧妙的"军事策略把这种经济优势转化为国家力量。中国内地和香港会因为被排除在 TPP 之外而损失大量贸易和投资的机会。[2]

TPP 谈判达成一致后，奥巴马立即发表评论称，TPP 将给美国工人应有的平等权利和机会，美国不允许中国等国家来书写全球经济的规则。TPP 将制定 21 世纪全球经济在众多领域的规则。[3] 显然，奥巴马是把 TPP 谈判达

---

[1] Mireya Solís，"The geopolitical importance of the Trans-Pacific Partnership：At stake，a liberal economic order，" The Brookings Institution，March 13，2015，http：//www. brookings. edu/blogs/order-from-chaos/posts/2015/03/13-geopolitical-importance-transpacific-partnership.

[2] Sean Mirski，"The Trans-Pacific Partnership：China，America and the Balance of Power，" July 6，2015，http：//nationalinterest. org/feature/the-trans-pacific-partnership-china-a-merica-the-balance-13264.

[3] 《奥巴马谈 TPP：不能让中国来书写全球经济规则》，2015 年 10 月 6 日，http：//news. 163. com/api/15/1006/05/B57ITC6R0001121M. html.

成一致当成是针对中国的胜利。

虽然 TPP 不是单纯的地区自由贸易安排，但它毕竟是以自由贸易谈判的形式达成的。各协议签署国为此要修改许多自己的贸易规则，牺牲许多已有经济利益或冒更大的风险。那么，为何这些亚太地区国家要冒这么大风险呢？

其实，参与 TPP 谈判的一些国家不完全是为了促进贸易与投资，促进本国与地区经济更好地融合，以得到更快、更好的发展，它们还有对中国崛起后可能面临的亚太经济与政治形势的考量。

随着中国近些年的快速发展，与中国进行贸易往来和经济合作使中国周边国家得到不少好处，但同时也增加了它们的一些担心。比如，越南等东盟国家的发展对中国依赖很大，但是，它们又担心因此而受制于中国，特别是越南与中国在南海问题上还存在争执。

日本同样如此，它一方面对中国市场有很大的依赖，另一方面又对中国的崛起忧心忡忡。从日本经济陷入长期衰退后，日本右翼政治家就一直把中国的崛起当作对日本最大的挑战，不仅积极配合美国的战略在亚洲地区阻遏中国，还借与中国在钓鱼岛问题上的争执煽动日本国内的民粹主义情绪。

在这种背景下，虽然参与 TPP 要让上述这些国家付出许多利益代价，甚至要大量修改本国现行的经济制度与贸易管理制度，但它们还是准备做出这些牺牲，以期在未来的 TPP 发展过程中，能享受到更多从中国转移出去的生产和贸易，能代替中国占有更多美国市场的份额。

在推动 TPP 的谈判中，美国明显把是否参加 TPP 谈判当作"政治站队"的问题。谁不积极参加，谁就没有站在美国一边。澳大利亚、加拿大都是美国的盟国，它们虽然与中国的经贸利益也很大，但出于意识形态和政治正确性，不得不做出与美国一致的选择。

二　TPP 的最后结果尚难预料

目前，TPP 协议还只是在 12 个谈判国部长层面上达成的共识，部长们还需将协议带回各自国家交由议会审批。最终审批通过 TPP 协议的前景仍不太明朗。

首先，协议签署国必须说服本国议会投票批准这一协议。而在这一问题上，由于一些成员国面临着政治变局，存在许多政治未知数。

从美国来看，2016 年是美国的总统大选年，大选会让 TPP 产生许多意想不到的结果。为此，奥巴马政府必须在很短时间内说服美国国会通过协议。由于奥巴马政府已经得到美国国会授予的"贸易促进权"，国会不能对协议细节进行讨论和修改，只能投票支持或反对。因此，2016 年 3 月前，奥巴马政府把协议提交国会投票还是可能的。而且，在美国两党政治中，支持资本扩张的是共和党，因此，在国会对 TPP 进行投票时，共和党可能会持积极立场。不过，由于 TPP 可能对美国本土就业产生冲击，2016 年总统选举开始后，共和党也有可能借题发挥，狙击民主党。

从日本来看，日本加入 TPP 也存在阻力。自民党虽然掌控议会两院，但自民党的基层可能生变。自民党基层组织里有很多农业权贵，他们对开放农产品进口关税非常敏感，一直对 TPP 持坚决反对的立场。从以往美日在自由贸易区谈判中的情况来看，但凡涉及农产品进口关税开放时，必遭到自民党基层的坚决抵制。

加拿大虽然已经完成政府换届，自由党刚刚赢得大选。但 TPP 是前保守党政府签署的，新政府会对 TPP 采取什么态度仍有待观察。加拿大的农业协会是一个强大的政治游说集团，TPP 中有关开放农业关税的内容有可能遭到农业协会的抵制。

其次，TPP 本身含有政治隐患。TPP 谈判与此前其他自由贸易谈判的最大不同在于，它是由各跨国公司和大财团主导的，而并非由各国政府主导。美国的 TPP 顾问委员会成员绝大部分（超过 85%）是财团高管和大律师合伙人，所有具体条款都是这些人全程参与制定的。除了这些人组成的谈判代表团之外，其他人很难看到协议的具体内容。在美国，即使是拥有最高安全级别（能够接触"ISIS"最高机密）的议员也极难看到 TPP 具体条款；即使看到也绝对不能透露给其他任何人，否则将面临牢狱之灾。TPP 详细条款的保密程度在美国堪称罕见。由于 TPP 内容尚未公开，其中隐藏的"政治地雷"便有可能在公开后引发剧烈的政治地震。投资者-国家争端解决机制（Investor-State Dispute Settlement）机制（简称"ISDS"机制）就有可能成为这样的"政治地雷"。

TPP 包括 29 个秘密条款（只能在条约签署 4 年后公布）。其中的投资者-国家争端解决机制非常值得关注。按照这一机制，任何 TPP 签署国企业都可以把其投资国政府送上"企业法庭"。这是一个由三个企业律师组成的国际法庭，负责仲裁成员国法律是否违反 TPP 条约。如果法庭认定某项法律违反 TPP 条约，就可以要求该国政府废除它。该"企业法庭"的判决是终审判决，效力位于各成员国的法律之上。

由此可见，ISDS 机制给予了跨国企业比成员国政府更大的权力，它们可以对成员国政府的法律与政策变化所带来的损失要求赔偿，因此极大地扩张了跨国公司的利益。2012 年，美国西方石油公司就凭借这一条款，从厄瓜多尔油气政策变化中获得 22 亿美元的赔偿。该条款实际上已经具有超越主权的法律效果。

同时，我们也应该看到，这一法律规定并不是第一次出现。在许多国家签订的双边投资协议中，都有这种投资者-国家争端解决机制的规定。但是，TPP 的不同之处是把这个本来只在双边协议中才订立的条款放到一个国际机构的协议中去，使它成为一个多边的仲裁机制。

美国的跨国公司在全球经济中拥有最强大的优势，因此该条款对美国公司更为有利。但该条款对美国来说也是"双刃剑"，因为其他地区的跨国公司也在发展，未来其他非美国跨国公司也可以据此状告美国政府，要求索赔。比如，中国的能源公司在美国的清洁能源项目受挫，或华为遇到投标壁垒，就可以据此状告美国政府。

我们说 TPP 的投资者-国家争端解决机制是颗"政治地雷"，还因为它违反了美国的政治传统。过去，美国一直坚持国内法优先。美国公众对自己的民主很在意，认为美国国内法优于国际法，因为美国法律是通过民主程序制定的，而国际法则不然，因此不能让不民主的法律来主宰民主的法律。当美国国内法与国际法发生冲突时，美国人从来都只认自己的法律，并不把国际法规定放在眼里。这种做法时常遭到欧洲人的耻笑，因为欧洲国家从来都认为国际法优于国内法。正因为国际法的优先地位，欧盟国家也曾用签署国际条约的方法来"倒逼"自己的国内改革。

迄今为止，美国媒体还未对投资者-国家争端解决机制做出很多报道，或许是谈判内容保密的原因，或许有其他原因。如果未来公众舆论注意到这一问题，并把它上升到违反美国政治传统的高度，美国社会的抗议声还会更高。特别是在 2008 年金融危机后，美国公众对资本集团控制政治和法律的事十分敏感。也许正因为如此，许多"聪明的"美国政治家现在都采取远离 TPP 的态度。

同时，也有不少政治家明确表示反对 TPP。TPP 达成后，2016 年的总统选举候选人之一，希拉里·克林顿就公开表示反对。她认为，TPP 没有明确惩罚操纵汇率的条款，不符合美国利益。还有一些民主党议员也持这种观点。

此外，争取共和党总统选举提名并在党内选票领先的唐纳德·特朗普已明确表示反对 TPP。美国劳工组织和环保组织对 TPP 也持有明确的反对态度。华盛顿已经开始出现抗议 TPP 的游行者，他们高喊"停止 TPP"的口号。部分民主党议员对奥巴马所谓 TPP 将帮助美国工人的说法也存在怀疑，左翼阵营反对者要求民主党议员放弃支持该协定。

再次，TPP 带给签约国的得失还远未明朗。日本在美国游说下加入了 TPP，并深信只要此协议对其竞争对手中国不利，日本就值得做些牺牲。但值得注意的是，美国在十几年内一直建议日本与其就双边自贸区或双边投资保护协议进行谈判，却始终遭到日本拒绝。这次 TPP 的谈成，等于日本对美国做了让步，达成了美日自贸区的目标。今后，日本能抵御住美国大批农产品的侵入吗？日本会不会为了这个政治承诺而落入美国的陷阱？越南是不是也应该警惕 TPP 的某些条款？如果越南对劳工、知识产权保护和环境保护的规定遭到起诉，而企业法庭又裁判越南败诉的话，越南是否会由此引发"颜色革命"？这些都是日后值得关注的问题。

从理论上讲，美国设计的 TPP 有点儿像日本政府曾在 20 世纪 90 年代设计的一个计划。当时，日本政府担心大量日本企业对华投资会增强中国的综合实力，使日本处于劣势，因此鼓励日本企业转向其他地区投资，特别是鼓励它们向印度和东南亚国家投资。有些日本企业听从了政府的劝告，转向对东南亚国家和印度投资，但几年后，发现投资效果很差。而与此同时，欧美企业在华的投资利润猛增。日本企业感到吃了大亏。现在，中国几乎是 TPP 所有成员国在亚太地区最大的贸易伙伴。如果想让 TPP 产生资本与贸易流都远离中国的效果，那是不是个"反市场"的设计呢？会不会使签约国最后落个"竹篮打水一场空"呢？相关国家不能不对此有所顾虑。

三　TPP 对中国的影响及中国的应对措施

首先，TPP 近期对中国经济的影响不会太大。2013 年整个 TPP 体系内 12 个国家互相贸易总额不超过 3.5 万亿美元，而当年全球贸易总额是 36.7 万亿美元，TPP 体系内的贸易额还不到全世界贸易总额的 10%。中国在 2013 年的进出口贸易总额是 4.16 万亿美元，占世界 11%，超过 TPP 体系内成员互相贸易的总额。

其次，中国与 TPP 各成员国的贸易往来密切，TPP 短期内不会改变这种贸易流。中国是美国、日本、韩国、澳大利亚、新加坡和越南的第一大贸易国，是加拿大的第二大贸易国。2013 年，中美之间的贸易额达 5120 亿美元，占美国贸易总额的 15%；中国与日本的贸易额达 3125 亿美元，占日本贸易总额的 20%；中国与韩国贸易额达 2742 亿美元，占韩国贸易总额的 23%；与澳大利亚的贸易额达 1281 亿美元，占澳大利亚贸易总额的 23%；与新加坡的贸易有 914 亿美元，占新加坡贸易总额的 12%；与越南的贸易额为 500 亿美元，占越南贸易总额的 19%；中国与加拿大的贸易为 705 亿美元，占加拿大贸易总额的 7.7%。

再次，从贸易结构上看，中国的出口主力已从纺织业升级到制造业，这需要强大的工业体系的配套能力。比如，中国对美最大的出口是机电、音像设备及零部件，其次是纺织品。如果说纺织品有可能转移到越南和其他东南亚国家，机电产品则要求强大的供应链体系，是资本密集型、技术密集型产业，其他国家不容易取代中国。

然而，从更长的时间段来看，TPP 未来的发展将会对中国的贸易和投资产生一定影响。

首先，TPP 规定，未来其内部零关税将与原产地规则紧密相连。原产地标准可能与北美自由贸易区规定的 65% 标准看齐，即一个最终产品 65% 的零部件只有在区域内国家生产，才能够享受零关税。这种规定可以最大限度地让成员国产业受益，同时又最大限度地排斥区域外经济体。亚太地区除美国之外的最大经济体，实际上就是指中国。TPP 的零关税与原产地规则设定，将最大限度地排挤中国与韩国以及东南亚国家的贸易与资本合作。这也是越南愿意参加 TPP 的重要原因。

中国人民银行研究局的研究认为，如果中国不加入 TPP，在过渡期内的年均机会成本略超过国内生产总值（GDP）的 0.5%。假设 TPP 的过渡期为 4 年，中国会因此损失 2.2% 的 GDP。如果中国不加入，其他一些国家也会丧失一些机会成本，比如韩国、日本等与中国贸易密切的国家也将承受相当于 1.5% 和 0.6% 的 GDP 的机会成本。相反，欧盟、新加坡、越南等国家和地区则会由于中国不加入而受益。[1]

其次，中国若选择不参加 TPP，还将面临棘手的政治问题。台湾当局已明确表态，愿意参加可能从 2016 年开始的第二轮谈判。海峡两岸在 TPP 上的不同取向将会带来严峻的政治问题。

台湾"经济部"2013 年 10 月做过一份研究，结论是：若不加入 TPP，台湾的实际 GDP 将减少 0.27%，总产值及总就业分别减少 0.13% 和 0.07%，贸易总值下降 0.2%。反之，若能加入 TPP，台湾的实际 GDP 将提升 1.95%，总产值及总就业分别增加 1.91% 和 0.65%，贸易总值可提升 6.57%。

台湾之所以认为 TPP 应成为未来台湾经贸布局的重点，主要有两个原因：其一，加入 TPP，台湾可以有效降低对大陆的经贸依存度，保障"经济自主"，提高对大陆谈判的筹码；其二，加入 TPP，等于台湾地区与美、日、澳等国达成自由贸易协定，可以提升台湾地区在国际上的活动空间。

台湾"经济研究院"（1976 年创立的台湾最早的民间智库）于 2013 年 4 月发表一篇报告指出：根据模拟结果显示，如果台湾加入 TPP，而大陆没有加入，大陆八大经济圈均会受到不等的负面影响，尤其是环渤海经济圈将受害最重，其次是大长三角经济圈。此外，由于大陆劳动力成本不断上涨等问题，许多出口导向型的台资可能转向越南和马来西亚生产，再销售或者出口到其他 TPP 成员，以避免高关税产生的额外成本，这会导致台湾地区对大陆投资减少。[2]

---

[1] 参见马骏、肖明智《TPP 影响之量化分析》，中国证券网，2015 年 10 月 9 日，http://news.cnstock.com/news/sns_zxk/201510/3583327.htm。

[2] 参见陈承《TPP 对中国一定会是威胁，而且威胁到核心利益——台湾问题》，2015 年 10 月 8 日，http://www.aiweibang.com/yuedu/caijing/55377679.html。

美国鹰派杂志《国家评论》（*National Review*）2015 年 8 月发表文章提出，美国对台湾地区不但有经济利益，更有道德利益。因此，美国应该确保台湾地区能够加入 TPP，以对抗中国政府对台湾的"经济渗透"。通过 TPP，美国可以进一步稳固对中国的外交和经济围堵；同时，鼓励台湾地区加入 TPP 又可以巧妙地离间两岸经贸关系。①

综上所述，中国面临的 TPP 挑战不可轻视。对此，中国可采取以下应对措施。

第一，明确表态，愿意积极参加第二轮 TPP 谈判，并阐明加入 TPP 后中国可能获得的诸多好处。如果中国对参加 TPP 表示积极，反过来也会影响美国议员对 TPP 的看法。如果美国议员认为中国企业未来会大大受益，就会重提美国国内法的优先作用，从而降低对 TPP 的支持。如果美国国会审批 TPP 的时间拖长，TPP 落实的时间就会拖延，这将为中国创造出更多调整的机会和时间。

第二，构建双边自贸区网络，抵消 TPP 的影响。中国是现有的 TPP 大部分成员的重要市场，甚至是最大市场。TPP 生效后，不仅影响中国的对外贸易，同时也会影响这些国家与中国的贸易与投资。它们不可能很快在其他 TPP 成员国内找到与中国相媲美的市场，因此仍然会钟情于与中国签订的自由贸易协定。中国早在 2008 年已经单独同新西兰、新加坡、秘鲁签订了双边自由贸易协定，2015 年与澳大利亚、韩国也签订了双边自由贸易协定，规定接近 97% 的商品为零关税。未来 TPP 要实现零关税还要有一段时间，有的项目需要等上数十年，未必比与中国签订的自由贸易协定更有吸引力。这种做法的好处是，中国与这些国家签订的自由贸易协定中没有使跨国公司超越主权法律的规定，中国无须担心跨国公司在中国任意行事，其他国家也不必担心中国公司超越它们国家的法律行事。

同时，中国推进与其他国家的自由贸易安排也可不受 TPP 的影响。比如，印度没有参加 TPP，而且表示不感兴趣。印度官方表示，愿意积极推进中国支持的《区域全面经济伙伴关系》（RCEP）谈判，并争取早日达成协

---

① 参见陈承《TPP 对中国一定会是威胁，而且威胁到核心利益——台湾问题》，2015 年 10 月 8 日，http://www.aiweibang.com/yuedu/caijing/55377679.html。

议。这说明，中国只要耐心地推进双边自由贸易安排，仍然会使中国与其他国家的贸易取得很大进展。

第三，在积极申请加入 TPP 的同时，在行动上也要认真做好准备，提高自身竞争力。虽然美国设计的 TPP 部分是针对中国的，但它是对亚太地区所有国家开放的贸易安排，不能公开拒绝中国加入。如果中国申请加入第二轮谈判，美国只能借现有的 TPP 规则，即 TPP 所谓的"高门槛"逼中国做出更大让步。中国的国有企业制度、中国的劳工标准、企业的生产标准与环境标准等都将经受考验。鉴于 TPP 协议的有些条款在签约 4 年后才会公开，我们现在就要积极准备应对，以免将来面临更大的风险。

通过了解并熟悉 TPP 的标准，我们可以"倒逼"中国企业的改革，加快金融体系的改革，提高中国企业的竞争力。

总之，虽然 TPP 对中国参与经济全球化提出了新的挑战，但中国的工业化已经比较成熟，驾驭市场经济规则的能力也已大大提高，通过有针对性的措施和安排，我们完全有能力应对这个新挑战。

推进中欧自贸区谈判的困难与挑战

张　保[*]

摘　要：随着《跨太平洋伙伴关系协定》的达成，美国加快了与欧盟《跨大西洋贸易与投资伙伴协定》的谈判进程。中国国际贸易环境正在发生巨大变化并对中国提出严峻挑战。欧盟很长时间以来一直是中国的最大贸易伙伴，保持并加强与欧盟的良好贸易关系，对于化解中国国际贸易的压力，加强中国在未来国际贸易体系中的地位都至关重要。中国政府已经开始与欧盟关于建立自由贸易区的协商，但目前尚有一定的困难。

关键词：TPP　TTIP　中欧自贸区　上海自贸区

2008 年国际金融危机之后，世界经济复苏乏力，而世界贸易组织的多哈回合谈判也一直没有突破。于是，世界各国纷纷另起炉灶，积极推动双、多边自由贸易谈判，以促进对外贸易，实现经济增长。其中，对国际经贸格局影响最大的当属美国主导的《跨太平洋伙伴关系协定》（TPP）和《跨大西洋贸易与投资伙伴协定》（TTIP）谈判。这两项自贸协定几乎囊括了除金砖国家之外的世界所有重要经济体。各种迹象表明，美国意图通过建立所谓"高标准、广覆盖"的自贸区体系来争夺下一代国际贸易规则的制定权，继续保持其在国际经贸领域的主导地位。

---

* 张保，国务院发展研究中心世界发展研究所助理研究员。

中国自 2002 年与东盟签订第一份自贸区协议《中国与东盟全面经济合作框架协议》以来，自贸区建设不断加速，但从数量、布局和贸易占比方面来看，中国建立的自贸区与美欧等发达国家自贸协定进展相比还存在不小差距。在此背景下，中欧自贸区的建立，对于中国具有重要的战略意义，但是其谈判进程面临诸多困难，本文将就此展开讨论。

一　中欧自贸区的提出及其战略意义

2013 年 11 月 21 日，李克强总理与欧洲理事会主席赫尔曼·范龙佩（Herman Van Rompuy）、欧盟委员会主席若泽·曼努埃尔·巴罗佐（José Manuel Barroso）共同发布了《中欧合作 2020 战略规划》，其中提到"商谈并达成一份全面的中欧投资协定"，并在未来"条件成熟时签订中欧自贸协定"。2014 年 3 月 31 日，在习近平主席访问欧盟总部时，中欧双方发表了《关于深化互利共赢的中欧全面战略伙伴关系的联合声明》，再次重申这一共同愿景。在 2014 年习近平主席和李克强总理分别访欧期间，中方敦促欧洲进行中欧自贸区的可行性研究，一些欧盟成员国也给予了积极回应。2015 年是中欧建交 40 周年，李克强总理再度访欧时，双方领导人都强调要继续推动双边投资协定谈判的进度，并争取早日就中欧自贸区建设开展可行性研究。中欧双方对建设自贸区有着共同意愿，中欧自贸区对于中欧双方也均具有重要的战略意义，主要表现在以下三个方面。

（一）推动中欧建立更加密切的经贸关系

1975 年 5 月 6 日，中国与欧洲共同体（欧盟前身）正式建立外交关系，40 年来，双方在政治、经贸、人文等各领域的合作全面发展，形成了以领导人会晤为引领，高级别战略对话、经贸高层论坛和高级别人文交流对话机制为三大支柱的"1+3"高层对话格局。

根据国际货币基金组织的统计，2014 年，全球国内生产总值（GDP）总量为 77.3 万亿美元，其中欧盟国家 GDP 总和为 18.5 万亿美元，美国以 GDP 17.4 万亿美元成为全球第一大单体经济体，中国以 GDP 10.38 万亿美元位居第二；中欧之和超过全球总量的 1/3。2014 年，中欧双边贸易额为 6151 亿美元，同比上涨 9.9%，为近三年的最高值。[①] 欧盟连续 10 年是中国第一大贸易伙伴，中国则是欧盟的第二大贸易伙伴和第一大进口来源国。

在商品贸易方面，中国对欧盟出口额从 2004 年的 1292 亿欧元上升至 2014 年的 3025 亿欧元，占欧盟进口总额从 9% 提高到 14%。欧盟对华商品出口则几乎上涨了 3 倍，达到 1647 亿美元，在欧盟出口中的占比也从 5.1% 提高到 9.7%。其中，制造业在双边商品贸易中占有重要地位，分别占中国对欧出口的 97% 和欧盟对华出口的 86%。

在服务贸易方面，欧盟对华出口从 2012 年的 251 亿欧元，至 2014 年陡增 27%，达到 317 亿欧元，占欧盟服务出口总额的 4%，仅次于美国和瑞士。中国对欧出口也从 200 亿欧元提高至 226 亿欧元，其中旅游业（33 亿欧元）、知识产权（31 亿欧元）以及通信、计算机和信息服务业（25 亿欧元）是逆差的主要来源。[②]

在外商直接投资方面，近几年，欧盟对华投资虽然出现缩水，从 2011 年的 214 亿欧元下降至 2014 年的 91 亿欧元，但累计在华投资仍高达 950 亿美元。同时，中国对欧投资则由 45 亿欧元上升至 121 亿欧元，首次超过 100 亿欧元，也是第二次成为欧盟投资的净流入国（2012 年出现仅有不到 1 亿欧元的顺差），中国企业在欧投资存量也已快速增长至 490 亿美元。

以上数据足见中欧经贸关系之深、范围之广，而且这些发展并不仅限于数量上的意义，而是实质性地推动了中欧经济、社会与技术等方面的全面合作。中欧技术合作推动了中国技术水平的提高和进步，对中国经济发挥了积极作用。而中国的发展也为欧洲提供了稳定和可靠的巨大市场，为欧洲经济稳定和保障就业发挥了重要作用。如果中欧之间能就目前的双边投资协定和未来的自贸协定达成共识，并付诸实施，将对双方的经济发展起到更大的推动作用。

---

① 《中国同欧盟关系—经贸关系》，http://news.xinhuanet.com/world/2015-03/10/c_127475902.htm。

② 《中国同欧盟关系—经贸关系》，http://news.xinhuanet.com/world/2015-03/10/c_127475902.htm。

（二）有助于消除中欧经贸关系中的"非市场经济地位"障碍

据统计，2003~2014 年，中国受到国外贸易救济调查的案件共有 900 余起，涉案金额超过千亿美元。而中国自发起第一起反倾销、反补贴调查至今，调查案的总数量只有 91 起，仅相当于别国对中国发起调查的一年的数量。① 尤其自 2008 年金融危机以来，贸易保护主义抬头，一些国家为了转嫁国内经济危机和应对中国出口商品的竞争压力，对中国发起空前密集的反倾销调查。由于反倾销相对于关税和配额等传统贸易壁垒更易操作，它已经成为各国采取"贸易保护"的首要手段。国外对中国发起如此频繁的反倾销调查的首要借口就是中国是所谓的"非市场经济地位"国家。

2001 年，中国加入 WTO 时同意 15 年内可以被当作"非市场经济国家"对待。《中国加入 WTO 议定书》的第 15 条"确定补贴和倾销时的价格可比性"中规定："如接受调查的生产者不能明确证明生产该同类产品的产业在制造、生产和销售该产品方面具备市场经济条件，则该 WTO 进口成员可使用不依据与中国国内价格或成本严格比较的方法。"同时，此项条款也注明该规定"应在加入 15 年后终止"。这意味着，其他 WTO 成员对中国商品发起反倾销时，除非该国承认中国具有市场经济地位，或者中国企业能够"明确证明生产该同类产品的产业在制造、生产和销售该产品方面具备市场经济条件"，否则中国商品将成为这一政策的适用对象。目前，虽然澳大利亚、新西兰、新加坡、马来西亚等 90 多个国家承认中国具有"完全市场经济地位"，但是美国、欧盟、日本、加拿大、印度等中国主要贸易伙伴并不予以承认，它们也正是对华发起反倾销、反补贴调查的主力。

必须指出，上述"第 15 条"中规定的"15 年"时间，并不意味着 2016 年 12 月 10 日之后，中国就可以自动获得"市场经济地位"，因为 WTO 法规中并未强制成员国承认中国的"市场经济地位"，各成员国也没有义务自动承认这一点。从美、欧等国内法的规则和实践来看，也不太可能做到这一点。即使它们承认中国的"市场经济地位"，也只是不能用"替代国方

---

① 《去年对华双反措施高达 97 项》，http://epaper.legaldaily.com.cn/fzrb/content/20150324/Articel06010GN.htm。

法"作为相关调查的依据，仍然可以拒绝使用中国国内销售价格作为正常价值等方法进行相关调查。因此，如果中国能够与相关国家，包括欧盟，就双边贸易和投资规则进行谈判并达成共识，进而建立自由贸易区，将大大缓解中国在此问题上受到的制约。欧盟是世界经济总量最大的国家集团，如果中国与之签订 FTA，将对其他国家起到非常重要的示范作用，中国在与其他国家进行相关谈判时也会更加有利。

（三）缓解 TPP 和 TTIP 对中国的压力

TPP 的前身是《跨太平洋战略经济伙伴关系协定》（P4），是由新加坡、新西兰、智利和文莱四国 2005 年在亚太经合组织（APEC）框架内签署的小型多边贸易协定，2009 年美国宣布加入谈判，并邀请有关国家参加，并更名为《跨太平洋伙伴关系协定》（TPP）。凭借巨大的经济体量，美国迅速主导了 TPP 谈判的方向，在议题设置方面增加了很多与其利益密切相关的内容，如环境保护、农产品和服务业出口、知识产权出口、原产地原则等。2013 年，日本宣布加入谈判，使 TPP 可能一跃成为覆盖全球 GDP 总量 40% 的大型自贸区。美国商务部宣称 TPP 对美国有三点作用：其一，增加美国的出口和就业、引领亚太区域一体化进程和保持美国在亚太的竞争力；其二，对于《跨大西洋贸易与投资伙伴协定》（TTIP）的作用，则表述为"通过促进经济发展和增加就业来进一步密切业已紧密的美欧关系，加强彼此间在战略和经济上的合作。" TPP 和 TTIP 的共同特点都是标榜所谓"高标准"，并试图通过达成这两个"高标准"的协议来主导 21 世纪的贸易规则；其三，未来的亚太自由贸易区（FTAAP）就有可能以此为蓝本打造。而当中国表示有意参与 TPP 谈判时，美国却明确表示，如果未来中国能够满足 TPP 的"高标准"，则可以加入，但目前还相差甚远。① 这可能使中国再次面临加入世界贸易组织（WTO）之前的状态，即待现有 TPP 成员国达成一致后中国再加入，而这将使中国被迫接受既定规则，甚至是更严苛的规则，从而对中国未来经贸发展形成巨大制约。TPP 在经济上的"规范"配合美

---

① "State Dept Official Says TPP isn't 'Anti-China' Move," http://usa.chinadaily.com.cn/us/2015-10/28/content_ 22300858. htm.

国在政治和军事上的"再平衡战略"，将紧紧束缚中国作为世界第二大、亚洲第一大经济体在亚洲地区的活动空间和影响力。目前，TPP 各谈判方已经就基础协议达成一致，TPP 谈判取得阶段性成果。

同样，TTIP 是美国在欧洲市场对中国树起的另一道"篱笆"，相对于 TPP 谈判国参差不齐的国情而言，美欧在贸易和投资方面的"高标准"有着更多共识。欧美作为中国最重要的两大贸易伙伴，其 TTIP 签署产生的贸易转移作用也将对中国在对欧、对美贸易中产生极大的不利影响。如果中欧之间能够签署同等分量的自贸协定，将能在美国的"两洋战略"中打开一个缺口，缓解 TPP 和 TTIP 对中国形成的经济方面的战略围堵。

二　中国与欧盟各自贸区建设情况

尽管多哈回合谈判一再陷入困境，中国仍一如既往地支持多边贸易体制，反对任何形式的保护主义，努力消除贸易投资壁垒，团结广大发展中国家，敦促欧美等发达国家推动 WTO 内部机制改革，以促使"多哈回合"谈判尽早取得成果。同时，中国也积极开展自贸区建设。与中国相比，欧盟及美日等国家的自贸区建设成果更为显著。

（一）中国自贸区建设情况

中国自 1986 年 7 月正式申请恢复关贸总协定缔约方地位，经过 15 年艰苦的漫长谈判，终于在 2001 年 11 月被接纳为世界贸易组织成员。此后，在经济全球化浪潮的推动下，中国经济取得了令世人瞩目的快速发展，GDP 从 2001 年的 11.03 万亿元增长到 2014 年的 63.64 万亿元，成为世界第二大经济体，人均 GDP 从不到 9000 元增加到 4.66 万元。中国被认为是 WTO 的"最大受益者"。2008 年金融危机之后，世界经济受到巨大冲击，但全球化趋势并未改变，"多哈回合"谈判虽历经磨难，但"巴厘一揽子协定"的达成也说明多边贸易机制仍然具有活力，仍能得到大多数经济体的支持。此外，WTO 在反对贸易保护主义、解决环境保护等全球性问题和建立公平合理的世界经济秩序等方面仍发挥着中流砥柱的作用。因此，中国将继续支持"多哈回合"谈判，努力维护 WTO 多边架构。

同时，中国也高度重视双边、多边和区域化的自由贸易体系建设。2000年11月，时任中国总理朱镕基提出建立中国—东盟自贸区的设想，并在两年后第六次中国-东盟领导会议上签署了中国第一个自贸协议——《中国与东盟全面经济合作框架协议》。之后，中国自贸区发展不断提速。根据商务部统计，截至2015年，中国已经签订13个自贸区协议，包括中国与东盟、巴基斯坦、智利、新西兰、新加坡、秘鲁、哥斯达黎加、冰岛、瑞士、韩国、澳大利亚和中国港澳台地区；正在谈判的自贸区有7个，包括中国与海合会、挪威、日韩、《区域全面经济伙伴关系》（RCEP）①、"10+1"升级版②、斯里兰卡以及巴基斯坦自贸区第二阶段；处于研究阶段的自贸区有5个，包括印度、哥伦比亚、马尔代夫、格鲁吉亚和摩尔多瓦。此外，中国还加入了《亚太贸易协定》的优惠贸易安排。③

按照2014年中国与相关国家的贸易额计算，目前，中国与已同中国签订自贸区协定的国家的贸易额占中国贸易额总量的39.2%，与正在谈判的国家的贸易额占16.6%，与处于谈判状态的国家的贸易额占2.1%，与其余国家的贸易额占42.1%，其中，与欧盟和美国的贸易额分别占14.3%和12.9%。④

中国对外签署自由贸易协议主要包括两种模式，一种模式是分别签署货物贸易协议、服务贸易协议和投资领域协议。属于这种模式的有中国与东盟、巴基斯坦、智利等双边协议；另一种模式是双方签署一揽子自由贸易协定，涵盖货物贸易、服务贸易、投资、非关税壁垒和知识产权等诸多领域。中国与新加坡、新西兰、秘鲁、哥斯达黎加、冰岛、瑞士等国自贸协定属于这种模式。

尽管中国在自贸区建设方面取得了长足的进步，但与世界各主要国家和国家集团之间相比还有不小的差距。以美国、欧盟、日本和东盟为例，美国目前已与20个国家签订了自由贸易区协定，并且这些协定已经生效。它们分别是澳大利亚、巴林、加拿大、智利、哥伦比亚、哥斯达黎加、多米尼加、萨尔

---

① 正在谈判中的《区域全面经济伙伴关系》（RCEP），其成员国包括东盟10国、中国、日本、韩国、澳大利亚、新西兰和印度16个国家。

② "10+1"升级指2015年中国与东盟签署协定提升中国与东盟全面经济合作框架。

③ 中国自由贸易区服务网，http：//fta.mofcom.gov.cn/。

④ 根据商务部公布的2014年中国与有关国家贸易国别报告计算所得。

瓦多、危地马拉、洪都拉斯、以色列、约旦、韩国、墨西哥、摩洛哥、尼加拉瓜、阿曼、巴拿马、秘鲁和新加坡，此外，还有正在谈判中的 TPP 和 TTIP。根据美国商务部统计，2014 年，47% 的美国商品出口到与其签有自贸协定的国家，总额达到 7652 亿美元，比 2009 年上涨了 64%，远快于对其他地区 45% 的出口增长。有 6% 的商品出口到目前 TPP 谈判国中尚未与其签订自由贸易区协定（FTA）的国家（文莱、日本、马来西亚、新西兰和越南），有 17% 出口到欧盟。未来如果 TPP 获得各签约国议会通过，TTIP 谈判成功，将能够覆盖美国近 69% 的商品出口。而在商品进口方面，美国现有 34% 的商品来自 FTA 国家，若加上 TPP 和 TTIP，这一数值可以达到 60%。[①]

目前，日本与 15 个国家（国家集团）签署了自由贸易协定（FTA）或经济伙伴关系协定（EPA），包括新加坡、墨西哥、马来西亚、智利、泰国、印度尼西亚、文莱、菲律宾、瑞士、越南、印度、秘鲁、澳大利亚、蒙古和东盟；正在谈判的有加拿大、哥伦比亚、中国、韩国、土耳其，以及欧盟、东盟、RCEP、TPP。根据日本贸易振兴机构（JETRO）的统计，已签署 EPA 的国家与日本之间的贸易额占 2014 年日本对外贸易额的 22.3%，首次超过 20%。如果目前正在谈判中的 TPP、RCEP 以及日欧 EPA 能够完成，那么日本的 FTA 在其外贸中占比将提高至 73.3%。

由上所述可以看出，从自贸区伙伴贸易覆盖率来看，中国比美日等发达国家都落后。目前，中国尚未与周边及主要贸易伙伴建立起广泛的自贸区网络，因此极易受 TPP 和 TTIP 谈成后贸易转移的负面影响。如果能够早日与欧盟完成双边投资协定，进而研究、谈判中欧自贸协定，将能在很大程度上稳定中国的外贸市场，避免出现较大波动。

（二）欧盟自贸区建设情况

目前，欧盟已与 70 多个国家（国家集团）和地区签订了 15 个自由贸易协定，分别为加拿大、智利、哥伦比亚、厄瓜多尔、格鲁吉亚、墨西哥、摩尔多瓦、秘鲁、新加坡、南非、韩国、土耳其、乌克兰、越南，以及欧洲自由贸易联盟（EFTA）、《欧洲-地中海伙伴关系协定》（EUROMED）、《经济

---

① 作者根据美国统计局网站上的数据计算所得。

伙伴协定》（EPAS）和西巴尔干半岛与中美洲国家，在商品出口和进口中的占比分别为38.6%和35.1%。目前欧盟仍在与9个国家（国家集团）进行自贸区谈判，包括亚美尼亚、印度、日本、马来西亚、泰国和美国以及南部共同市场、中部非洲、海合会。若与这些国家或国家集团达成自贸协定，那么，72.6%的欧盟商品将以自贸区伙伴为目的地，同时，也有60.2%的进口商品来自这些自贸区伙伴。

相比之下，东盟是东亚地区最早建立自贸区的国家集团，先后与中国、日本、韩国、澳大利亚、新西兰和印度建立了5个"10+1"的自由贸易安排，目前东盟国家与这6个国家的贸易额占东盟对外总贸易额的45.8%，2011年年底，东盟决定建立《区域全面经济伙伴关系》（RCEP），以整合上述5个"10+1"机制。东盟还在与中国香港、欧盟进行自贸谈判，如果谈成将占到东盟对外贸易的63.8%。考虑到部分成员国还参加了TPP谈判，东盟签订FTA的覆盖率还会更高。

比较欧盟和东盟两者可以看出，虽然欧盟目前已签订的自贸协定在自身对外贸易中占比不及东盟，但是在谈的FTA含金量很高，未来建成后将超过东盟的水平。

三　建立中欧自贸区的困难

在近些年中欧领导人的互访中，自贸区建设一直是双方重要的议题之一，也是中方不断努力推动的目标。但是，欧盟及其成员国的反应却并不令人满意，虽然中欧在多个声明中提到未来签订中欧自贸协定的目标，但截至目前，仍然没有就启动双方关于自贸区建设可行性联合研究做出明确的反应。欧盟内部复杂的决策机制、贸易政策的调整、成员国之间迥异的利益诉求，以及中欧各自所处不同发展阶段导致的目标差异等，都是中欧自贸区建设道路上需要解决的现实困难。

（一）欧盟现有决策机制构成的不利因素

2009年年底，确定欧盟各机构权力责任的《里斯本条约》正式生效，与此前夭折的《欧盟宪法条约草案》相比，其涵盖内容更广，并增设了常任欧盟理事会主席职务，合并了欧盟外交和安全政策高级代表一职，扩大了欧洲议会的权力，改进了决策表决机制。尽管如此，效率和透明度之间的平衡仍是欧盟决策程序中需要解决的问题，如，重要的、存在较大分歧的政策需要在欧洲议会、欧洲理事会、欧盟委员会和各成员国之间反复沟通后才能成型，这其中既有正式规定的一读、二读、三读和调解程序，也有非正式的"三方会谈"；既有机构之间的妥协，也有机构和党团内部的协调。尽管各种非正式的磋商和会谈在促进相互理解、弥合分歧、避免立法程序遭遇实质性的阻碍方面发挥了积极作用，能够在尽量短时间内达成早期协议。但是，由于这些过程都在非公开会议上进行，其工作文件也是非公开的，普通民众根本无法了解谈判的内容和过程，甚至一些欧洲议会的内部人士也不了解详情，而且一轮立法程序往往包含很多"三方会谈"，最终形成的议案与最初草案相比往往已"面目全非"。虽然每次非正式会谈后都会向议会提交报告，但由于报告并无统一标准，外人很难具体了解会谈的情况，也很难对协议进行充分的辩论和监督。

根据研究，绝大多数依照共同决策程序达成的协议都是在欧洲议会委员会中的公开审议和投票程序前的非正式"三方会谈"中形成的，而之后的议会委员会辩论和议会全体会议辩论都已沦为形式，成员国议会也难以真正审查相关法案。为了满足成员国和公众对透明度的要求，欧洲议会和欧盟委员会正在对相关决策流程进行改进，以使各种意见和建议有机会得到充分的反映，但这不可避免地降低了决策的效率。以 TTIP 为例，美欧自 2013 年 6 月正式宣布启动有关谈判，迄今已经完成 10 轮谈判，而欧洲议会直到第十轮前的 2015 年 7 月 8 日才刚刚通过欧盟关于 TTIP 谈判的相关立场的决议。

尽管欧盟增设了一些常任的职位以保证政策的连贯性，但其下属各部门的人员仍然需要轮换，这就影响了具体政策的研究、制定和执行。以具体负责欧盟对外贸易政策的贸易总司为例，罗马诺·普罗迪（Romano Prodi）任欧盟委员会主席期间（1999~2004 年）的贸易委员帕斯卡尔·拉米（Pascal Lamy）热衷于多边机制，而若泽·曼努埃尔·巴罗佐（José Manuel Barroso）担任欧盟委员会主席期间（2004~2014 年）的贸易委员彼得·曼德尔森（Peter Mandelson）和卡洛·德古赫特（Karel De Gucht）则认为应与主要贸易伙伴达成双边 FTA。德古赫特主持工作时期，中欧经贸关系非常紧张，他启动了针对中国太阳能电池板的反倾销调查，指责华为、中兴等公司受益于非法的国家补贴。2014 年上任的贸易委员塞西莉亚·马姆斯特罗姆（Cecilia Malmström）则希望以高标准的双边自贸协定（如 TTIP）为模板来打造新一代的多边自贸体系，强调效率和责任并重，其对华态度相对和缓。以上因素都不可避免地对中欧经贸关系产生影响。

（二）欧盟贸易政策的调整

第二次世界大战后，欧共体/欧盟一直是双边贸易协定、区域贸易协定的积极推动者。1957 年建立的欧共体/欧盟本身就是世界最大的自由贸易区，因此它也被认为是区域贸易协定的天然支持者。1995 年世贸组织成立之前，欧共体与第三国缔结的各类涉及贸易的双边或区域协定已近 140 个，对象涉及世界上绝大多数发展中国家，以及除美、日、澳、新加坡之外的所有发达国家。

欧盟贸易协定发展可大致分为三个阶段：第一阶段，20 世纪 70~80 年代为冷战时期的联系协定时期。欧共体在 20 世纪 60 年代建立了与对外贸易相关的法律，取代成员国成为单一的贸易和法律实体，到 80 年代中期欧共体国家之间已经建立了广泛的双边贸易协定网络。第二阶段，20 世纪 90 年代开始的政治经济合作协定时期。冷战结束后，欧盟展开了积极的贸易外交攻势，与俄罗斯和东欧国家签订了以贸易关系为主，包括政治、经济合作在内的内容广泛的双边协定，与亚洲、拉丁美洲国家和地中海南岸国家更新了双边协定。第三阶段，2006 年以后为新一代自贸区协定阶段。"多哈回合"谈判初期，欧盟将重点放在多边贸易机制方面，一度中止了双边贸易协定谈判。但是随着"多哈回合"谈判的搁浅和美国贸易政策的转向，欧盟重新启动了双边 FTA 的谈判。①

2010 年 11 月，欧盟出台了《里斯本条约》生效后的第一项贸易政策《贸易、增长和全球事务》，其主要目标有四个：一是建立公平、公开的全

---

① 叶斌：《欧盟贸易协定政策的变化和影响——法律的视角》，《欧洲研究》2014 年第 3 期，第 106 页。

球贸易体系；二是通过签署 FTA 的形式与主要贸易伙伴相互开放市场；三是确保贸易伙伴遵守规则，具体包括清除出口商遇到的障碍、为欧盟企业在别国政府采购中增加机会、保护欧盟商品知识产权和为欧盟对外投资开辟渠道；四是促进可持续发展，如保护环境、改善发展中国家工作环境和确保产品符合最高的健康和安全标准。[1] 2010 年 10 月，欧盟与韩国签订了首个最具综合性的自贸协定。2015 年 10 月，欧盟发布新的指导未来 5 年的贸易战略文件《为所有人的贸易：更负责的贸易和投资政策》，强调有效性、透明度和价值。其内容包括：开放贸易政策对创造就业、经济增长和可持续发展的作用；对现有 FTA 谈判进展的评估，尤其是对 TTIP 和欧日自贸区的评估；对世界贸易组织"多哈回合"及其他多边机制的评估；在现有优惠政策调整的背景下，确保原材料供应链；维护好与中国等战略伙伴的贸易关系；提高贸易透明度和公众信任度等。[2]

由此可见，欧盟的贸易政策从政治、外交回归经济之后，为了消除各类关税和非关税壁垒，关注内容不断细化，并延伸至贸易、投资的每个环节，这从欧韩 FTA 到欧日 FTA 的谈判内容变化可见一斑。而对于中国，欧盟认为中国在标准、规则、服务、投资、政府采购和知识产权等方面都存在壁垒，尚不具备进行谈判的基本条件。同时，欧盟贸易战略中多次提到需关注"潜在谈判伙伴与欧盟竞争对手之间的互动"，并对《欧韩自由贸易协定》和《美韩自由贸易协定》、《中欧双边投资协定》和《中美双边投资协定》以及《欧日自由贸易协定》和《跨太平洋伙伴关系协定》的启动时间格外关注。由于中国目前尚未与美日这些与欧盟经济总量和发展阶段类似的发达国家建立自贸区，欧盟似乎对与中国进行自由贸易协定谈判并无紧迫感。

（三）欧盟成员国不同的利益诉求影响欧盟对华贸易政策

尽管欧盟领导人在建立中欧自贸区的问题上并未提出明确的目标和时间表，但他们表示将"在条件成熟的时候签订全面深入的自贸协议"。在成员

---

[1] "Trade, Growth & World Affairs," http：//ec. europa. eu/trade/policy/.

[2] "Trade for All-New EU Trade and Investment Strategy," http：//ec. europa. eu/trade/policy/in-focus/new-trade-strategy/.

国层面上，目前仅有德国和英国态度积极。

相比之下，有些成员国表面上表示支持，但在私下里却持反对态度。据《德国之声》报道，在2015年4月欧盟内部就中欧自贸区方案进行讨论时，几乎遭到除德、英之外所有成员国的集体反对。它们大都担心，自贸区的建立将导致更多的中国廉价商品涌入欧洲市场，会对欧洲企业产生灾难性后果。虽然在自贸区协定签订后，中国也必须降低关税水平，但相比之下，协定对欧盟的影响更大，欧盟可能因此每年减少25%的关税收入。这是很多经济正处于困难时期的欧盟国家所不愿看到的。而这从中国与欧盟各国的贸易额变化也可以看出端倪。表面上看，无论是中欧双边还是中国与各欧盟成员国之间的贸易额都在不断创出新高，但从贸易平衡的角度看，欧盟28个成员国中，仅有德国和芬兰保持顺差，其他26个成员国大都为逆差，且逆差数额随着贸易额的增长而增加，这也就不难理解为什么多数欧盟国家不支持中欧自贸区了。

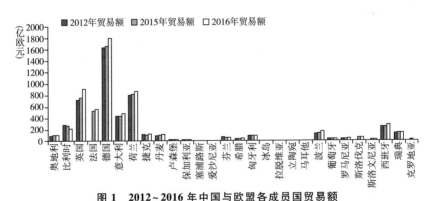

图1　2012~2016年中国与欧盟各成员国贸易额

资料来源：欧盟贸易总署，http：//madb.europa.eu/madb/statistical_form.htm。

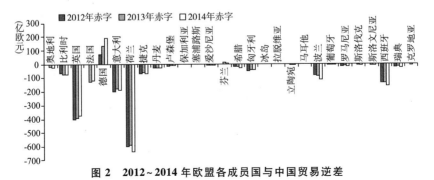

图2　2012~2014年欧盟各成员国与中国贸易逆差

资料来源：欧盟贸易总署，http：//madb.europa.eu/madb/statistical_form.htm。

（四）中欧在自贸区的目标上存在较大差异

除以往签订的各类自由贸易协定以外，欧盟近年来着力于发展新一代的自由贸易区。TTIP就是其中的代表，欧盟希望以此为模板打造适合其经济社会发展状况的自贸体系。欧盟此前公布的有关TTIP谈判的文本显示，总共约24章内容主要集中在市场准入、监管合作和相关规定三个方面。在市场准入方面，欧盟希望在商品贸易领域消除所有关税和其他障碍；在服务贸易领域中，促进电信、港口等工程的准入，双边人员资质互认，人员自由流动等；在政府采购中，平等对待两国企业，保持合同透明度；在原产地规则中，简化相关规定以便理解和执行，提高落实规定的效果，打击假冒伪劣产品；在监管合作方面，通过修改现有规定和发展新规则来维护欧美民众利益并实行监管独立；在技术领域，消除影响双边贸易的各种技术障碍；在食品安全和生物健康方面，提高审批节奏，确保过程简洁、透明，严格遵守欧盟的食品安全标准；在化学品等的特定行业方面，加强交流，共同研究未来出现的新挑战；在规则方面，欧盟希望坚持基本的国际标准和共识，在环境和劳工保护方面执行高标准，促进国际贸易可持续发展；在能源和原材料方面，确保来源多样化和供给可持续；在海关和贸易便利化方面，促进双边进出口贸易更加方便；为各类中小企业提供关于关税、税收、通关程序、市场机会等内容的在线服务中心；吸引外来投资者，保护欧盟对外投资，强化政府在环境等涉及公共利益领域的监管权力；促进良性竞争，确保私人部门的发展空间；保护知识产权，鼓励在创新和研究方面的投资，落实欧盟的地理标识体系；建立合理的投资者-国家争端解决机制，在投资者利益和公民利益之间寻求平衡。①

相比较TTIP的"一步到位"，中国更倾向于通过渐进的方式完成FTA体系的搭建，提倡达成符合各国国情的FTA协议，条件成熟的可以形成早期收获协议，尚不成熟的可以留有缓冲期或保留例外条款，为各个国家提供量体裁衣的自贸协议，对于发展中国家来说，这种方式更易于接受，中国与东盟自

---

① "EU Negotiating Texts in TTIP," http: //trade. ec. europa. eu/doclib/press/index. cfm? id = 1230.

贸协议的升级版以及《区域全面经济伙伴关系》（RCEP）就是其中的代表。

RCEP 在市场准入方面没有设置过高的门槛，在化解新兴经济体与发达经济体间由于经济不均衡造成的贸易分歧时，注重兼顾各方利益，以求达到最大的共赢。充分考虑到经济发展较慢的国家，在撤废关税等议题上给予充分的缓和条件。正因为这些原因，才使得一些国家放弃了 TPP 而选择了 RCEP。

四　积极推动中欧自贸区的谈判

从以上情况看，尽管中欧之间签署自贸协定对双方均有巨大的利益，但由于欧盟现有决策机制的复杂性、贸易政策的不断调整、成员国之间意见不统一以及中欧间关于自贸区建设持有不同目标，双方在短期内不太可能达成协议。但从中、长期来看，随着世界经济格局的不断演化、各国间经济实力的此消彼长和彼此间经济联系的合纵连横，中欧之间建立自贸区具有一定的基础，在政治意义和经济环境等各方面"土壤"都适合的情况下，中欧 FTA 必能适时"绽放"。为了这个目标，我们一方面可以在正面继续对欧盟做工作，通过现有的各类谈判摸清其内部决策程序，加强与重点责任人之间的相互沟通，了解成员国的不同关切，制定有针对性的解决方案。另一方面，可以加强与美国、日韩和东盟等的 BIT、FTA 和 RCEP 谈判的力度和声势，当中国与这些国家的谈判取得实质性进展时，欧盟"被边缘化"的紧迫感就会有所加强，这可以间接推动欧盟与我国相向而行。

即便是中欧 FTA 短期内无法取得成果，"谈判"本身也是有积极意义的，对中国与美、日等国的谈判也有推动作用。与此同时，中国国内也需要在市场开放、行业监管、知识产权、环境保护、国有企业等各方面做出必要的改革，这不仅是谈判所需，也是中国当前经济转型、结构调整、将改革开放引向深入的应有之义。

（一）理性认识中欧 FTA 短期无法达成的现状

面对中方的高调"追求"，欧方始终顾左右而言他，在迫不得已时也只是做出"从长远看，在条件成熟时签署全面深入的自贸协定"的表态。欧盟在多个关于贸易政策的阐述中，虽然强调加深与中国经贸联系的重要性，但仍然表示双边投资协定是目前中欧经贸领域的首要事务，启动 FTA 谈判时机尚不成熟。欧盟公开的理由是"中国国内一系列经济改革尚未完成"，"条件尚不具备"（见其最新版贸易战略）。背后的原因则是欧盟复杂的决策机制、多边的贸易政策、成员国的意见不统一、紧迫感不足或无暇顾及、中欧 FTA 建设目标存在差异等。因此，在目前的条件下，中欧短期内建成 FTA 的可能性很小。

对此，今后一段时间，中国应正确处理好与欧盟以及欧盟各成员国的关系，避免为了启动谈判或使谈判取得进展，而盲目做出调整，满足对方的"漫天要价"，使国内弱势行业受到冲击，社会稳定和经济发展受到影响，国家利益受到损失；或者因为启动未果或谈判停滞，而影响中国与欧盟及各成员的关系。应该看到，即便没有 FTA，中欧关系目前仍属于历史最好时期，不仅在政治方面属于当今世界最具战略性和最有影响力的大国关系之一，在经贸方面也是世界规模最大、最具活力的经贸关系之一。以年度领导人会晤为引领，以高级别战略对话、经贸高层对话、高级别人文交流为依托，通过定期会晤和多领域内的广泛对话，中欧间和平、发展、合作、共赢的全面战略合作伙伴关系正在不断迈上新台阶，未来也不排除在条件成熟时，中欧达成 FTA 的可能性。

（二）理顺中国与欧盟及其成员国不同层面的关系

欧盟是一个由 28 个成员国组成的庞大的国家集团，各成员国社会经济发展水平存在差异，对于主权"让渡"的认识也各不相同，这使得欧洲一体化不仅事实上在不同领域存在着差异，而且各成员国进入一体化的步调也不一致；如有的国家进入了经货联盟（欧元区）或《申根协议》，而有的则没有。这些差异充分表明了欧盟层面和成员国层面关系的复杂性。

对此，中国应一方面利用现有的中欧高级别战略对话、经贸高层对话、高级别人文交流、人权对话等机制，着重就中欧之间的"不同意见"向欧方释疑解惑，促其加深对中国经济社会发展现状的了解。并利用中欧双边投资协议谈判的契机，推动欧盟层面的积极因素发挥更大的作用。另一方面，对成员国采取"定制化"的不同政策。一是加强中国与对中欧自贸区建设认可程度较高的成员国之间的关系，如德、英、法、意、荷等，它们不仅对中欧自贸区具有一定的认可，而且具有较强的经济实力，在欧盟内部也有较大的话语权；二是积极开展与那些有抵触情绪的成员国的多层面交流，如通过加强高层互访、智库和民间的交流等形式，逐步提高其对中欧自贸区建设的认识，在规则制定方面充分照顾其关切，促使其转变态度。

2015 年 10 月，习近平主席应邀访英，开启了中英全面战略伙伴关系的"黄金时期"。期间，中国商务部部长高虎城在阐述中英合作的领域时，重点提到"希望英国在欧盟内部继续发挥积极作用，推动高技术产品对华出口、中欧投资协定早日达成、尽早开展中欧自贸区联合可行性研究"。[①] 法国总统奥朗德、德国总理默克尔、荷兰国王威廉·亚历山大等欧洲国家领导人对中国进行访问，以及 2015 年 11 月在北京举行的第四次中国-中东欧国家领导人会晤等，都将是推动中欧自贸区建设的积极因素。

（三）　加强对美 BIT 和其他自贸协议谈判势头

《中美双边投资协定》（BIT）谈判于 2008 年 6 月 17 日在第四次中美战略经济对话中启动，2014 年年初，双方首次进入文本实质性谈判，并于 7 月就 BIT 文本核心问题和主要条款达成一致。2015 年 6 月，中美首次交换负面清单。在 2015 年 9 月底习近平主席对美进行的国事访问中，BIT 也是重头戏。9 月 16 日，包括苹果公司首席执行官（CEO）蒂姆·库克（Timothy D. Cook）、股神沃伦·巴菲特（Warren Buffett）、彭博社创始人迈克尔·布隆伯格（Michael Bloomberg）、社交媒体脸书 CEO 马克·艾略特·扎克伯格（Mark Elliot Zuckerberg）、波音公司 CEO 丹尼斯·米伦伯格（Dennis Muilenburg）、可口可乐公司 CEO 穆泰康（Muhtar Kent）在内的 94 位美国公司首席执行官联名致函中美两国领导人，希望双方能迅速达成一个高标准的双边投资协定。习近平主席也给予了正面回应，表示"我们应该早日谈成一个双向平衡、高水平的双边投资协定"。[②] 由于 2016 年美国将进

---

① 高虎城：《望英国推动欧盟高技术产品对华出口》，http://www.chinanews.com/gn/2015/10-19/7577559.shtml。

② 《习近平在华盛顿州当地政府和美国友好团体联合欢迎宴会上发表演讲》，http://politics.people.com.cn/n/2015/0923/c1024-27624636.html。

行总统大选，中美双方都希望在 2015 年年底完成中美 BIT 谈判，以顺利通过国会审批。如果中美 BIT 能够顺利签署，将有助于欧盟加快中欧 BIT 的谈判节奏。同样，如果中国能够努力推动中日韩自贸区和 RCEP 等谈判接连取得成果，也能对中欧自贸区建设产生积极影响。

（四）练好内功，积极准备

2014 年北京亚太经合组织会议期间，各国领导人共同启动了亚太自由贸易区（FTAAP）进程，而当时已经开始谈判的《跨太平洋伙伴关系协定》（TPP）和《区域全面经济伙伴关系协定》（RCEP）被认为是通往亚太自由贸易区的两条主要路径。目前，TPP 已经先行达成，无论未来中国是要谈判加入 TPP，还是要利用 RCEP 与 TPP 进行竞争，都无法绕开所谓"高标准"的自贸规则。TPP 协议签署之后，美国更可腾出精力推动《跨大西洋贸易与投资伙伴协定》（TTIP）进程，相比较 TPP 谈判而言，美欧之间最需要的是政治意愿。而在 TTIP 完成之后，欧盟未来的自贸区谈判框架也将基本确定，将成为中欧未来进行自贸区可行性联合研究和谈判的重要参考蓝本。此外，欧盟与越南、日本和印度的自贸区谈判也需要关注，并根据相关情况准备中国的谈判方案。

在准备应对各种谈判方案的同时，更重要的是中国对更大范围、更深层次的开放是否做好准备，是否具有过硬的内功。从目前来看，准入前国民待遇、负面清单管理、国有企业改革、高端服务业更高程度的开放、环境保护和劳工权利保护等，都是未来中欧自贸区谈判的无法回避的议题。欧盟在其最新版贸易战略中，重申双边投资协定谈判是目前加深和平衡中欧关系的最优先事务，而是否启动自贸区谈判则要看中国国内一系列经济改革的进展是否满足欧方公平竞争原则的要求。可见，欧方不仅将中国国内经济领域的改革作为谈判的内容，更是作为启动谈判的前提。

目前，中国已经在上海自贸区开展了政府职能转变、金融制度、贸易服务、外商投资等多项试点改革。央企改革试点也陆续展开；新的《环保法》打击环境违法的威力也已初步显现。这些都对中国在各种自贸区谈判中应对所谓"高标准"提供了基础。

美国推行"再平衡"战略的措施与阻力

周　琪*

摘　要：奥巴马政府的亚太政策与冷战后历届美国政府相比发生了重大变化，做出了把美国战略重心转到亚太地区的战略"再平衡"决定。在推行"再平衡"战略的过程中，美国加强了同传统盟友的关系；积极发展同亚太新兴国家的伙伴关系；增加了在多边机制框架下对东盟的参与。"再平衡"战略的主要特点是：军事方面的"再平衡"比其他方面进展得更快、计划更周密；TPP成为奥巴马政府"再平衡"战略在经济方面的重要支柱；在亚太地区也进行了战略重点的"再平衡"，从过去更重视东北亚转变为加大了对东南亚的重视。然而，虽然迄今美国政府对"再平衡"战略的实施给予了充分肯定，并计划继续推进这一战略，但是它并非没有遇到阻力和挑战。"再平衡"战略招致中国对美国意图的猜疑，给美国所期望的在全球重大问题上同中国的合作造成障碍；非军事方面进展缓慢导致"再平衡"战略被视为主要是一个安全战略；国防预算的大幅度削减引起美国军事力量被缩减；中东乱局和乌克兰危机牵制了美国的全球关注力，也使奥巴马政府被批评为在履行承诺方面表现软弱。如果美国不能有效地应对这些挑战，其"再平衡"战略的实施就必然大打折扣。

关键词：美国外交　对外战略　亚太政策　亚太再平衡

---

*　周琪，清华大学国家战略研究院执行院长、资深研究员。

2010 年奥巴马政府开始实施把战略重心转向亚洲的"再平衡"战略，迄今已有 5 年。目前，这一"再平衡"战略在美国政界和外交界得到了跨党派的肯定评价，美国政府 2015 年发布的《国家安全战略》也对这一战略给予充分肯定，并表示将要把这一战略继续执行下去。然而，"再平衡"战略的实施并非没有遇到阻力。本文将展示美国战略"再平衡"的实施情况，并分析其阻力和挑战。

一　奥巴马政府之前的美国亚太政策

在分析奥巴马政府"再平衡"战略的实施之前，我们有必要先考察一下此前美国的亚太战略，以了解奥巴马进行了怎样的战略"再平衡"。

冷战时期，美国对亚洲事务的参与主要建立在两个前提之上，一个是对亚洲安全责任，另一个是美国不同寻常的经济实力。[①] 然而，冷战结束后这些外交政策的前提都不复存在。冷战结束后，世界格局发生了深刻的变化，开始从两极化向多极化发展，世界经济相互依存的趋势进一步深化，国际竞争的重点转向综合国力的较量。尽管国际政治经济局势处于剧烈的变动之中，但从军事和安全利益的角度看，亚太地区紧张气氛明显缓和，军事威胁程度无疑减轻了。[②] 冷战中两极对抗的结束使亚太地区最强大的和影响力最大的四个国家，即美国、中国、俄罗斯和日本，自 20 世纪以来第一次不处于军事对抗的状态。在这种背景下，柬埔寨冲突的根源随之消失，中越关系和美越关系也有了改善。亚太地区国家用和平方法解决争端、用政治手段保证地区安全和稳定的愿望越来越明显，并再次表现出对东盟国家在 20 世纪 70 年代中提出的建立东南亚和平、自由和中立区思想的兴趣。

从经济发展角度来看，亚太地区在 20 世纪 80 年代呈现高经济增长率，并在冷战结束后进入新的发展时期，经济地位明显上升，已超过欧洲成为美国最重要的海外贸易伙伴，以及美国重要的资本输出地和直接

---

① 参见 Stephen W. Bosworth, "The United States and Asia," *Foreign Affairs*, Vol. 71, No. 1（Winter 1991/92）, p. 115。

② 参见 Anthony MacGrew and Christopher Brook, eds., *Asia-Pacific in The New World Order*, New York：Routledge, 1998, p. 62。

投资场所。[1] 1991~1995 年，亚太地区购买了超过 30% 的美国商品并吸收超过 400 亿美元的美国对外直接投资。[2]

在美国看来，冷战后亚太地区安全形势趋于稳定。除了朝鲜半岛的分裂问题仍然没有解决外，美国在地区安全方面不存在任何威胁，美国军队在太平洋没有明显对手，这是自二战结束以来没有过的。在过去 40 多年里，美国主要是根据冷战来看待其在亚洲的利益，甚至在冷战前，美国外交政策就是根据以下判断来制定的：西欧和东北亚的稳定对于美国的利益来说至关重要。冷战结束后，这一判断仍然没有改变。但与此同时，亚太地区一些尚待解决的和新出现的问题，对美国安全战略形成了威胁。

1993 年，克林顿政府调整美国外交政策的关注点，向美国人说明亚太地区对于美国的利害关系，并向美国的地区伙伴表明，美国将加强对亚太地区的参与。1993 年 7 月，克林顿总统第一次出访即前往东京和首尔，并在那里提出了"太平洋共同体"（Pacific Community）的概念。美国东亚太平洋事务助理国务卿温斯顿·洛德（Winston Lord）1995 年 1 月据此表示，直到最近几年，"美国才试图确定自己的太平洋身份、作用和利益"。[3]

克林顿政府把经济放在其日程中心，承诺要使美国经济利益融入外交政策的制定和执行。[4] 它追求打开亚洲市场，消除贸易障碍，确保美国在"太平洋共同体"中的经济地位。为此，克林顿总统把商业外交作为其外交政策的优先考虑。美国通过一系列密集的双边贸易谈判，达成一些重要协议，并敦促日本更加开放市场。同时，美国在与中国纺织品问题的双边谈判上也

---

① 参见 United States International Trade Commission, *East Asia: Regional Economic Integration and Implications for the United States*, Washington, DC: USITC Publication 2621, 1993, p. 64。

② Kenneth D. Brody, *Building American Prosperity in the 21st Century: U. S. Trade and Investment in the Asia Pacific Region*, Diane Publishing, 1998, p. viii.

③ Winston Lord, Assistant Secretary for East Asian and Pacific Affairs, Statement before the Commonwealth Club, San Francisco, California, Jan. 13, 1995, *U. S. Department of State Dispatch*, Vol. 6, No. 3 (January 16, 1995), p. 34.

④ Joan Spero, Under Secretary for Economic, Business and Agricultural Affairs, "U. S. Policy Toward APEC," Statement before the Subcommittees on Asia and Pacific Affairs and International Economic Policy and Trade of the House International Relations Committee, Washington, DC, July 18, 1995, *U. S. Department of State Dispatch*, Vol. 6, No. 29 (July 17, 1995), p. 562.

取得了进展，并在克林顿政府第二任期中表示，愿意在中国扩大市场准入的前提下支持中国成为世界贸易组织成员。美国同其他经济体，如韩国、泰国和中国台湾也进行了正式谈判，并参与同东盟所有 6 个经济体（印度尼西亚、马来西亚、菲律宾、新加坡、泰国和文莱）的磋商。在经济领域的多边层面上，亚太经济合作组织（APEC）成为美国亚太经济政策的中心。

在安全领域，克林顿政府上任时所遇到的安全挑战，主要包括柬埔寨冲突、朝核问题、日本重新军事化、俄罗斯经济复苏以及美国在亚太地区减少军事存在所引起的担忧。

朝核问题被看作美国在亚洲遇到的最关键的安全挑战，是将近 50 年来冷战对抗的遗产，也是最后一个冷战前线。克林顿政府时期，美国对朝鲜试图用经济制裁、取消援助与大规模经济援助和外交承认相结合的方法，解决朝核问题，以减少半岛的紧张局势。

同日本的联盟仍然是美国共同防御政策和美国在亚洲存在的关键。美国从在日本的军事基地的前沿军事存在和与这个亚洲经济最强大盟国的密切关系中得到很大好处；日本也因此获得美国的安全保护，并可以更容易地进入美国市场和获得美国技术。美国则容忍了日本重新军事化倾向。美国在日本的军事基地也服务于维持地区的权力平衡，特别是针对一个"可能崛起的霸权"——中国。20 世纪 90 年代后半期，在日本经济衰退的背景下，克林顿总统放松了对日本的商业压力。1995 年，约瑟夫·奈（Joseph Nye）呼吁重视美国前沿军事存在的重要性，并提出把扩大安全同盟关系作为后冷战时代美国东亚战略的核心。美国政府接受了奈的倡议，重新把关注力集中在安全问题上。

对于中国，美国的目标是"帮助这个中央帝国融入国际社会，鼓励它接受相互依存与合作的利益和义务"。[①] 在认识到把是否给予中国最惠国待遇和人权状况挂钩的做法失败后，基于对两国基本共同利益的认识，美国政府中逐渐形成一个主流看法：使中国融入国际社会，对中国采取接触政策而不是孤立政策符合美国利益。国务卿沃伦·克里斯托弗（Warren

---

① Winston Lord, Assistant Secretary for East Asian and Pacific Affairs, Statement before the Commonwealth Club, San Francisco, California, Jan. 13, 1995, *U. S. Department of State Dispatch*, Vol. 6, No. 3（Jan. 16, 1995）, p. 37.

Christopher）于 1996 年 5 月 17 日发表对华政策演讲，阐述美国对华政策的三项基本原则：一个稳定、开放、成功的中国符合美国利益；支持中国完全和积极参加国际社会；在保持对华接触政策的同时，为了维护自身利益，美国在必要时将采取强硬手段。①

在之后 1997~1998 年亚洲金融危机中，美国未能对受打击最大的东南亚国家提供紧急双边财政援助，而是通过国际货币基金组织给予附加强硬改革要求条件的贷款，这引起了东南亚国家的普遍不满，导致美国在该地区影响力的下降。美国在亚洲金融危机中的表现使东南亚与美国的关系降到接近历史上的最低点，成为双方关系的分水岭。与此同时，东南亚国家同中国关系开始得到改善；它们感激中国在亚洲金融危机中没有实行人民币贬值，并提供了不附加条件的双边援助和贷款。②

克林顿政府也开始把全球性问题引入亚太地区的日程，认为这些问题超越了国界和意识形态，需要多边解决。在地区层面上，美国在亚太经合组织（APEC）会议上指出环境和经济问题的相关性；在全球层面上，美国提出一系列倡议，包括阻止全球变暖、全面禁止核试验条约、关于保护生物多样化和珊瑚礁的倡议。③ 但总的来说，在克林顿政府时期，美国并没有根本改变其冷战时期的亚太安全战略，这一战略的显著特征仍然是以美国为核心的"幅轴式"联盟体系，其主要政策手段仍然属于双边主义的范畴。美国在亚太地区的战略目标仍然是维持亚太地区的均势，确保美国的地区主导地位。

2001 年 9 月 11 日，"基地"组织对美国的恐怖袭击关键性地改变了美国外交政策的前提。美国立即把全球战略的重点转变为打击恐怖主义，这预示着同国际恐怖主义斗争的考虑将超过大国之间的分歧。与克林顿政府形成对比的是，在整个小布什总统的两届任期内，美国政府没有发表过一份关于

---

① 参见 Warren Christopher, *In the Stream of History, Shaping Foreign Policy for a New Era*, Stanford, California: Stanford University Press, 1998, p. 435。

② Diana K. Mauzy and Brian L. Job, "U. S. Policy in Southeast Asia, Limited Re-engagement after Years of Benign Neglect," *Asian Survey*, Vol. 47, No. 4 (July/August 2007), pp. 626-627.

③ 关于克林顿政府的亚太战略的归纳，参考了 Winston Lord, Assistant Secretary for East Asian and Pacific Affairs, Statement before the Commonwealth Club, San Francisco, California, Jan. 13, 1995, *U. S. Department of State Dispatch*, Vol. 6, No. 3 (January 16, 1995), p. 37。

美国东亚政策的正式文件。不过，分析家认为有四个根本利益赋予了美国对该地区战略的特征：保持对亚洲市场的准入；维持美军永久存在；防止地区起主导作用的对手崛起；维持军事基地和设施，确保进入、演习和推进民主的自由。① 布什政府为维护这些利益制定了新的战略重点和政策。在经济方面，小布什政府不再强调 APEC，而是转而重视双边自由贸易协定（FTAs）。在政治/安全领域，美国加强了同日本的关键性双边关系，并加强了与澳大利亚、新加坡、菲律宾和泰国的防务关系。美国同所有东亚盟国的关系都以它们在反恐战争中的作用来衡量。

小布什政府对那些在反恐战争中迅速表示支持美国并给予美国急切需要的援助的国家给予高度评价，首先是美国的东亚盟国。"9·11"事件之后，当在新加坡被逮捕的恐怖主义组织伊斯兰祈祷团（Jemmah Islamiyah）成员供出，在东南亚存在着一个与"基地"组织联系密切的恐怖主义网络，并正在试图对西方进行攻击时，美国政府的警惕性被唤起，开始把注意力集中在整个东南亚地区，把它当作其反恐战争的"第二战线"。② 小布什政府对东南亚的关注主要集中在它与沿海国家的政府在情报协作、双边军事关系以及有目标的经济和军事援助上，与恐怖主义做斗争是美国与东盟和东盟地区论坛以及 APEC 互动的核心组成部分。

在小布什总统的第二届任期内，由于美国全球战略的重点仍然是全球反恐战争和防扩散，其军事资源和关注力仍然集中在中东地区，亚洲在美国外交政策优先次序上仍然居第二位。美国亚太地区外交政策的重点是加强同这一地区的五个条约盟国，即日本、澳大利亚、韩国、菲律宾和泰国的联盟。不过，美国政府又开始重新谈论安全、稳定、民主化、自由市场和人权是美国参与该地区事务的主要支柱。③ 美国还努力增加与该地区国家的双边和多

① Diana K. Mauzy and Brian L. Job, "U. S. Policy in Southeast Asia, Limited Re-engagement after Years of Benign Neglect," *Asian Survey*, Vol. 47, No. 4 (July/August 2007), p. 628.

② Diana K. Mauzy and Brian L. Job, "U. S. Policy in Southeast Asia, Limited Re-engagement after Years of Benign Neglect," *Asian Survey*, Vol. 47, No. 4 (July/August 2007), pp. 629, 635.

③ Ambassador Marie T. Huhtala, Deputy Assistant Secretary for East Asian and Pacific Affairs, "U. S. -Asia Relations: The Next Four Years," remarks to the Asia Society/Texas Annual Ambassadors Forum, Houston, Texas, February 11, 2005, http: //2001 - 2009. state. gov/p/eap/rls/rm/2005/42792. htm.

边经济对话,通过 APEC 和东盟地区论坛来促进贸易和投资的自由化,推动地区安全,追求反恐怖主义的战略目标。APEC 成为小布什政府唯一感兴趣的亚洲多边组织。然而,小布什政府对东亚多边主义采取明显的模棱两可的态度。2005 年美国国务卿康多莉扎·赖斯(Condoleezza Rice)缺席东盟外长会议和东盟地区论坛,这表明美国对它们缺乏兴趣。实际上,小布什政府仍然把东盟地区论坛看作一个过于庞大的清谈馆,不值得给予重要支持,即使它是东亚地区唯一一个把美国包括在内的安全机制。[①]

2008 年,美国对东盟地区论坛的看法有所改变,认为其在存在 14 个年头之后达到了一个转折点,成为可以帮助美国同亚洲国家做出共同努力的重要机制,尤其是在日益威胁这一地区的跨国问题上。尽管小布什政府把反恐置于其东亚政策的首位,但美国并没有忽略其一贯使命:在整个地区促进民主化和改善人权。不过与美国在东南亚的安全关注相比,美国的公共外交和对当地人口的经济和社会条件的关注非常有限。

小布什政府在其第二届任期后期看到亚太地区出现了一些新变化。它感到中国正在利用美国进行反恐战争的时机在经济和军事上迅速崛起,逐渐成为亚洲经济的中心,并开始担心中国在东亚地区推行排除美国的地区主义外交,对美国地区霸权形成挑战。但由于中东地区的反恐战争占据了美国的注意力,在美国的全球战略中,亚太地区还是受到了忽略。

二 奥巴马政府做出战略"再平衡"的决定

小布什政府即将结束时,国际上对其外交遗产的评价几乎都是负面的。例如瑞士安全中心的安德烈亚斯·温格(Andreas Wenger)指出,美国的国际影响力和权力在小布什总统领导下被极大地削弱了。在中东建立新秩序的努力失败了,在亚洲和原苏联地区,华盛顿的影响也被削弱。他说:

小布什可能是历史上所有美国总统中外交政策记录最差的总统之

[①] Diana K. Mauzy and Brian L. Job, "U. S. Policy in Southeast Asia, Limited Re-engagement after Years of Benign Neglect," *Asian Survey*, Vol. 47, No. 4 (July/August 2007), p. 631.

一。当他执政时，美国的全球领导地位无可争议。美国的软权力是强大的，其军事上的主导地位比以往任何时候都稳固。全球化的动态在很大程度上是美国经济所塑造的，但 8 年之后，美国所声称的政治和道德领导地位遭受了持久损害。美国过度使用了其武装部队，未来将需要许多年美国才能在复杂的危机地区存在。美国经济在前所未有的金融市场危机中痛苦挣扎。①

在这样的背景下，新上任的奥巴马总统不仅需要做出外交政策的重大调整，还需要采用与小布什政府非常不同的外交手段。从冷战结束后历届美国政府的亚太政策可以看出，自克林顿政府起，随着亚太地区出现新的政治、安全和经济发展势头，美国就有心把其战略重心向亚太地区做适当倾斜，但是这一进程被"9·11"事件后美国领导的全球反恐战争打断。

在 2008 年大选前，美国外交政策圈中就出现了许多要求新政府重新思考美国亚太地位的政策分析报告。其中特别值得注意的是《平衡权力：美国在亚洲》的报告，由后来在奥巴马政府中担任亚太事务助理国务卿的科特·坎贝尔（Kurt Campbell）等人在 2008 年 6 月发表。该报告提出，在小布什政府时期，"虽然美国也在亚洲取得一些战术上的成就，如 2004 年海啸之后在东南亚的救灾行动，加强了美国与日本和韩国的同盟，与中国和印度有了更多建设性交往，但是这些战术性的成果并没有集合成一个成功的全面战略。美国的战略由于偏重于伊拉克和阿富汗而削弱了其向亚太地区做重大权力转移的能力，这对美国传统上在这一地区平衡权力的作用构成了很大的挑战"。② 小布什政府的亚洲政策不仅受到国内批评，也受到其亚洲盟友的激烈批评，东南亚国家普遍感到它们被美国所忽略。这些情况使奥巴马政府认识到有必要重新思考美国的亚太政策。

---

① Andreas Wenger, "US Foreign Policy under Bush: Balance Sheet and Outlook," *CSS Analyses in Security Policy*, Vol. 3, No. 41 (October 2008), p. 1.

② Kurt M. Campbell, Nirav Patel and Vikram J. Singh, "The Power of Balance: America in Asia," Center for a New American Security, June 2008, p. 5, http://hawk.ethz.ch/serviceengine/Files/ISN/57042/ipublicationdocument_ singledocument/42143821-c440-4f0f-a82b-d6e6ded37f3a/en/2008-06_ CampbellPatelSingh_ iAsia.pdf.

在上任之初，奥巴马总统就指示其国家安全班子对全球局势和美国战略进行重新评估。得出的结论是，美国在全球的力量部署存在着不平衡，美国的注意力和军事部署被过多地集中于中东地区，亚太地区却受到了严重忽略。这一评估促使奥巴马政府不久后做出一个重大决定，对美国的全球战略进行"再平衡"，使战略重心向亚太地区倾斜。

导致奥巴马政府做出战略"再平衡"决定的因素是多方面的。综合来自美国官方、国会研究局和智库人士的分析，主要有以下一些因素：

第一，美国政府意识到，世界经济和政治中心正在向亚太地区转移，亚太地区在全球战略中的重要性显著提高，经济重要性日益增长，是世界上经济最活跃和发展速度最快的地区。关于这一点，美国总统国家安全事务助理托马斯·多尼隆（Thomas Donilon）解释说，到 2015 年，亚洲地区的国内生产总值（GDP）将占全球 GDP 的 30%，到 2017 年年底，亚太地区对美国之外全球经济增长的贡献将达到 50%。"亚洲占美国商品和服务出口的 25%，占美国商品和服务进口的 30%，美国对亚洲的出口为大约 240 万美国人提供了工作，这一数字还在继续增长。美国在亚洲的强有力的贸易和投资是美国经济复苏和长期经济实力的关键。"① 关于亚太地区经济对美国经济的重要性，冷战后美国历届政府都指出过，但是奥巴马政府比以往历届政府都更加明确地意识到，全球经济和政治中心正在向亚太地区转移，美国全球领导地位因此更加离不开其在亚太地区的领导地位。美国必须更大程度地参与亚太经济发展并从中受益。美国亚太事务助理国务卿坎贝尔 2010 年 1 月在国会作证时说："毫无疑问，美国本身是一个太平洋国家，在地理、军事、外交和经济所有方面，亚洲和太平洋都必将应对 21 世纪的挑战，并抓住 21 世纪的机会。当亚太世纪来临且影响新的国际关系时，美国必须提高和加深在这一地区的战略参与和领导作用。"②

第二，中国在亚太地区经济实力和影响力的日益增长，被美国认为对其

---

① Thomas Donilon, "President Obama's Asia Policy and Upcoming Trip to the Region," a Speech to Center for Strategic and International Studies (CSIS), November 15, 2012, http://csis.org/files/attachments/121511_Donilon_Statesmens_Forum_TS.pdf.

② Kurt M. Campbell, "Principles of U. S. Engagement in the Asia-Pacific," testimony before the Subcommittee on East Asian and Pacific Affairs of Senate Foreign Relations Committee, January 21, 2010, http://www.state.gov/p/eap/rls/rm/2010/01/134168.htm.

地区领导地位构成了挑战。尽管美国官方一再强调，美国战略重心转向亚太地区也是为了同中国更好地合作，例如奥巴马政府第一任国务卿希拉里·克林顿（Hilary Clinton）在文章中说，中美关系"是美国所遇到的需要管理的最具挑战性和最重要的双边关系"。"在过去 25 年中，我的一个优先考虑是确定和扩大共同利益的领域，同中国一起建立互信，鼓励中国积极努力解决全球问题。""我们两国从合作中比从冲突中获益更多。"① 但是，从美国智库人士的各种分析中也可以看出，一些美国人确实存在对中国军事力量增长的担忧，如美国国会研究局一项研究指出："中国军力日益增强，而且以更强势的方式提出对有争议的海洋领土的主权要求，将对航行自由和美国在这一地区投放兵力的能力造成限制。"②

第三，美国逐步撤出两场战争带来新的战略选择余地。当美国陷于伊拉克和阿富汗两场战争时，它不可能进行战略重心的转移。但随着奥巴马政府结束两场战争的计划顺利进行，美国终于可以基本上从中东地区脱身了。本·拉登于 2011 年 5 月被击毙，也成为美国反恐战争的一个象征性胜利，沉重打击了"基地"组织的势力。到 2012 年年初，奥巴马明确宣布："美国翻过了 10 年反恐战争的一页。"此时，美国终于可以开始实施把战略重心转向亚太地区的"再平衡"战略了。正如国务卿希拉里·克林顿所说："在过去的 10 年中，我们的外交政策从处理后冷战时代的和平红利过渡到在伊拉克和阿富汗承担耗费精力的责任。当这两场战争结束时，我们将需要加快努力转向新的全球现实。"③

第四，美国面临严重债务危机的压力。伊拉克和阿富汗两场战争耗费了美国政府大量资源，2008 年以来美国又投入巨额资金应对金融危机，这造成美国联邦债务在 10 年内大幅度增长，从 2000 年的 5.628 万亿美元，增加到 2011 年的 14.5807 万亿美元，超过其 2010 年 14.5265 万亿美元

---

① Hilary Clinton, "America's Pacific Century," *Foreign Policy*, Vol. 189（Nov. 2011）, pp. 57, 59.

② Mark E. Manyin, Stephen Daggett, Ben Dolven, Susan V. Lawrence, Michael F. Martin, Ronald O'Rourke, Bruce Vaughn, "Pivot to the Pacific? The Obama Administration's 'Rebalancing' toward Asia," March 28, 2012, *Congressional Research Service*, 7 - 5700, http: // www. fas. org/sgp/crs/natsec/R42448. pdf.

③ Hilary Clinton, "America's Pacific Century," *Foreign Policy*, Vol. 189（Nov. 2011）, p. 63.

的国内生产总值。① 美国债务占 GDP 的比例 2001 年为 56.4%，到 2008 年增加到 83.46%,② 2011 年甚至超过 100%。政府财政赤字占 GDP 比例也于 2009 年突破 10%。③ 这些情况终于导致美国在 2011 年爆发了债务危机。

　　迫于债务危机，美国政府大幅削减了约占美国财政支出 20% 的国防开支；压缩后的预算只能集中用于可以得到最大战略利益的地区。其结果是美国不得不收缩其战略目标。2012 年年初美国政府发布《国防战略指南》宣称，美国的目标不再是"同时在两个主要战场长期作战的能力"，而缩小为"能够在打一场战争的同时阻击另一个地区的侵略"。④ 正如国务卿希拉里·克林顿 2011 年 11 月在文章中所说，"在美国资源短缺的情况下，毫无疑问，我们需要明智地把资源投在将产生最大回报的地方，这就是为什么对我们来说亚太地区代表了这样一个 21 世纪的真正机会"。⑤

三 "再平衡"战略的实施

　　2010 年 1 月，美国国务卿希拉里·克林顿在檀香山发表关于外交政策的讲话，第一次引人注目地提出美国要"重返亚洲"；2010 年 10 月，她在夏威夷发表的讲话中又发出同样信息。同年 5 月美国的《国家安全战略》报告也清楚地表明，美国已经做出明确选择，将把战略重心放在亚太地区。2011 年 11 月，希拉里·克林顿在《外交政策》杂志上发表题为《美国的亚洲世纪》（America's Pacific Century）的文章，进一步阐述了美国将对外战略的重点转向亚太地区的原因：

---

① Patrick Tyrrell, "U. S. Debt Now Surpasses 2010 GDP," August 5, 2011, http：//blog. heritage. org/2011/08/05/us-debt-now-surpasses-2010-gdp/.

② "U. S. Federal Government Debt," http：//www. supportingevidence. com/Government/fed_ debt_ as_ percent_ GDP_ over_ time. html.

③ "The Federal Budget Deficit for 2010," October 7, 2010, http：//www. cbo. gov/publication/ 25107.

④ United States Department of Defense, "Defense Strategic Guidance," http：//www. defense. gov/news/defense_ strategic_ guidance. pdf.

⑤ Hilary Clinton, "America's Pacific Century," *Foreign Policy*, Vol. 189（November 2011）, p. 63.

在过去的十年里，我们把巨大的资源分配在那两个场所（伊拉克和阿富汗）。在未来的十年里，我们需要明智地和系统地考虑我们把时间和精力投向哪里，以使我们能够最好地维持我们的领导地位，确保我们的利益，推进我们的价值观念。因此，在未来的十年里，美国治国之道最重要的任务之一是把大量追加的——外交的、经济的、军事的以及其他的——资源投到亚太地区。①

2011 年 11 月，在对澳大利亚议会的演讲中，奥巴马明确表示，他的目标是"美国在塑造亚太地区及其未来方面发挥更大的、长期的作用"。② 按照美国总统国家安全事务助理托马斯·多尼隆的说法，美国的最终目标是，通过影响亚太地区的规范和规则促进美国在这一地区的利益，确保"国际法和国际规范得到遵守，商业和航行自由得到保障，新兴大国与其近邻建立相互信任，用和平手段解决争端"。③ 不难看出，这些目标都有针对中国之意。

2012 年 1 月，奥巴马在国防部宣布新的美国《国防战略指南》报告时，作了如下说明：美军在经历了"十年反恐战争"之后正处于一个过渡期，虽然美军将继续为维护全球安全做贡献，但有必要对其全球关注点进行"再平衡"，"把重心转向亚太地区"。2013 年 3 月 11 日，美国总统国家安全事务助理托马斯·多尼隆在奥巴马竞选连任成功后不久，在阐述美国"再平衡"战略时指出，"再平衡"战略建立在五个支柱之上：强化同传统盟国的关系；加深同正在兴起国家的伙伴关系；建设同中国稳定、富有成效和建设性的关系；促进地区多边机构的发展；帮助建立能够支撑共享繁荣的地区经济架构。④

---

① Hilary Clinton, "America's Pacific Century," *Foreign Policy*, Vol. 189 （November 2011）, p. 57.

② The White House Office of the Press Secretary, "Remarks By President Obama to the Australia Parliament," November 17, 2011, http：//www. whitehouse. gov/the-press-office/2011/11/17/remarks-president-obama-australian-parliament.

③ Tom Donilon, "America Is Back in the Pacific and Will Uphold the Rules," *The Financial Times*, November 27, 2011, http：//www. ft. com/cms/s/0/4f3febac-1761 – 11e1-b00e-00144feabdc0. html#axzz2DWtj5UOf.

④ Tom Donilon, "The United States and the Asia-Pacific in 2013," March 11, 2013, https：//www. whitehouse. gov/the-press-office/2013/03/11/remarks-tom-donilon-national-security-advisorypre-sident-united-states-a.

然而,在"再平衡"战略实施5年之后,一个明显的事实是,在第三个重点方面不仅没有取得明显进展,而且中美之间的相互猜疑加重了。

(一) 加强与亚太地区传统盟国的关系

美国认为,其同盟国是美国进行地区参与的基石,而美日同盟关系自二战结束以来始终是美国亚太安全战略的基石;在过去10年中,美国与其地区盟国日本、韩国、澳大利亚、菲律宾和泰国维持了东亚和太平洋地区的安全与稳定;美国在亚太地区的前沿军事存在必须得到维持,不仅是为了重新使美国的朋友放心,也是为了提醒其他国家,美国仍然是地区和平与稳定的最终保证。加强与亚太地区传统盟国的关系对美国政府来说并不是一项新的政策,而是冷战后历届美国政府一贯重视的地区政策。下面就美国如何加强与同盟国的关系作一些具体分析:

1. 美日同盟关系

奥巴马上任之初,美日关系出现降温,民主党鸠山政府提出的"亚洲共同体"设想并没有特别重视美国在其中的作用,普天间机场搬迁问题一度成为两国矛盾的焦点。但是不久,2010年5月上任的自由民主党首相菅直人又回到把日美同盟当作日本外交基石的老路上,并且寻求同美国在亚太地区和全球问题上的紧密合作。[①] 2010年9月中国渔船在钓鱼岛附近与日本巡逻船相撞事件成为奥巴马政府重塑美日安全同盟的契机,此后美日关系迅速转暖。2011年3月11日,日本东北部近海发生强烈地震并引起海啸,给日本带来巨大灾难,美国迅速做出反应,出动两个航母大队和大量飞机舰船前往救援。美国的举动博得日本社会普遍好感,也展现了其应对非传统安全的能力。

长期以来,美国在亚太地区的战略目标是防止出现对美国主导地位的挑战。以往美日同盟发挥着双重功能:既遏制中国又制约日本。然而,随着国际局势的变化和中国崛起,美日同盟共同围堵和防范中国的一面加强了,制约日本的一面明显减弱。钓鱼岛争端的升级促使美日在应对中国崛起方面形

---

①　William L. Brooks, "Stress Test for the U. S. -Japan Alliance under the Democratic Party of Japan," *The SAIS Review of International Affairs*, Vol. 32, No. 2 (Summer/Fall 2012), p. 128.

成共识，美日双方都更加关注中国的"近海防御战略"。在美国确定"再平衡"战略的同时，日本也对其防卫计划做出调整。2010 年 12 月日本政府制定新的《防卫计划大纲》，把中国确定为防卫对象，战略重点从东北转向西南，加强对日本本土及西南地区的防御。为此，日本不断扩充在西南诸岛的驻军，增加战机和潜艇的部署，并与美国多次举行大规模联合军事演习。仅2012 年一年，美日进行的联合军事演习就多达十几次。特别引人注目的是，在 2010 年 12 月美日联合军事演习中，假想日本自卫队在美军的"支援"下夺回西南诸岛（包括钓鱼岛）。

美日同盟在军事上的分工和深化合作日趋强化。通过两军在情报收集、规划制定、基地使用、联合训练以及共建导弹防御系统等方面的合作，美日安全关系进一步加深。日本积极寻求与美国的"全方位"合作，双方讨论的问题包括修改《美日防务合作指针》，重新确定美日安保分工，建立美军和自卫队合作机制，强调日方为美国提供战时支援等。

2014 年 4 月，时任美国国防部部长查克·哈格尔（Chuck Hagel）和奥巴马总统在分别访问日本时都表示，美国"欢迎"日本首相安倍为解禁集体自卫权而修宪的解释。同时，日本政府正式通过"防务装备转移三原则"，规定日本可以与美国等国共同开发和生产武器装备。这样，日本便可以更容易地参与以 F-35 战斗机为代表的最先进武器的研发和制造，日本自卫队也可以用更低廉的价格购买更多新式武器，从而提高日本的军事实力。

此外，美日同盟合作议题增加了全球治理的内容。美日双方在控制环境污染、实现无核化、缩小南北差距等全球性问题上都有合作意愿和空间。加强美日同盟关系的另一个重要环节是关于《跨太平洋伙伴关系协定》（TPP）谈判。奥巴马政府不断敦促日本加入 TPP 谈判，旨在把美日同盟关系从军事、政治领域扩大到经济领域，并借此把 TPP 建成主导亚太区域合作的有效经济制度框架。日本也把加入 TPP 谈判当作构筑美日经济联盟、同美国的战略进行协调的重要措施。虽然双方还在焦点问题日本大米等五大类重要农产品的进口关税上讨价还价，但由于两国都有完成 TPP 谈判的战略需要，谈判有可能取得突破性进展。

总之，奥巴马政府在加强美日同盟关系方面成效显著，今后两国在全球范围内的合作会进一步扩大，其基本动因是美国要求日本在全球分担责任，而日本则想在美国的支持下成为政治大国，双方因此存在相互需求。不过，美日之间并非不存在罅隙。从美国方面来讲，美国担心日本的军力增长会造成日本的邻国和本地区其他国家的不安，也不愿因钓鱼岛问题而卷入同中国的直接冲突。

2. 美韩同盟关系

美韩关系在奥巴马执政后更加密切。2009 年 2 月美国国务卿希拉里·克林顿第一次出访时就选择了韩国，并表示要与韩国建立更全面的战略同盟。当年 6 月，韩国总统李明博访问美国，与美国签署《美韩同盟未来展望》联合声明，声明将美韩同盟的目标设定为综合性战略同盟，① 这意味着两国合作范围将从军事同盟扩大到政治、经济、社会、文化等各个领域，同盟活动范围则从朝鲜半岛扩展至全球。11 月，奥巴马总统首次访韩，提出应把两国同盟关系发展成为 21 世纪新的战略同盟关系，并提出双方应本着沟通、协商和协作的方式解决朝核问题，同时制订了应对朝鲜突发情况的作战计划。两国还决定举行例行的年度联合军事演习。

朝鲜于 2009 年再次进行核试验；2010 年 3 月韩国"天安"号护卫舰在黄海海域执行巡逻任务时因船尾发生爆炸沉没，韩国方面在调查之后，认为是朝鲜所为；随后又发生朝鲜炮击延坪岛事件。这些事件加剧了韩国国内对朝鲜威胁的担忧，通过加强韩美同盟寻求安全保障的呼声日渐高涨。李明博政府此后全面加入了美国主导的防核扩散框架。当朝鲜进行第二次核试验和导弹试验时，美国政府明确表示对韩国负有军事和核保护义务。朴槿惠担任总统后，美国支持其提出的"朝鲜半岛信任进程"，赞同朴槿惠政府鼓励朝鲜增强合作的政策。

美韩双边合作机制迅速发展，2010 年恢复了中断四年的美韩双边部长级战略对话，美韩外长、防长"2+2"会谈机制也在同年启动，两国战略协调更加密切。美国增加了其在朝鲜半岛的驻军，并从 2009 年起同韩国进行了一系列大规模的联合军事演习。两国还达成多项防务协定。2012 年年初，

---

① Public Papers of the Presidents of the United States, Barack Obama, June 16, 2009, "Joint Statement by the United States of America and the Republic of Korea on the Alliance Between the United States of America and the Republic of Korea," http://www.presidency.ucsb.edu/ws/index.php? pid=86292&st=&st1=.

美国国防部宣布了一项提高美国在朝鲜半岛军事能力的计划。①

2012 年，美韩在联合声明中特别强调将在网络安全和导弹防御方面制定新措施。随着驻韩美军全部撤往汉江南岸，未来美韩陆军分工的主要模式将改变为韩军负责一线防御、美军负责纵深反击；同时，韩国陆上防御的责任将随着驻韩美军海空力量的增强而增加，美韩跨兵种协调将成为未来美韩联合作战的形式。美韩防御重点将从防守军事分界线转为陆海均衡防御，着重发展对黄海、东海海域的军事威慑力量。在美韩 2010 年 10 月达成的协议中，将向韩国军队移交战时作战指挥权的时间由原定的 2012 年 4 月推迟到 2015 年 12 月。同时，美韩首次明文规定将利用核保护伞、常规武器和导弹防御系统来遏制朝鲜。

2013 年 10 月，美韩发表联合声明，表示双方将努力加强导弹防御系统。② 2013 年 11 月，韩国决定购买 40 架 F-35 战机，并于 2018~2021 年将其投入实战部署。这是韩国历史上最大的一单国防采购。美韩联盟合作的地域扩大有助于美国稳固其在东北亚陆海交错地带的存在，并能够弥补美日联盟功能的不足。

2010 年 6 月，美韩决定重启两国自由贸易协定谈判，新协议最终于 2012 年 3 月正式生效。《美韩自由贸易协定》的谈判与生效正值美国高调"重返亚太"的敏感时期，构建两国经济联盟关系有利于减轻经济因素对韩国配合美国地区安全战略的干扰。目前，韩国是美国第六大贸易伙伴，美国是韩国第二大贸易伙伴，《美韩自由贸易协定》的缔结意味着韩国成为首个自由进入美国市场的制造业强国。

总之，在美国"再平衡"战略的推动下，美韩同盟关系已经从传统军事领域的合作向政治-经济同盟关系转化，从地区同盟向全球同盟转化。

3. 美菲同盟关系

奥巴马入主白宫，正值菲律宾在南海问题上态度变得更为强硬之时。2009 年 3 月，菲律宾通过《领海基线法》；8 月，菲律宾政府批准与英国合

---

① Robert Ross, "The Problem with the Pivot, Obama's New Asia Policy Is Unnecessary and Counterproductive," *Foreign Affairs*, Vol. 91, No. 6（November/December 2012），p. 78.

② Mark E. Manyin et al., "U. S. -South Korea Relations," *CRS Report for Congress*, R41481, February 12, 2014, p. 5.

作勘探中国礼乐滩附近的油气资源；2006 年，菲律宾出动海军拆除部分岛礁上的中国标识；2012 年 4 月，发生中菲黄岩岛冲突。随着美国宣布"重返亚太"，美国与菲律宾的安全关系更趋密切。2012 年，美国亚太事务助理国务卿坎贝尔在国会相关委员会上作证时说："我们强化美菲同盟是奥巴马政府增加美国与亚太地区的战略接触并关注亚太地区这一广泛战略的一部分。"①

美国不断完善与菲律宾的战略与安全合作机制。2011 年 1 月，首届美菲双边战略对话在美菲同盟建立 60 周年之际举行。助理国务卿坎贝尔宣称，美国将加强与菲律宾在安全领域的战略协作，帮助菲律宾提高海上防卫能力，并在南沙群岛问题上提供强有力的支持。2012 年 1 月，美国决定向菲律宾海军转让"汉密尔顿"号巡逻舰，以增强菲律宾海上预警能力，并对菲律宾海岸警卫队提供先进的人员培训和通信设备。2014 年 4 月，美菲首次外长和防长"2+2"会谈在华盛顿举行，两国在会后发表的联合声明中表示：会谈的目的是构建"强有力的、灵巧的和反应灵敏的"同盟关系，以应对不断变化的国际和地区形势。美菲的共同战略目标包括：在东盟和东亚峰会等多边机制中加强合作；维护航行自由和无障碍的海上合法贸易，在国际海洋法公约的框架内通过"和平、合作、多边和外交渠道"解决海上争端。双方重申，提高菲律宾的防务能力，帮助菲律宾建立"最低限度的可靠"防务地位，是双方寻求双边安全合作的途径之一。

尤其引人注目的是，在菲律宾内部恐怖主义势力被削弱后，美菲合作的重点自 2011 年起转向来自南海的外部潜在威胁。近年来，美菲双方不断就如何增加美国在菲律宾的军事存在进行密切磋商，包括修建更多的港口和机场供美军停留、补充燃料和维修设备，增加联合军事演习、训练、舰机访问及相关活动的次数和频率。美菲之间规模最大的联合军事演习是被命名为"肩并肩"的年度军演，其目标是强化菲律宾军队的作战能力和美菲军事行动的协调性。该演习越来越重视加强菲律宾在面临领土争端时的防御能力，

---

① The U. S. - Philippines Alliance: Deepening the Security and Trade Partnership, testimony before the House Committee on Foreign Affairs Subcommittee on Terrorism, Nonproliferation and Trade by Assistant Secretary Kurt M. Campbell, Washington, DC, February 7, 2012, http://www.state.gov/p/eap/rls/rm/2012/02/183494.htm.

两国参演官兵多达数千人。美菲其他联合军演还包括"海上联合战备和训练"（CARAT）和"两栖登陆演习"（PHIBLEX）。

美国对菲律宾的军事援助不断增长。2002～2013 年期间，美国向菲律宾提供了价值 3.12 亿美元的军事援助及各种类型的军事设备。2013 年 12 月，美国国务卿约翰·克里（John Kerry）宣布美国将为菲律宾安全部队提供 4000 万美元的援助，以帮助其增强海上防卫能力和应对中国南海政策的能力。菲律宾计划在 5 年内从美国购买超过 17 亿美元的各种军事装备，自 2011 年以来，它已经购买两艘"汉密尔顿"级巡逻舰，还计划购买更多的护卫舰和 F-16 战斗机。2014 年，美菲正式签署为期 10 年的《美菲加强防务合作协议》。根据协议，菲律宾将在未来几年内增加从美国的武器进口，包括 P-8A 型"海神"巡逻机、"标准-3"型导弹等常规武器以及小型军舰等。此外，美军还可以更广泛地使用菲方指定的军事基地和设施。①

实际上，在南海岛屿主权问题上，美国与菲律宾目标并不一致。菲律宾希望借助美国的军事力量来威慑中国，并要求美国在发生领土争端时履行《共同防御条约》义务。而美国更关注的是国际航行自由、维持地区和平与稳定、尊重国际法、用和平手段解决领土争端等。美国鼓励菲律宾把南海主权争端起诉到国际海洋法庭，认为这是符合国际海洋法公约的做法，并一再要求中国遵守国际海洋法公约。其对菲律宾、越南等国在南海主权问题上采取的行动表示同情和支持，一方面是为了遏制中国在南海问题上日益"强势"的政策和"不符合国际法"的行为，另一方面是为了在东盟国家中赢得好感。

4. 美澳同盟关系

美澳同盟地位虽然不及美日同盟和美韩同盟重要，但随着美国战略重心转向亚太地区，澳大利亚的战略地位日益突出，成为美国控制太平洋和印度洋的战略支点。由于感到中国兵力投放和打击能力正逐步冲破第一岛链的束缚，并对美国的前沿基地构成威胁，美军近年来开始加强亚太地区二、三线基地群建设。美国与澳大利亚在防务方面深化合作，就是为了拓展自己的战略纵深。

---

① Andrea Shalal, "U. S. - Philippines Pact Could Modestly Boost American Arms Sales," *Reuters*, April 27, 2014, http://www. reuters. com/article/2014/04/27/us-philippines-usa-arms-idUSBREA3Q0LA20140427.

美国总统奥巴马于 2011 年 11 月访问澳大利亚时宣布，作为美国战略重心向亚太地区转移计划的一部分，美国将在 5 年内把驻扎在澳大利亚达尔文港的海军陆战队人数增加到 2500 名。① 同时澳大利亚将向美军开放更多的军事训练基地和军港。美澳之间加强了情报共享与合作关系，目前，美国在澳大利亚部署了一些专门用于监听印度洋和太平洋两个方向的大型无线电监听站。两国在太空和网络安全领域也加强了合作。2011 年 7 月，美澳海军和日本海上自卫队首次在中国南海附近的文莱近海举行军演。

美国还通过军工合作、军火贸易和军事援助等方式，推动美澳国防工业结构一体化。据统计，澳大利亚大约 50% 的军事装备采购来自美国，② 而美国的武器装备中有 10% 是出口到澳大利亚的。2014 年 4 月，澳大利亚政府宣布，将斥资 160 亿美元向美国购买 58 架 F-35 联合攻击战斗机，使澳大利亚此类战机的总数增加到 72 架。③

在加强美国与其同盟国家的关系方面，美国国防部副部长鲍勃·沃克（Bob Work）评论道："美国军队的多边参与构成了'再平衡'战略的一个关键部分。美国同这些国家的联盟从未如此强大，而且正在变得更加强大。"④

（二）积极发展与其他亚洲国家的新伙伴关系

虽然奥巴马政府认为双边同盟关系仍然是美国亚太地区的战略和政策核心，但它同时愿意用处理地区事务的网络方式来作为对轴辐模式的补充，在处理共同挑战时有效地把联盟和伙伴关系结合在一起。因此，与美国以往亚太战略不同的是，奥巴马政府更积极地发展新伙伴关系，尤其是同印度、印尼、缅甸和越南等国家的关系。

---

① "Australia To Sign 25-Year US Marine Agreement," *Defense News*, August 11, 2014, http：//www.defensenews.com/article/20140811/DEFREG03/308110009/Australia-Sign-25-Year-US-Marine-Agreement.

② Bruce Vaughn, "Australia：Background and U.S. Relations," *CRS Report for Congress*, RL33010, January 13, 2012, p.3.

③ 《澳政府向美订购 58 架 F-35 战机》，《新华每日电讯》2014 年 4 月 24 日。

④ Janine Davidson, "Bob Work Speaks：Out of the Spotlight, The Asia-Pacific Rebalance Continues on Course," October 1, 2014, http：//blogs.cfr.org/davidson/.

1. 印度

美国在发展与印度关系上下了很大功夫。美印接近始于小布什政府时期的 2005 年。到奥巴马政府时期，美国形成了一个新的关于亚太地区的概念，即把印度洋也包括在这一地区内，将其统称为两洋（印度洋–太平洋）（Indo-Pacific）地区。这样，印度在美国亚太战略中获得新的战略地位。奥巴马政府进一步积极推进与印度的多方面合作，加深美印战略伙伴关系，以平衡中国日益扩大的地区影响力。

奥巴马政府把印度纳入其亚太安全战略的规划中，大力抬高印度在美国全球安全布局中的地位，在某些情况下甚至不顾及与其南亚传统盟国巴基斯坦的关系。2010 年 11 月 8 日，在奥巴马总统与印度总理辛格发表的联合声明中，奥巴马表示欢迎印度作为主要地区和全球强国的崛起，把美印关系界定为"21 世纪全球战略伙伴关系"，并表示美国将支持印度成为联合国安理会常任理事国。2015 年 4 月 7 日，白宫新闻秘书乔希·欧内斯特（Josh Earnest）在记者招待会上肯定地说，奥巴马总统继续支持在联合国安理会的改革中让印度担任常任理事国，把加强美印关系当作美国外交政策的重点，认为这将使两国都获得国家安全利益和经济利益。①

美国在太空技术和核技术等方面对印度给予支持。2009 年 7 月，美国同印度签署了《技术保护协定》，允许印度发射含有美国零部件的卫星。美国还同意放宽向印度出口军民两用高科技设备的限制。2011 年 1 月，美国从其限制出口的对象中，取消了印度空间研究组织和 9 家与航天和国防工业相关的印度公司，目的是扩大与印度之间的高科技贸易和战略合作。奥巴马政府还在核供应国集团（Nuclear Suppliers Group）等国际组织中支持印度，并继续实行小布什政府时期与印度在民用核技术方面的合作政策。

奥巴马政府在强化美印已有的合作机制的基础上，建立两国高层次战略对话机制，协调两国在双边、地区和全球战略性问题上的立场。2010 年美印举行第一次战略对话，并从 2011 年第二次对话起使之常态化。奥巴马政府还努力开展与印度在军事领域里合作。2011 年 11 月，美国国防部向国会

① The White House, Office of the Press Secretary, Press Briefing by the Press Secretary Josh Earnest, April 7, 2015, https://www.whitehouse.gov/the-press-office/2015/04/07/press-briefing-press-secr-etary-josh-earnest-472015.

提交一份《美-印安全合作报告》（U. S. -India Security Cooperation Report），报告认为自 2004 年以来，"曾经是两个不熟悉的国家之间的不成熟关系，发展成为真正的伙伴关系"。① 美印在过去 10 年中加强了防务关系。美国国务院制订了加强美印双边安全合作的五年计划，拟在四个主要领域里改善和扩大同印度的关系：联合军事演习、国防贸易和支持印度军队的现代化、人道主义援助和救灾等领域，以及与其他亚洲伙伴的合作。② 2012 年问世的美国《国防战略指南》明确规定，美国支持印度"在更广泛的印度洋地区担当地区经济支柱和安全提供者"。

在军事技术合作方面，2013 年 9 月 27 日，奥巴马与印度总理辛格发表《美印军事合作联合声明》，指出两国将在安全利益上将对方与最密切的伙伴同等看待，"这一原则将适用于防务技术转让、贸易、研究，以及防务产品和服务的共同开发与合作生产，包括最先进和复杂的技术在内。"③ 这一倡议意味着美国与印度虽然没有正式盟约，但是彼此将享有军事盟友才能享有的密切合作。美方提交了一份向印方转让 10 项先进防务技术的清单，并提出一些先进武器合作开发建议。2009 年美国国防部发放许可证，允许波音公司向印度海军出售 8 架总价值为 21 亿美元的 P-8 波塞冬海上巡逻机，这是国防部首次把该机型先进军机出售给外国买家。2010 年 11 月，奥巴马又宣布向印度出售价值 50 亿美元的军事装备，其中包括 10 架 C-17 军用运输机和 100 台 F414 涡轮风扇航空发动机。④

2. 印度尼西亚

奥巴马政府重点发展了与印尼的全面合作伙伴关系。2009 年 2 月，美

① Jim Garamone, "U. S. Military Seeks Stronger Ties with India," November 3, 2011, http://www. defense. gov/news/newsarticle. aspx? id = 65932.

② Jim Garamone, "U. S. Military Seeks Stronger Ties with India," November 3, 2011, http://www. defense. gov/news/newsarticle. aspx? id = 65932.

③ The White House, "U. S. -India Joint Declaration on Defense Cooperation," September 27, 2013, http://www. whitehouse. gov/the-press-office/2013/09/27/us-india-joint-declaration-defense-cooper-ation; Karl F. Inderfurth, "Defense Cooperation: U. S. -India Centerpiece," *CSIS U. S. -India Insight*, Vol. 3, No. 11 (2013), pp. 1-3, http://csis. org/files/publica-tion/131108_ Wadhwani Chair_ USIndiaInsight_ Final. pdf.

④ Sunil Dasgupta, Stephen P. Cohen, "Arms Sales for India," *Foreign Affairs*, Vol. 90, No. 2 (2011), pp. 22-24.

国与印尼政府达成一致，同意在"全面伙伴关系"框架下拓展和深化双边合作，涵盖双方共同关心的一系列地区和全球问题，"从环境保护和气候变化到贸易和投资，从促进民主到医疗和教育，从地区安全到反恐怖主义"。2010 年 11 月奥巴马访问印尼期间，两国元首正式宣布两国关系是平等基础上的全面伙伴关系。美国对印尼总的政策是，致力于把这个东南亚人口最多的国家打造成地区的民主样板。奥巴马政府解除了以破坏人权为由对印尼特种部队长达 12 年的接触和援助禁令，与印尼特种部队进行有限的安全合作项目，并开始向印尼转让和出售先进武器。2011 年 11 月 18 日，美国宣布将向印尼空军转让 24 架 F-16 战斗机，同时为其培养至少 30 名飞行员。2013 年 8 月，美国又宣布将向印尼出售 8 架全新的 AH-64E 阿帕奇攻击直升机和长弓雷达，该型号直升机的性能甚至优于美国售给新加坡的 AH-64D 型。此项军售金额高达 5 亿美元，是两国之间第一笔同类先进武器交易。

此外，美国降低了对印尼的贸易和投资壁垒，并竭力促成双方企业的贸易与投资合作。两国建立了部长级的商务对话机制，同时美国贸易发展署设立了支持印尼基础设施建设的大型项目。奥巴马政府还特别重视与印尼在能源与环保领域里的合作，并加强两国在社会服务方面的交流与合作。在教育援助与合作方面，美国加大了对印尼政府教育项目的投入，承诺在 5 年内对两国教育合作至少投入 1.65 亿美元。美国国际开发署支持两国多所大学之间的伙伴合作，并与印尼教育部合作，努力提高印尼教育管理水平。美国和平队在印尼的活动尤其值得关注。2009 年年底，两国政府完成关于在印尼重建美国和平队项目的谈判，并正式签署谅解备忘录。2010~2013 年，130 多名和平队志愿人员在东爪哇省和西爪哇省开展工作，在英语教学、教师培训和青少年成长方面取得引人瞩目的成效。

3. 缅甸

2009 年奥巴马政府上台之后即改变了对缅甸的政策，开始与缅甸军人政府进行交往。它鼓励缅甸政府放松国内的政治控制，试图通过制裁与接触双管齐下的方法，促使其向民主选举转变，并根据缅甸政府的表现发展与缅甸的可调适伙伴关系。

奥巴马政府就任伊始便开始重新审视美国对缅政策，用 7 个月时间完成了对缅政策评估。2009 年 11 月 14 日，奥巴马在演讲时表示，如果缅甸切实向民主改革方向前进，就有可能与美国改善关系；缅甸政府必须采取一些明确步骤，包括无条件释放包括昂山素季在内的所有政治犯、结束与少数民族的冲突，以及在政府、民主反对派和少数民族之间就未来展开真正的对话。2012 年 7 月 11 日，美国与缅甸正式恢复大使级外交关系，当天美国总统奥巴马即宣布准许美国公司在缅甸投资。同年 11 月 19 日，奥巴马总统在第二届任期中首次出访缅甸，他在访问中不仅会见了政府官员，还会见了包括昂山素季在内的反对派及其他非政府组织成员，并向缅甸传达了明确信息：如果缅甸政府做出正确选择，美国将成为缅甸可靠的伙伴。奥巴马政府还宣布将启动"美缅民主、和平与繁荣伙伴关系"，强调两国政府将在民主转型、治理透明、政治和解与经济繁荣四个方面进行合作。[①] 2013 年 5 月，缅甸总统吴登盛访问美国，成为 1966 年以来首位访美的缅甸元首。2014 年 11 月，奥巴马总统再次访问缅甸。

　　奥巴马政府对缅甸的政策是，根据缅甸政府的改革表现逐步采取解禁和援助措施。2012 年 4 月 1 日，昂山素季在缅甸议会补选中当选为议员，其领导的民盟也获得重大胜利。奥巴马政府随即于 4 月 4 日宣布一系列解禁措施，包括派驻大使、放松投资禁令和重开国际开发署驻仰光办事处等。2012 年 9 月和 10 月，美国相继解除了对部分缅甸产品出口美国的禁令和对缅甸的金融制裁。奥巴马总统 11 月访问缅甸之后，美国决定向缅甸提供 1.7 亿美元援助。但是，2014 年 5 月，缅甸议会通过限制跨宗教婚姻的法案引起美国不安，奥巴马总统于 5 月 15 日致信国会，宣布再次延长《国家紧急状态法》对缅甸的适用时间，以及 1997～2013 年的 6 项总统行政命令所规定的制裁措施继续生效。[②]

① USAID Press Office, "President Obama Announces US‐Burma Partnership for Democracy, Peace & Prosperity," November 19, 2012, http：//reliefweb. int/report/myanmar/president-obama-announ-ces-us-burma-partnership-democracy-peace-prosperity.

② The White House, "Letter to the Congress‐Continuation of the National Emergency with Respect to Burma," May 15, 2014, https：//www. whitehouse. gov/the-press-office/2014/05/15/letter-cong-ress-continuation-national-emergency-respect-burma; The White House, "Notice‐Continuation of the National Emergency with Respect to Burma," May 15, 2014, https：//www. whitehouse. gov/the-press-office/2014/05/15/notice-continuation-national-emergency-respect-burma.

4. 越南

自 20 世纪 90 年代起到奥巴马上台之前，美国一直拒绝越南要同其发展防务关系的愿望，但自 2009 年起，美国开始强调越南对美国"再平衡"战略的价值。2013 年 7 月，奥巴马总统与到访的越南国家主席张晋创发表联合声明，宣布两国之间正式建立"全面合作伙伴关系"。

美越之间的军事安全合作日益密切。美越政治、安全与国防事务对话自 2008 年 6 月建立以来，每年举行一次，由美国国务院和越南外交部共同主办，在华盛顿和河内轮流举行，到 2014 年已经举办 7 届。2010 年 8 月，美越两国国防部之间建立了国防政策对话。2011 年 9 月，两国在第二次国防政策对话会议上签署《推进双边防务合作谅解备忘录》，旨在为两国国防与安全合作建立架构。2010 年年底，美越举行自越南战争结束以来的首次联合海军训练，并在第二年使海上联合军演常规化。2011 年，越南国防部首次派军官赴美国军校和其他军事机构学习。2015 财年，奥巴马政府把对越南的军事资助项目资金从 2009 财年的数十万美元急剧提高到超过 1000 万美元。2013 年，针对中国近海巡逻能力的加强，美国向越南提供高速巡逻艇。2014 年 10 月，美国宣布部分解除对越南武器禁运，准许向越南出售与海上防卫有关的装备。此外，美国国务院还通过全球和平行动项目，为越南参加联合国维和行动提供训练和其他支持。

在政治和外交方面，美越之间磋商日趋频繁。2010 年以来，两国领导人和高级官员在亚太经合组织、东盟地区论坛、东亚峰会以及东盟防长会议等对话中频繁协调立场。在经贸方面，奥巴马政府愿意向越南做出一定让步以顺利完成《跨太平洋伙伴关系协定》（TPP）谈判。2010 年和 2011 年，美国进出口银行分别与越南发展银行以及越南工业和贸易部签署总价值为 15 亿美元的谅解备忘录，以支持越南包括卫星、热能和可再生能源项目在内的一批基础设施建设项目。在科技合作方面，奥巴马政府继续支持与越南的富布莱特项目、高等工程教育联盟项目和科技合作联合委员会项目。两国《民用核合作协议》于 2014 年 10 月正式生效，该协议允许美国公司对越南出口核零部件和民用核反应堆。美国与越南发展新伙伴关系的基本意图是，在战略上相互借重，提升彼此在亚太地区的地位，以平衡中国的影响力。

（三）　增加在多边制度框架下与东盟的合作

美国感到，随着亚太地区局势的演进，美国的多边经济合作和安全合作方法也需要与时俱进。奥巴马政府比以往任何一届政府都更重视同东盟的关系，为此，美国进一步扩大了其在制度化框架下与东盟的合作，寻求在这一框架内发展同东盟国家的关系。2011 年，美国正式加入由东盟主导的，包括东盟峰会、10+1 和 10+3 的东亚峰会机制，并在当年第一次举办 APEC 会议。美国打算通过 APEC 继续推动地区经济一体化，减少这一地区的贸易和投资障碍。美国还试图通过加强东盟地区论坛机制，制定一个应对跨国和非传统安全挑战的日程，包括气候变化、传染病和环境恶化、恐怖主义、海盗和偷渡等。2010 年 6 月，美国在非东盟国家中率先设立驻东盟使团。

美国加强了同东盟的合作，其中最引人瞩目的是美国对东盟峰会的参与。2009 年 7 月，美国加入《东南亚友好合作条约》，对于东盟国家来说，这确保了美国对东南亚的政治和安全承诺。2009 年 11 月至 2012 年 11 月，东盟-美国领导人会议（ASEAN-U. S. Leaders' Meeting）共举行了四届。在 2011 年 11 月举行的第三届东盟-美国领导人会议上，双方采纳了《2011~2015 年实施加强东盟-美国伙伴关系的行动计划》（The Plan of Action to Implement the ASEAN-U. S. Enhanced Partnership for 2011-2015）。自 2013 年，该会议更名为东盟-美国峰会。在这次会议上，东盟领导人与代表奥巴马参加会议的美国国务卿约翰·克里（John Kerry）共同承诺，将进一步加强美国与东盟在各个领域里的合作，包括核不扩散、网络安全、反恐、人员偷渡、贸易与投资、科技和教育。这次峰会标志双方将努力进一步提高东盟-美国伙伴关系，加深在促进地区和平、稳定和繁荣方面的合作。

除了上述重要的合作举措之外，美国还建立了以下许多与东盟有关的项目和机构。

（1）2012 年 9 月在东盟与美国的关系纪念 35 周年之际，美国政府宣布设立美国-东盟富布莱特计划。该项目将资助东盟国家学者到美国从事与东盟有关项目的研究。东盟地区美国富布莱特专家和学者将在东盟机构或东盟国家大学提供能力建设专长，进行学者之间的协作。

（2）美国国务院与东盟华盛顿委员会（ASEAN Washington Committee）频繁进行沟通。该委员会由东盟成员国驻华盛顿大使所组成。美国国务院把这一委员会的会议视为在地区内各类问题和项目上与东盟进行沟通和合作的渠道；亚太事务助理国务卿坎贝尔每月都与该委员会举行会议。

（3）自2011年中期以来，美国通过东盟秘书处和东盟人道主义援助和救灾中心（ASEAN Center for Humanitarian Assistance and Disaster Relief）支持地区救灾管理行动。

（4）2011年，美国太平洋司令部派出一名驻东盟使团的国防事务联络官，旨在鼓励国防部对与东盟防务事务有关的论坛的参与，特别是东盟国家国防部长扩大会议（ASEAN Defense Ministers Meeting Plus）。

（5）在科技方面，2014年4月7日宣布了新的"东盟-美国科技伙伴领航项目"（The ASEAN-U. S. Science and Technology Fellows Pilot Program），以更多地运用科技来改善公共政策和支持国家发展。在该项目执行期间，美国8个学术伙伴将在生物多样化、环境变化、降低灾害危险的早期预警、卫生和水管理领域方面做出努力。

（6）支持东盟促进与保护妇女、儿童权利委员会（The ASEAN Commission for the Promotion and Protection of the Rights of Women and Children，简称ACWC）及其优先关注的领域。

（7）2013年12月，奥巴马总统宣布了一项新计划，即"东南亚青年领导人计划"（The Young Southeast Asian Leaders Initiative，YSEALI），意在促进东盟中的领导人发展和建立网络，加深本地区青年领导人之间的交往，促进下一代领导人的自我实现。根据这一计划，2014年4月25~28日举行了题为"把思想转变为行动"的研讨会，来自东盟10个国家的100名18~35岁的青年领导人参加会议。

（8）在"加强东盟-美国伙伴关系"框架下执行当前东盟-美国的发展合作。2008年2月，美国启动"推动东盟国家间合作与经济一体化——东盟发展愿景"（The ASEAN Development Vision to Advance National Cooperation and Economic Integration，简称ADVANCE）计划，总金额为15亿美元。

（9）2012年3月，美国制定了"农业收入最大化：知识、企业发展与贸易"项目（MARKET），以接替已结束的"美国－东盟技术援助与能力培训项目"（TATF），其宗旨是继续加强本地区粮食贸易中的公私合作伙伴关系，并为东盟粮食安全信息系统的建设提供支持。

2014年8月，美国国务院发布了美国参与2014年东盟地区论坛情况简报，这份简报指出，美国参与东盟地区论坛的首要目标是，推动论坛从一个建立信心的机构转变为一个有能力从事预防性外交的机构。简报表明，美国更关注东盟地区的安全，不仅包括传统安全，还包括救灾、气候变化和反海盗等非传统安全问题，并推进大量相关的地区合作机制，如东盟地区论坛间隙海上安全会议（Inter-Sessional Meeting on Maritime Security）、东盟人道援助和救灾中心（ASEAN's Centre for Humanitarian Assistance and Disaster Relief，简称AHA Centre），以及由美国和菲律宾领导的东盟地区论坛防备生化攻击和救灾反应跨部门安全合作（Cross-Sectoral Security Cooperation on Bio-Preparedness and Disaster Response）。

美国与东盟发展制度性合作显示出以下一些特点：首先，美国通过积极参与地区多边机制建设，参与制定地区事务规则和影响机制的议事日程。其次，从小布什政府时期的单纯强调安全转变为安全与发展并重，其措施是加强与东盟在卫生、教育和基础设施建设方面的合作，并开始重视东南亚一些内陆贫困国家，如柬埔寨和老挝的发展问题，而这些国家此前在美国地区安全战略中无足轻重。最后，认识到必须以较为平等的姿态来同东盟国家打交道。

总结本章论述，美国的"再平衡"战略具有以下六个方面的显著特征。

第一，奥巴马政府一再强调，亚太"再平衡"不仅是军事方面的，还是政治、经济和文化方面的。然而迄今为止，"再平衡"战略在军事方面表现得最为突出。2014年4月的美国参议院外交关系委员会的多数党报告指出，在"再平衡"的各种非军事因素方面，如外交、经济和市民社会方面，还缺少进步。当然也不可否认，在文化、教育、科技等方面，美国与地区国家的交流和合作比以往有了增多。

第二，《跨太平洋伙伴关系协定》（TPP）是奥巴马政府"再平衡"战略在经济方面的一个重要支柱。正如2014年9月18日美国贸易代表迈克尔·弗罗曼（Michael Froman）在一次关于TPP的研讨会上所强调的，"从超越纯粹贸易的角度来看，TPP 是美国亚洲再平衡的一个核心部分"。① 确切地说，TPP 最大的目标是战略性的，即同中国竞争在亚太地区的领导地位，刺激自由市场和自由经济原则的普及，为美国下个世纪制定全球经济治理规则创造条件。②

第三，与以往美国亚太战略不同的是，"再平衡"战略不仅强调要加强同老盟国的关系，而且要发展同新兴国家的新伙伴关系。

第四，用统一的、更加注重全局战略的方法来处理亚太事务。其突出表现是，美国增加了在多边制度框架下与东盟的合作，并重视与东盟关系多边机制框架的构建。

第五，美国在全球实施战略"再平衡"的同时，在亚太地区内也实行对战略重点的"再平衡"，即把美国对东亚的关注力从过去更多重视东北亚转变为增加对东南亚的重视。

第六，发展了对"亚太地区"这一概念的新认识，即把亚太地区定义为跨越两大洋——太平洋和印度洋，并相应地创造了"Indo-Pacific"一词。理由是，两大洋正通过海运和战略日益连接在一起。

四 "再平衡"战略遇到的问题和阻力

奥巴马政府的"再平衡"战略自执行以来，从各方面得到很多正面评价。在美国国内，把美国战略重心转向亚太地区的必要性成为政府与国会、民主党与共和党、官员与学者的共识，政府各个重要部门都在争相努力贯彻这一战略。2015 年 2 月 6 日，奥巴马政府发布《2015 年美国国家安全战略报告》，该报告总结了自 2010 年上一份此类报告发布 6 年来世界形势发生的变化，以及美国曾采取的应对措施。新的报告制定了在未来若干年内美国在世界上运用其权力和影响力的原则和重点目标。在美国战略重点方面，报告

---

① Michael Froman, "The Strategic Importance of TPP," remarks at the U. S. Chamber of Commerce and Center for Strategic and International Studies Symposium on the TPP, Washington, D. C., September 18, 2014, https://ustr.gov/about-us/policy-offices/press-office/speeches/2014/September/Remarks-by-Ambassador-Froman-at-US-Chamber-CSIS-TPP-Event#.

② Dustin Walker, "Is America's 'Rebalance' to Asia Dead?" *National Interest*, April 24, 2014, http://nationalinterest.org/feature/americas-rebalance-asia-dead-10304.

明确表明，奥巴马政府2010年开始推行向亚太地区的"再平衡"战略是成功的，美国"正在实行倾向于亚太的再平衡"。为了实现亚太地区的安全和稳定、促进贸易和商业、确保对人权和自由的尊重，美国将加强同地区传统盟国的关系，重视与地区多边组织的合作和参与，如东盟、东亚峰会、亚太经济合作组织。TPP将是美国促进更公开、透明的亚太经济的重点。报告认为，同中国的合作范围达到了前所未有的程度，但美国仍然要对中国军队的现代化保持警惕，阻止它用恐吓手段解决国际争端。[①]

在亚太地区，美国的盟国和新伙伴都对"再平衡"表示欢迎，它们中有不少因这一战略得到额外好处。东盟国家尤其赞赏美国对东盟重视程度的提高，感到美国可以成为它们在安全方面的可靠依赖。然而，随着"再平衡"战略的推进，其在实施中的一些问题逐渐暴露出来，开始受到讨论甚至是争论。这些问题包括：

第一，一些人认为，"再平衡"战略没有必要地引致中国的对抗，导致中国更加"咄咄逼人的"外交政策，因此是一项缺乏意义的政策。

持这种观点的代表是美国波士顿大学陆伯彬（Robert Ross）教授。他指出，"再平衡"战略的最大问题是它不必要地"建立在对中国领导人的根本误读上"，不必要地造成了北京的不确定性，只会助长中国"咄咄逼人的"外交政策，削弱地区安全，并降低北京与华盛顿之间合作的可能性。结果之一是中国完全放弃对朝鲜使用其影响力来使它放弃核计划。所有事件都表明，奥巴马政府的"再平衡"战略并没有促进亚洲稳定，相反，它使得这一地区更加紧张和更容易发生冲突。陆伯彬的结论是，"再平衡"战略已经损害了美国的安全利益，而且其代价还将增长。[②]

曾在美国国务院东亚与太平洋事务局工作的新美国安全中心学者伊利·拉特纳（Ely Ratner）是奥巴马政府"再平衡"战略的坚定支持者，但他也提醒美国决策者：虽然亚太地区许多人欢迎美国重返亚洲，但是美国的政策造成了中国对美国意图的担忧。在北京，许多人把美国扩大其在亚洲的军事力量、加强与盟国和伙伴的安全关系，以及提高地区机构作用的努力看

---

① *National Strategy Security*, February 2015.

② Robert S. Ross, "The Problem with the Pivot: Obama's New Asia Policy Is Unnecessary and Coutnerproductive," *Foreign Affairs*, Vol. 90, No. 6（Nov./Dec. 2012），p. 70.

作在遏制中国的崛起，并且是地区不稳定和中国战略环境恶化的主要原因。在未来一些年里，"随着美国继续加深其在亚洲的外交、经济和军事参与，中国的不安全感将可能加剧"。这将限制中美在地缘政治问题上合作的可能性，给双边关系带来更多的紧张局面，使华盛顿决策者必须在维持中美关系稳定的目标的同时实施"再平衡"战略的下一步措施。因为无论如何，与中国的高水平交往对于应对不可避免的危机是必不可少的。①

对于"再平衡"战略引起美国与中国对抗的观点，前美国亚太事务助理国务卿坎贝尔与拉特纳一起提出了反驳。他们认为，这一误解忽略了一个事实："加深同北京的交往是再平衡政策的核心和不容反驳的特征。例子是，新的方法包括了建立年度中美战略与经济对话，以及战略安全对话，后者在像海洋安全、网络安全这样的问题上进行了前所未有的高水平讨论。"②

虽然陆伯彬的看法并不代表华盛顿外交政策圈子中的主流观点，但是，"再平衡"战略加深了中美之间的猜疑是无可争辩的事实。特别是在把战略重心转向亚太地区的同时，美国不仅加深了对东海和南海岛屿主权争端的关注，而且多次在中日、中菲和中越的东海和南海岛屿争端中站在中国对立面。一个明显的例子是，2014 年 5 月 9 日当中国深水钻井平台"海洋石油981"号进入南海西沙地区进行油气勘探时，美国国防部长查克·哈格尔（Chuck Hagel）于 2014 年 5 月 31 日在第 13 届香格里拉安全论坛上发表讲，在南海问题上做出美国政府迄今最为强硬的表态："最近几个月，中国在南海采取了破坏稳定的单边行动来宣示其领土主权要求"，"我们坚决反对任何国家使用恐吓、威逼或武力威胁来宣示这些领土主权要求"，"当国际秩序的基本原则受到挑战时，美国不会不予理睬"。③ 美国在南海问题上态度的转变成为近年来中美之间摩擦不断的一个重要原因，极大地损害了中美合作的氛围。可以说，导致中美之间战略猜疑的加深是美国"再平衡"战略的最大负面效果。

---

① Ely Ratner, "Rebalancing to Asia with an Insecure China," *The Washington Quarterly*, Vol. 36, No. 2 (Spring 2013), p. 21.

② Kurt M. Campbell, Ely Ratner, "Far Eastern Promises: Why Washington Should Focus on Asia," *Foreign Affairs*, Vol. 93, No. 3 (May/June 2014), pp. 106-116.

③ "US Raps China over 'Destabilizing' Acts," *The Sunday Times*, June 1, 2014, p. 1.

第二,2014年参议院外交关系委员会多数党报告发现,除国防部外,美国政府其他部门并没有增加对亚太地区的资源投入。

这份报告指出,在执行"再平衡"战略的几年中,国务院并没有大量增加东亚和太平洋事务局的外交资源。商务部负责亚太事务的工作人员也没有很大增加,这就限制了商务部充分利用新优势的能力。在2015财年的联邦财政预算建议中,美国对该地区的援助仅有有限的增加,仍然低于前几年的水平。而相比之下,国防部采取了迅速行动,包括宣布将在澳大利亚达尔文港部署2500名海军陆战队员,在韩国增加陆军部署,在日本增加2艘导弹驱逐舰,在新加坡部署4艘濒海战斗舰,以及可能在菲律宾增加军队轮换,增加同越南、马来西亚和其他国家的防务合作等。因此可以说,国防部在资源投入方面比其他部门更快地、更连贯地执行了"再平衡"战略。①

因此,这份报告认为,这也是为什么"再平衡"战略当前被视为主要是一个安全战略的原因,尽管这并不是奥巴马政府的本意。结果,该地区一些国家倾向于把"再平衡"看作一个遏制正在崛起的中国的企图。该报告提醒说,美国应考虑如何更清楚地说明:美国的政策是扩大同中国交往而不是遏制中国的;此外,"再平衡"应寻求扩大经济增长,确保地区安全,改善地区人民的福利。②

事实上,美国在军事上实施"再平衡"还在继续进行。2015年3月,在谈到美军是否在进行亚太"再平衡"部署时,国防部副部长鲍勃·沃克(Bob Work)表示,美国正在关岛修建新的设施,到2021年将把约5000名海军陆战队队员部署在那里;海军将把4支海军陆战队空地特遣部队部署在太平洋周边,无论经费压力有多大;亚太地区仍然是美军最先进军事设备的部署地点,包括F-35联合攻击战斗机和P-8反潜巡逻机,2018年将在亚太

---

① 参见 Re-Balancing the Rebalance: Resourcing U. S. Diplomatic Strategy in the Asia-Pacifica Region, A Majority Staff Report Prepared for the Use of the Committee on Foreign Relations United States Senate, 113th Congress, Second Session, April 17, 2014, http://www.gpaccess.gov/congress/index.html, p. 2。

② 参见 Re-Balancing the Rebalance: Resourcing U. S. Diplomatic Strategy in the Asia-Pacifica Region, A Majority Staff Report Prepared for the Use of the Committee on Foreign Relations United States Senate, 113th Congress, Second Session, April 17, 2014, http://www.gpaccess.gov/congress/index.html, p. 3。

地区部署朱姆沃尔特级驱逐舰等。[①]

第三，奥巴马政府"再平衡"战略的实施遇到的最大问题是美国在世界范围内军事力量的缩减。

美国国防部已经宣布到 2020 年把部署在西太平洋的海军军力比例从原先的 50% 增加到 60%，但是如果海军的整体规模在缩小，那么即使比例增加了，也会导致美国在西太平洋的军事存在有所减少。实际上，2015 财年国防部把海军建造舰只的预算从 2014 财年的 179 亿美元减少到 144 亿美元。

有分析家指出，从长远来看，海军扩大规模的前景甚至更加暗淡。美国舰队现有舰只 285 艘，国防部计划在从 2012 年起的未来 30 年内把海军战舰规模发展到 306 艘。海军计划在未来 30 年内每年采购 8.7 艘。然而，美国国会预算办公室估计，购买这些舰只每年需要花费 193 亿美元，所需开支比历史上 1984 年到 2013 年分配给海军制造舰只的年平均资助 140 亿美元多38%。如果奥巴马政府削减国防预算经费的计划不变，美国在未来 30 年内的造舰目标将不可能实现。[②] 在 2015 财年国防预算公布的当天，国防部负责采购的助理国防部长卡特里娜·麦克法兰（Katrina McFarland）就脱口而出说道，由于预算压力，重返亚洲计划"不可能实现"。[③]

这还不是问题的全部。奥巴马政府 2014 年 3 月提交给国会的 2015 财年国防预算预示了"华盛顿号"航母退役的可能性。如果成为现实，这将把美国的航母数量从当前 11 艘减少到 10 艘。同时，国防部宣布，为了节约燃油、人力和其他活动开支，有 11 艘巡洋舰将暂时退出服役；在未来某个时候，在对它们做了技术升级后，它们可能会返回服役。濒海战斗舰将从 52

---

① Janine Davidson, "Bob Work Speaks: Out of the Spotlight, The Asia-Pacific Rebalance Continues on Course," October 1, 2014, http: //blogs. cfr. org/davidson/2014/10/01/bob-work-speaks-out-of-the-spotlight-the-asia-pacific-rebalance-continues-on-course/.

② Seth Cropsey, "The Rebalance to Asia: What Are Its Security Aims and What Is Required of U. S. Policy?" http: //www. hudson. org/content/researchattachments/attachment/1411/cropsey_rebalance_ to_ asia_ corrected. pdf, p. 14.

③ 虽然卡特里娜·麦克法兰之后又改口说，"偏向亚太的再平衡能够而且将继续"，但她先前直言不讳的话已被发表在 *Defense News* 上，参见 Katrina McFarland, "DoD Official: Asia Pivot 'Can't Happen' Due to Budget Pressures," *Defense News*, March 2014, http: //www. defensenews. com/article/20140304/DEFREG02/303040022/DoD-Offcial-Asia-Pivot-Cant-Happen-Due-Budget-Pressures。

艘减少到 32 艘，这些舰只原本可能在美国同与中国在南海有岛屿主权争端的越南、菲律宾和马来西亚的海军联合行动中发挥作用。同时，国防部长哈格尔计划把陆军数量从 52 万人减少至 44 万~45 万人，这是第二次世界大战结束以来最小的美国陆军规模，结果将可能影响美国在亚洲的军事存在。这些削减是否会影响陆军保护美国在西太平洋的海军、海军陆战队和空军的基地不受导弹袭击的能力，尚不得而知。[①]

第四，在一些人看来，在美国政府不得不对国防预算进行大幅度削减时，"再平衡"成为一个奢谈。

美国联邦财政存在巨额赤字的现实、两党在预算项目削减方面的分歧、国会在预算案上的拉锯战、国防预算不可避免的削减，原本是美国对外战略调整的一个直接原因，现在它又可能转而对奥巴马政府战略"再平衡"的实施形成制约，使"再平衡"的目标难以有效实现。国防预算问题十分复杂，也存在很大的争论，需要另作专门论述，这里仅澄清一下美国国防预算削减的事实。

根据英国国际战略研究所分析，自 2010 年以来美国国防预算确实处于不断削减之中（见表1）。

表 1　美国国防预算及其他有关预算的选项：1995 年、2006~2015 年

单位：10 亿美元

财年	国防预算		国防部		核能国防活动	国土安全部	退伍军人管理局	联邦政府总支出	联邦政府预算盈余/赤字
	预算授权	开支	预算授权	开支	预算授权	预算授权	预算授权		
1995	295.1	298.3	282.1	286.9	10.6	无	33.9	1516	-164
2006	617.1	521.8	593.7	499.3	17.4	40.4	71.0	2655	-248
2007	625.8	551.2	602.9	528.6	17.2	43.0	79.6	2729	-161
2008	696.3	616.1	674.7	594.6	16.6	47.3	88.5	2983	-459

---

① Re-Balancing the Rebalance: Resourcing U. S. Diplomatic Strategy in the Asia-Pacifica Region, A Majority Staff Report Prepared for the Use of the Committee on Foreign Relations United States Senate, 113th Congress, Second Session, April 17, 2014, http://www.gpaccess.gov/congress/index.html, pp.14-15.

续表

财年	国防预算		国防部		核能国防活动	国土安全部	退伍军人管理局	联邦政府总支出	联邦政府预算盈余/赤字
2009	697.8	661.0	667.5	631.9	22.9	52.7	97.0	3518	−1413
2010	721.3	693.6	695.6	666.7	18.2	56.0	124.4	3457	−1294
2011	717.4	705.6	691.5	678.1	18.5	54.8	122.8	3603	−1300
2012	706.8	677.9	655.4	650.9	18.3	60.0	124.2	3537	−1087
2013	610.1	633.4	585.2	607.8	17.4	59.2	136.1	3455	−680
2014	613.6	620.6	586.9	593.3	18.6	60.7	151.0	3651	−649
2015	636.6	631.3	581.3	584.3	19.3	60.9	160.9	3901	−564

注：1. 每一财年从 10 月 1 日开始到次年 9 月 30 日结束。

　　2. "国防预算"包括国防部、能源部核能国防活动以及其他较小机构的资金（其中包括联邦应急管理署和选征兵役制的资金，这些方面的预算没有被列出），但不包括国际安全援助、退伍军人管理局、美国海岸警卫队（隶属于国土安全部），也不包括美国国家航空航天局的资金。表中虽然列出退伍军人管理局和国土安全部的预算，但两者都没有被计算在"国防预算"中。国防部中用于非军事项目的资金也不包括在国防部预算中。

　　资料来源：James Hackett, ed. , *The Military Balance, the Annual Assessment of Global Military Capabilities and Defense Economics*, Oxfordshire, UK：Routledge Journals, 2015, p.34。

　　从表 1 可以看出，美国国防开支和国防部预算在 2010 年达到峰值，分别为 7213 亿和 6956 亿美元，此后持续下降。抛开通货膨胀因素，到 2015 年，国防部预算下降到 5813 亿美元，比 2010 年下降 1000 亿美元以上，下降比例为 16%。与此相应，自 2009 年以来，联邦政府预算赤字也在逐年减少。同时，美国国防预算占美国 GDP 的比例，也从 2009 年的 4.62% 下降到 2014 年的 3.37%。[1]（见图 1）

　　第五，对美国"再平衡"战略构成最大挑战的是中东局势。中东地区由于其地缘政治重要性及作为主要石油资源来源地，历来都是美国外交战略的重点。一种批评意见甚至认为，鉴于美国在中东地区仍有重要战略利益以及中东局势现状，美国把战略重心转向亚太地区是不明智和不现实的。[2] 美

[1] James Hackett, ed. , *The Military Balance, the Annual Assessment of Global Military Capabilities and Defense Economics*, Oxfordshire, UK：Routledge Journals, 2015, p.35.

[2] Kurt M. Campbell and Ely Ratner, "Far Eastern Promises：Why Washington Should Focus on Asia," *Foreign Affairs*, Vol.93, No.3（May/June 2014）, pp.106-116.

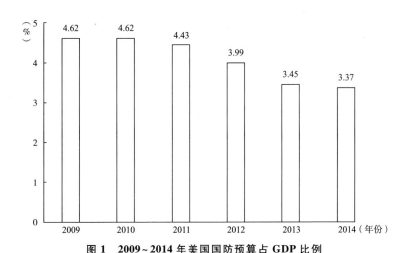

图1 2009~2014年美国国防预算占GDP比例

资料来源：James Hackett, ed., *The Military Balance, the Annual Assessment of Global Military Capabilities and Defense Economics*, Oxfordshire, UK: Routledge Journals, 2015, p. 35。

国仍然没有完全从阿富汗撤军，叙利亚内战仍在持续，埃及继续面临"阿拉伯之春"之后的政治动荡，伊拉克国内出现极端组织"伊斯兰国"，美伊关于核问题的谈判正处在关键时刻。使事情变得更为复杂的是，美国陷入中东地区种族、教派和国家力量相互争斗旋涡之中，任何旧问题的解决都可能带来新的更为复杂的矛盾和冲突。

在奥巴马政府实施"再平衡"战略的过程中，尽管美国尽量保持不介入一场在中东的新战争，但是中东局势变幻无常，各种复杂局面不断出现。

最初是利比亚内战。2011年3月北约部分国家以制止人道主义危机为名，在联合国的授权下先是设立禁飞区，随后又以各种方式支持反对派对利比亚统治者卡扎菲发动武装攻击，并于2011年在利比亚实现了政权变更。奥巴马政府对参与北约发动的军事攻击并不热衷，只是配合北约的干预行动，而且罕见地在北约的军事行动中没有要求把指挥权掌握在自己手里。

随后是阿拉伯世界于2010年年底爆发声势浩大的"阿拉伯之春"运动。直到运动发生5个月之后，美国总统奥巴马才在2011年5月公开表示对运动的支持。美国政府根据各国不同情况区别对待，给予了有关国家数量有限的对外援助。美国的政策是在"扩大民主"和维护地区稳定之间寻找平衡。2013 年，埃及政局再次发生戏剧性变化，在大规模群众示威游行中，穆斯林兄弟会代言人、埃及第一位民选总统穆尔西被军方罢黜并关押，穆兄会也被军方宣布为恐怖主义组织并予以取缔，其大批高级成员被逮捕。在新的局势下，美国的态度转为默许埃及军方领导人出任埃及总统，因为美国最大的心头之患是伊斯兰极端组织的兴起。而埃及军人重新上台执政，则意味着"阿拉伯之春"运动的终结。

紧接着，叙利亚局势日趋恶化。2011 年 3 月以来叙利亚的动荡局势演变成内战，但奥巴马政府始终避免军事介入，只采取口头谴责和经济制裁，试图通过联合国制裁达成停火协议。在叙利亚拥有并使用化学武器的情况被披露后，美国宣布向非激进的反对派力量提供援助，并暗中支持一些反对派力量。2013 年 9 月，奥巴马接受了俄罗斯提出的叙利亚交出化学武器的建议，与俄罗斯和国际社会合作达成一项具有强制性的协议，同时呼吁美国国会暂缓投票决定是否对叙利亚动武。联合国安理会 2013 年 9 月 27 日通过决议，要求严格核查叙利亚化学武器项目，并以最快捷、最安全的方式全面启动销毁叙利亚化学武器的特别程序。禁止化学武器组织执行理事会于同年 11 月通过了在 2014 年 6 月 30 日前全面销毁叙利亚化学武器的详细方案。2014 年 8 月 18 日，叙利亚所申报的化学武器在美海军舰只"开普雷"号上全部销毁，这是国际社会控制大规模杀伤性武器扩散的重大成就。

然而，在伊拉克又出现了新的严峻情况。2013 年 4 月在伊拉克境内产生的极端组织"伊拉克和黎凡特伊斯兰国"（ISIS）迅速壮大，已发展成能与伊拉克政府军相抗衡的武装力量，并不断攻占伊拉克大城市。"伊斯兰国"的军事行动不仅威胁到伊拉克政府的生存，而且还延伸到叙利亚境内，使叙利亚僵持不下的内战局面愈加复杂。2014 年 9 月奥巴马宣称美国将削弱并最终毁灭"伊斯兰国"；白宫正式宣布：美国与极端组织"伊斯兰国"处于"战争状态"。不过与在伊拉克战争中的策略不同，美国将不会派遣地面部队参战。美国主导下的国际联盟军队迅速对叙利亚境内的"伊斯兰国"目标实施空袭，之后又不定期地进行了数百次空袭。2015 年 3 月，美国国务卿克里表示，叙利亚危机最终还是要靠谈判来解决，美国决策者最大的关切是在不威胁到美国和盟友利益以及地区稳定的前提下结束叙利亚内战。

然而，弗朗西斯·福山（Francis Fukuyama）对美国解决叙利亚危机的能力表示怀疑，他与美国前驻阿富汗大使卡尔·艾肯伯里（Karl Eikenberry）在英国《金融时报》上撰文，预言美国将无法消灭"伊斯兰国"，因为"经过 13 年的努力，美国远未彻底铲除基地组织，ISIS 不大可能比基地组织更容易打败"。何况，消灭"伊斯兰国"将使叙利亚独裁者巴沙尔·阿萨德收复失地，巩固政权①，这也是美国所不愿看到的结果。也有评论认为，尽管美国尽了最大努力，但它似乎永久地陷在了中东的泥潭中，针对"伊斯兰国"的战役"已经失去了方向"，"美国正在中东进行一场没有明确目标、战略或出路的战争"②。而美国如果在同伊斯兰国的战争中失利，将意味着美国以沉重代价"完成"的伊拉克战争成为无谓之举。

乱局还不止于此。在美国将要在 2015 年 6 月 30 日前同伊朗就伊核问题达成协议前，沙特阿拉伯领导下的阿拉伯联军于 3 月 26 日对也门发动了名为"果断行动"的空袭，埃及、摩洛哥、约旦、苏丹、阿拉伯联合酋长国、科威特、卡塔尔和巴林参与行动，埃及、苏丹和约旦已决定派遣地面部队参战。沙特带头发动空袭的原因是，什叶派胡塞武装组织在过去几个月中对政府军发动进攻，并于 2015 年 1 月 19 日攻占首都萨那，也门总统在被软禁数周后逃离，向阿拉伯邻国求援。沙特认为，胡塞武装的背后是伊朗，而什叶派的伊朗是逊尼派的沙特的宿敌。国际上有分析认为，沙特在美伊核协议将要达成之际对也门发动空袭并非偶然，其意图在于破坏美伊核谈判，使伊朗经济继续处于西方严厉制裁之下。因此，"也门冲突是中东地区沙特与伊朗之间争夺影响和霸权的一场更广泛的地区争斗的开始"③。

在这种局势之下，美国撤出中东、重返亚太，被许多人看作一个比原先更令人困惑的战略选择。

第六，对美国"再平衡"战略构成挑战的另一个地区事件是乌克兰

① 《美国学者：美国无法消灭伊斯兰国》，2014 年 9 月 26 日，凤凰网，http：//news. ifeng. com/a/20140926/42096622_ 0. shtml。

② Robert E. Kelly，"Will Islamic State Cripple the Pivot? America's Inability to Stop Fighting in the Middle East Has Serious Implications for Its Asia Policy," November 13，2014，http：//thediplomat. com/2014/11/will-islamic-state-cripple-the-pivot/.

③ Abdul Basit，"Pakistan & the Yemen War：Perils of Joining the Saudi-led Coalition," April 8，2015，http：//www. rsis. edu. sg/rsis-publication/icpvtr/co15084-pakistan-the-yemen-war-perils-of-joining-the-saudi-led-coalition/#. VTMqM_ Q60v8.

危机。

乌克兰多年来一直处于政治不稳定状态，它引起西方的关注始于 2013 年 11 月爆发的示威游行。游行起因是时任乌克兰总统的亚努科维奇决定暂停与欧盟签署"联系国协定"的协议。2014 年 2 月 22 日，亚努科维奇总统被议会罢免后，乌克兰国内出现支持改革和亲西方的政府。2 月 27 日，数十名亲俄罗斯的武装人员（西方国家认为他们是伪装的俄罗斯军人）占领了克里米亚自治议会和政府大楼，在这些武装人员的监视下，议会召开临时会议，选出新总理，并决定就克里米亚的地位进行公民投票。3 月 1 日，俄罗斯军队进入乌克兰边界，俄罗斯的理由是，它有责任保护俄罗斯族不受占领基辅的极端主义者的迫害。[①] 3 月 16 日，克里米亚举行公民投票，96.6% 的人赞同加入俄罗斯联邦。3 月 18 日，俄罗斯总统普京与克里米亚共和国代表签署条约，接受克里米亚加入俄罗斯联邦。3 月 21 日，俄罗斯联邦议会批准了该条约。

乌克兰东部也很快出现内乱。4 月，武装的亲俄分离主义者占领了乌克兰东部顿巴斯地区，乌克兰政府开始调动全国安全力量发动"反恐怖主义行动"。经过将近一年的动荡之后，2015 年 2 月 12 日，俄罗斯、乌克兰、法国和德国在白俄罗斯首都明斯克举行"诺曼底四方会谈"，各方达成新的停火协议（即新《明斯克协议》）于 2 月 15 日生效。然而，有人评论说，危机之后留给乌克兰的政治和经济烂摊子，将成为欧洲挥之不去的梦魇。[②]

在此过程中，奥巴马在 2014 年 2 月 28 日表示，他对俄罗斯军队在克里米亚的行动"深感担忧"，并重申俄罗斯将为其军事干预"付出代价"。欧盟和美国都认为克里米亚的公民投票是非法的。3 月 6 日、17 日、20 日，奥巴马总统接连签署并发布 3 个总统行政令，对"破坏乌克兰的民主程序和民主体制""威胁乌克兰和平、安全、稳定、主权和领土完整"的俄罗斯官员和亲俄乌克兰官员进行制裁，并冻结他们在美国的不动产；对俄罗斯 14 家国防公司、6 家主要银行和 2 家石油公司实行制裁；终止美国向俄罗斯的

---

① Oren Dorell, "How the West lost Crimea," *USA TODAY*, April 16, 2014, http：//www. us-atoday. com/story/news/world/2014/03/20/how-west-lost-crimea/6650567/.

② Dmitri Trenin, "Europe's Nightmare：Ukraine's Massive Meltdown," April 10, 2015, http：//nationalinterest. org/print/feature/europes-nightmare-ukraines-massive-meltdown-12597.

出口信贷以及对俄罗斯经济发展项目的资助。4 月 3 日，美国国会参、众两院分别通过有关支持乌克兰主权、领土完整、民主和经济稳定的法案。[①]

同时，美欧主导下的国际货币基金组织给予了乌克兰大量援助。2014 年 5 月美国承诺向乌克兰提供 10 亿美元贷款担保。2015 年 2 月 5 日，奥巴马政府宣布，美国在 2014 年内已向乌克兰提供 35.5 亿美元，帮助新政府实行政治和经济改革、提高其安全部门包括军队的能力。根据国际货币基金组织的估计，如果把欧盟、美国和其他方面的援助资金都计算在内，对乌克兰的贷款可能达到 400 亿美元。[②]

然而，奥巴马在乌克兰危机过程中采取的措施还是受到美国国内和欧盟许多国家的批评。批评者认为，除了口头谴责和宣布对俄罗斯官员和公司的制裁之外，美国对俄罗斯的军事干预及对克里米亚的兼并并没有采取任何强有力的行动来加以制止。对于美国可能采取的措施，主要有两种建议：一是向乌克兰出售武器；二是美国/北约出兵干预。关于第一种措施，质疑者认为，向乌克兰出售武器的方法并不可取，因为乌克兰已经是世界第四大武器生产国，并不缺少武器。如果美国这样做，将面临同俄罗斯的对抗。关于美国出兵干预的第二种建议，反对者指出，这预示着美国将同俄罗斯发生直接的军事对抗，而这给冷战后世界秩序带来的影响将是不言而喻的。无论是美国还是北约都没有做好这样的准备，何况美国国内并不存在美国对乌克兰做出军事反应的要求，相反，民调显示，美国公众强烈反对美国发挥全球警察的作用，在国际冲突中担当领导。现在的问题是，乌克兰危机会不会影响美国执行其亚太"再平衡"战略？

乌克兰危机对美国及其盟国的广泛安全利益产生了深刻影响。

第一，受到乌克兰危机影响的美国的最根本利益是欧洲安全。对西方而言，俄罗斯对乌克兰的干涉标志着冷战以来欧洲第一次发生大规模跨边界使用武力，而且是第二次世界大战以来欧洲第一次出现用武力夺取领土的事件。对克里米亚的兼并，表面上是对俄罗斯族和讲俄语者的保护，但实质上

---

①　Department of the Treasury, "Russia and Ukraine Sanctions," http://www.state.gov/e/eb/tfs/spi/ukrainerussia/.

②　Steven Woehrel, "Ukraine: Current Issues and U.S. Policy," *Congressional Research Service Report*, RL33460, February 12, 2015, p.6.

破坏了建立在领土不受侵犯、不使用武力解决国家间领土争端的原则之上的冷战后欧洲秩序。进一步讲，由于俄罗斯现在日益被大部分欧洲国家看作威胁根源，支持和扩大冷战结束以来保障欧洲安全的一系列协议也陷入危险。2010 年 4 月，美俄签署的新的《美俄关于进一步削减和限制进攻性战略武器条约》以及对《欧洲常规武装力量条约》（Conventional Forces in Europe Treaty-CFE，又称《欧洲常规裁军条约》）的更新，现在似乎都受到动摇。同时，俄罗斯还在挑战 1987 年与美国签署的《中程核力量条约》（Interme-diate-Range Nuclear Forces Treaty）。① 乌克兰危机还在许多其他方面影响了欧洲的安全，包括北约未来的发展和欧洲的向心力。

第二，当美国把其战略重心转移到亚太地区时，俄罗斯对克里米亚的兼并迫使美国把更多的注意力放在欧洲，包括把更多的美国和北约部队部署在诸如波兰、波罗的海国家这样的东欧前线国家。北约在 2014 年威尔士峰会上决定把注意力集中在确保欧洲成员国安全的能力上，现在看来，俄罗斯对北约东欧新成员国的威胁已经成为对欧洲的一个重大挑战。这样，乌克兰危机之后，美国的欧洲盟友中产生了把美国的关注力转向欧洲的要求。

第三，乌克兰危机也对美国同俄罗斯合作处理共同安全问题的努力构成挑战。这些问题包括：极端组织"伊斯兰国"的兴起；伊朗核问题；维持阿富汗和中亚的战后稳定。为了实现同俄罗斯在这些方面的合作，美国一直寻求避免在乌克兰危机中同俄罗斯对抗。确保俄罗斯支持美国在其他地区的重要目标是美国不愿同俄罗斯发生直接冲突的重要原因，因此，美国没有向乌克兰提供武器。此外，美国也担心，西方的制裁导致俄罗斯加强同中国的关系，使俄罗斯出现转向亚太地区的新的战略势头，从而阻止美国扩大在该地区影响力。

第四，美国在处理乌克兰危机时的表现可能损害美国在其盟国中的信誉，因为美国在履行其承诺方面显得太软弱。虽然乌克兰不是北约成员国，也不是美国的盟国，但是美国和英国与俄罗斯曾承诺对乌克兰提供安全保障，以换取乌克兰放弃其根据 1994 年《布达佩斯备忘录》从苏联继承的核

① Jeffrey Mankoff and Andrew Kuchins, "Russia, Ukraine, and U. S. Policy Options: A Briefing Memo," Center for Strategic and International Studies, January 2015, p. 4, http: //csis. org/ files/publication/150129_ Mankoff_ RussiaUkraineUSOptions_ Web. pdf.

武器。美国对危机的反应也与此安全承诺有关，即使它对乌克兰并不负有像对北约盟国那样的条约责任。美国盟国，包括亚洲盟国，也在密切关注乌克兰的事态发展，想要知道美国如何履行自己的安全保障承诺。

由于存在着以上诸多相关安全利益，俄罗斯对乌克兰克里米亚的兼并对美国主导下的世界秩序提出了新的挑战。奥巴马政府不愿也无力介入与俄罗斯的正面冲突，但是它又受到来自乌克兰和欧洲盟国的质疑和抨击，被指责为没有能力维持冷战后的欧洲秩序。虽然乌克兰问题对美国安全利益的影响可能不及中东问题那样直接，美国做出政策选择也不像在中东问题上那样艰难，但它已经构成排在中东之后的另一个对美国"再平衡"战略的牵制。

从目前情况来看，奥巴马政府在坚持推行把战略重心转向亚太地区这一点上没有发生动摇，这是因为前文所分析的美国做出这一重大决定的前提并没有发生根本变化，特别是世界经济和政治中心正在向亚太地区转移、亚太地区在全球的战略重要性日益提高这一关键因素，无论是中东的乱局，还是乌克兰危机都没有改变这一背景。美国要在未来保持经济持续发展，维持全球霸主地位，离开亚太地区就会步入歧途，结果只能是徒劳无功。加之，美国还认识到在亚太地区存在一个最大的竞争对手和在地区和全球重大问题上需要与之合作的国家——中国。当然，面对以上所说的美国在实施"再平衡"战略中所遇到的新挑战，如果美国不能有效地应对，其"再平衡"战略的实施就必然大打折扣，甚至出现局部逆转。

从安全的角度来讲，《2015 年美国国家安全战略》报告列举了美国所面临的最紧迫的挑战：伊斯兰国、叙利亚内战、俄罗斯对乌克兰的兼并、朝鲜核计划、网络安全。防止核扩散仍然是美国安全战略的重点，特别是防止核材料落入恐怖主义分子之手。此外，报告把埃博拉等传染性疾病的蔓延和气候变化也都列为对美国和全球紧迫的安全威胁。需要留意的是，报告还提到东海和南海的紧张状态也是对美国安全的挑战。① 上述这些挑战都是美国在今后若干年内，至少是在奥巴马任期的最后两年中需要重点应对的问题，也是美国在执行"再平衡"战略时需要协调的目标。

---

① *National Strategy Security*，February 2015，https：//www. whitehouse. gov/sites/default/files/docs/2015_ national_ security_ strategy. pdf.

军费削减对美国军事力量的影响

周　琪　付随鑫[*]

摘　要： 自 2010 年以来，美国国防支出无论是名义还是实际数额都明显减少，而且占联邦政府支出和 GDP 的比重也在下降。尽管随着美国经济的好转，未来几年美国国防开支会逐渐增加，但很可能赶不上联邦支出和 GDP 的增长速度。结束战争是过去几年里美国军费削减的直接原因，而巨额政府债务与财政赤字、经济衰退和增长乏力则是美国军费减少的长期性和根本性原因，同时社会支出的不断膨胀进一步挤压了国防支出。在对国防预算的削减中，陆军幅度最大，海军陆战队次之，空军削减幅度很小，海军基本上没有变化，但是国防部用于采购和研发的预算今后将会有较快的增长。这表明美国希望用数量换质量的方法来建立一支依靠高新技术的更敏捷、更灵活、更易部署的军队。然而，目前技术的进步并不足以对冲规模的减小。军费削减对美国常规军事力量产生严重的不利影响。当前军费开支的削减在未来若干年内将不可避免地影响美国的军事力量、军事战略和作战方式，而且势必将进而影响美国的全球战略。

关键词： 美国军费　国防开支　军事力量　对外战略

从 2010 年起美国军费开始出现大幅度削减。这一趋势持续至今，而且可

---

* 周琪，清华大学国家战略研究院执行院长、资深研究员；付随鑫，中国社会科学院研究生院美国研究系博士研究生。

以预见，未来几年美国军费也不会出现明显增长。导致美国军费减少的原因是多方面的。退出反恐战争和减少海外干预固然是其主动减少军费开支的直接原因，但根本原因还在于美国近年来的巨额财政赤字与政府债务、经济衰退与增长乏力以及社会支出持续增加。军费削减很可能会在今后相当长一段时间内对美国军事力量产生负面影响。虽然国内外专家学者对此还存在不同看法，但无论是对美国军费的构成和削减情况，还是对军费削减的原因和影响，目前在国内尚缺乏准确深入的研究。本文将详细展示美国军费的削减情况，分析军费削减的原因，并进一步探讨军费削减对美国常规军事力量的影响。

一　美国军费的削减情况

美国军事费用是指美国联邦政府支出中所有与军事相关的费用，而不仅仅指国防开支。它不仅被用于购买武器、维持军队和发动战争等军事活动，也被用来支付军事和文职人员的薪水、退伍军人的补贴和国防债务的利息等项目。绝大部分军费属于可自由支配支出，需要美国国会每年为此授权和拨款。① 美国总统每年2月向国会提交下一财年②的军事预算请求，然后经过行政部门和立法部门反复讨价还价，最终由国会通过《国防授权法》和《国防拨款法》，详细规定该财年军事预算的具体数额和用途。总统向国会提出的军事预算请求与国会最终的拨款额并不完全一致，两者之间通常会有数量不大的差额。例如，奥巴马总统为2014财年提出的国防部基本预算请求是5266亿美元，而国会实际授权只有4963亿美元。虽然一般来说，差额所占预算总额的比重并不大，但由于它关系到许多重要军事项目的生存以及部门利益和地

---

① 美国联邦政府预算包括三部分：强制性支出（mandatory spending）、可自由支配支出（discretionary spending）和债务利息。强制性支出是指按既有法律规定必须安排的支出，不属于国会每年的拨款过程，如社会保障（social security）、医疗保险（medicare）和医疗补助（medicaid）等项目的预算。可自由支配支出是指政府可以选择和控制的项目支出，调节余地较大，需要每年由总统提出请求，然后由国会通过。在2015财年中，强制性支出占联邦总预算的65%；可自由支配支出占总预算的29%，其中军事预算占55%。参见 https://www. nationalpriorities. org/budget-basics/federal-budget-101/spending/。

② 从1976年至今，美国的财年是从前一年的10月1日开始到当年的9月30日结束，例如2015财年就是2014年10月1日到2015年9月30日。每个财年的总统预算请求、国会预算授权与政府实际支出三者之间都会有一定差异。

方利益，无论是总统还是国会都把拨款额当作讨价还价的重点。

目前美国的军事预算大致由三部分构成：国防部基本预算、海外突发行动（Overseas Contingency Operations）费用和国防部之外与军事相关的支出。国防部基本预算是指该部门每年获得的非战争拨款，用于维持国防部每年基本水平的运转。它通常占总军事预算的大部分份额，主要用于购买和维护武器、招募和训练军队、研发新的军事技术、修建军事设施以及支付军事和文职人员的薪水、医疗与住房费用等。海外突发行动费用是美国用于与海外战争行动相关的支出。阿富汗和伊拉克战争的资金即属于此类。[①] 该项费用一般根据每年的《国防拨款法》一次性拨付，但之后总统也可以向国会请求追加拨款。在 2015 财年的预算通过之后，奥巴马总统向国会请求追加拨付 61.8 亿美元的额外海外突发行动费用，以应对"伊斯兰国"和埃博拉疫情。[②] 大部分海外突发行动费用由国防部支配，国务院和其他国际项目也会获得部分资金。在 2015 财年奥巴马总统的 658 亿美元海外突发行动预算请求中，国防部的预算为 586 亿美元，而国务院和其他国际项目的预算为 73 亿美元。[③] 国防部基本预算和海外突发行动费用可视为狭义的美国军事或国防支出，本文将主要考察这两项内容。

国防部之外与军事相关的支出，主要包括国务院、国土安全部和能源部等部门所花费的与军事相关的支出。其中国务院和国土安全部负责部分反恐行动，能源部负责核武器的研发、制造与维护。以国会实际通过的 2015 财年军事预算为例，国防部基本预算为 4961 亿美元，海外突发行动费用为 634 亿美元，两项合计为 5595 亿美元。另外，能源部在核武器上的支出为 192 亿美元，国土安全部支出为 532 亿美元。[④] 这些都会计入当年的军事预

---

① 全球反恐战争最初使用的资金属于联邦常规预算外的紧急情况补充拨款，2010 财年后被归入海外突发行动费用。

② Pat Towell, "Defense: FY 2015 Authorization and Appropriations," *CRS Report for Congress*, R43788, January 28, 2015, p. 6, https://www.fas.org/sgp/crs/natsec/R43788.pdf.

③ The White House Office of the Press Secretary, "Fact Sheet: The Administration's Fiscal Year 2015 Overseas Contingency Operations (OCO) Request," June 26, 2014, http://www.whitehouse.gov/the-press-office/2014/06/26/fact-sheet-administration-s-fiscal-year-2015-overseas-contingency-operat.

④ "Total U.S. National Security Spending, 2015 - 2016," http://pogoarchives.org/straus/defense_budget/national_security_spending_for_fy2015-16.pdf.

算中。

自 2010 年以来美国的军事支出出现了大幅下降的趋势。这一趋势不仅表现在名义与绝对数额上，还表现在该项支出占联邦支出和 GDP 的比重上。

1. 军费总额在下降

最近几年美国国防预算的名义和实际数额都在下降。从表 1 可以看出，在"9·11"事件发生后的 10 年里，美国国防预算增长非常迅速，到 2010 财年达到峰值，之后便出现明显下降。2010~2015 财年，美国国防预算从 6910 亿美元减少到 5604 亿美元，下降幅度达 19%。其中海外突发行动费用的削减最为明显，从 2010 财年的最高值 1624 亿美元减少到 2015 财年的 642 亿美元，下降幅度达 60%。而国防部基本预算从 2012 财年的峰值 5304 亿美元减少到 2015 财年的 4961 亿美元，下降幅度为 6.5%，主要的削减发生在 2013 财年，之后便保持相对稳定状态。如果考虑到通货膨胀的因素，最近 5 年美国国防预算的削减幅度则更大。以 2015 财年实际美元计算，2010 财年美国军事预算为 7570 亿美元，2015 财年为 5660 亿美元，5 年内削减幅度高达 25%，其中 2012~2013 财年削减幅度最大，为 12.2%。①

随着美国经济逐渐走出衰退，奥巴马总统请求将 2016 财年的国防预算增加到 58532 美元②，比上年实际拨款多出 249 亿美元，增幅为 4.4%。但控制国会参众两院的共和党要求进一步增加 2016 财年的国防预算。虽然无法在现行法律下明显提升国防部基本预算的水平，但共和党却希望通过增加海外突发行动费用的方法来绕过法律障碍，最终将 2016 财年的国防预算增加到 6120 亿美元。③ 虽然最终结果还取决于总统与国会的斗争，但这很可能意味着美国以实际美元计算的国防预算在连续 5 年下降后首次出现小幅逆转。不过即使如此，2016 财年的国防预算也没法与 2012 年以前的水平相比，而且未来 5 年内美国的军事预算也不会有明显增长。美国国防部基于

---

① Diem Nguyen Salmon, "A Proposal for the FY 2016 Defense Budget," Heritage Foundation, January 30, 2015, p. 4, http://thf_media.s3.amazonaws.com/2015/pdf/BG2989.pdf.

② United States Department of Defense, "DoD Releases Fiscal Year 2016 Budget Proposal," February 2, 2015, http://www.defense.gov/releases/release.aspx?releaseid=17126.

③ Fox News, "Senate Passes $612 Billion Defense Policy Bill," June 18, 2015, http://www.foxnews.com/politics/2015/06/18/senate-to-vote-on-defense-policy-bill/.

2016 财年的预算请求估计，2020 财年国防部基本预算请求可能增长到 5700
亿美元（以现值美元计算）①，比 2016 财年多 6.7%，年均增长率仅为
1.6%，很可能赶不上美国联邦政府预算和 GDP 的增长率。如果扣除通货膨
胀因素，国防预算的实际数额基本上没有增长。

表 1　2001~2016 财年美国国防部基本预算和海外突发行动费用

以现值美元计算，单位：10 亿美元

财年	2001	2002	2003	2004	2005	2006*	2007	2008
国防部基本预算	287.4	328.2	364.9	376.5	400.1	410.6	431.5	479
海外突发行动费用	22.9	16.9	72.5	90.8	75.6	115.8	166.3	186.9
其他	5.8	—	—	0.3	3.2	8.2	3.1	—
总计	316.1	345.1	437.4	467.6	478.9	534.6	600.9	665.9
财年	2009	2010	2011	2012	2013	2014	2015	2016*
国防部基本预算	513.2	527.9	528.2	530.4	495.5	496.3	496.1	534.3
海外突发行动费用	145.7	162.4	158.8	115.1	82	84.9	64.2	50.9
其他	7.4	0.7	—	—	0.1	0.2	0.1	—
总计	666.3	691	687	645.5	577.6	581.4	560.4	585.2

* 2016 财年数据为总统预算请求而非国会预算授权。

资料来源：United States Department of Defense, "United States Department of Defense Fiscal Year 2016 Budget Request Overview," February 2015, p. 1 - 5, http://comptroller. defense. gov/Portals/45/Documents/defbudget/fy2016/FY2016_ Budget_ Request_ Overview_ Book. pdf。

2. 国防支出占联邦政府支出和 GDP 的比重明显下降

最近几年，美国国防支出占联邦政府支出和 GDP 的比重也在迅速下降。
从这两项数据来看，1999 财年的国防支出都是美国二战结束后的最低点，
这一年美国国防支出占联邦支出和 GDP 的比重分别为 16.1% 和 2.9%。
"9·11"事件之后，这两个数字迅速攀升，在 2008~2010 财年达到峰值，最
高值分别为 20.7% 和 4.7%，之后便持续下降。在 2014 财年，两者分别为
17.2% 和 3.5%。据白宫管理与预算办公室估计，到 2020 财年，美国国防开

---

① United States Department of Defense, "United States Department of Defense Fiscal Year 2016 Budget Request Overview," February 2015, p. 1-5（原文页码如此，系指该文第 1 章第 5 页。本文所引用的美国国防部的许多文献都以相同的页码形式标注，下文将不再特别说明），http://comptroller. defense. gov/Portals/45/Documents/defbudget/fy2016/FY2016 _ Budget_ Request_ Overview_ Book. pdf。

支占联邦总支出的比重将只有 12.2%，占 GDP 的比重只有 2.7%，①明显低于二战结束到"9·11"事件前的最低水平。在冷战刚结束时，美国还可以享受一定的和平红利，也不存在强大的挑战对手，而在美国国防支出水平下降的情况下，中国和俄罗斯的军事力量却比冷战结束时期更加强大。另据2015 财年美国联邦政府预算报告估计，美国国防预算占 GDP 的比重在 2020年后仍会继续下降，到 2024 年达到最低点，仅占 2.3%，②远低于一些国防鹰派人物所要求的 4% 的水平（见图 1）。③

3. 美国国防开支将下降到历史最低水平

从纵向的历史对比角度来看，也可以发现当前美国的国防支出已经处于非常低的水平。图 2 显示了 1940 年以来美国国防开支的名义水平和实际水平的变化趋势。从中可以看出，名义开支确实发生极大的增长，从 1940 年的 16.6 亿美元增加到 2010 年的 7055 亿美元，增长 424 倍，但实际开支的整体变化幅度却不大。二战期间的实际国防开支实际上远高于现在的水平。以 2009 年美元计算，1945 年的国防开支高达 9936 亿美元，大大高于 2011 年的 6926 亿美元。当然，二战期间的动员程度远高于后来的历次战争，不具有太大可比性，尽管可以从中看出美国军事动员的潜能。"9·11"事件之后，美国的实际国防开支大幅度上升，超过了冷战期间的最高水平。直到 2011 年以后，美国的实际国防开支才开始逐步下降，预计到 2020 年将降到冷战期间的最高水平（见图 2）。④

① The White House Office of Management and Budget，"Table 6.1-Composition of Outlays 1940-2020," March 2015，https：//www. whitehouse. gov/omb/budget/Historicals.

② The White House Office of Management and Budget，"Fiscal Year 2015 Budget of the U. S. Government," p. 173, http：//www. whitehouse. gov/sites/default/files/omb/budget/fy2015/assets/tables. pdf.

③ 2012 年共和党总统候选人米特·罗姆尼（Mitt Romney）就要求将国防支出增加到 GDP 的 4%。可参见 "Romney Wants to Increase Defense Spending by ＄2 Trillion. But What will He Use it for?" *The Washington Post*，October 22，2012，http：//www. washingtonpost. com/blogs/wonkblog/wp/2012/10/22/romney-wants-to-increase-defense-spending-by-2-trillion-but-what-will-he-use-it-for/。此外，美国智库传统基金会曾发布过一份题为《为了自由开支百分之四》的报告，认为美国必须将国防支出维持在 GDP 的 4% 的水平才能捍卫其核心国家利益。参见 *Four Percent for Freedom*，September 25，2007，p. 4，http：//s3. amazonaws. com/thf_ media/2007/pdf/sr18. pdf。

④ The White House Office of Management and Budget，"Table 6.1-Composition of Outlays 1940-2020," March 2015，https：//www. whitehouse. gov/omb/budget/Historicals.

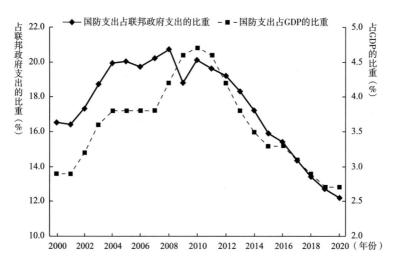

图 1　2000~2020 年美国国防开支占联邦政府支出和 GDP 比重的变化

（2015 年之后为预测值）

资料来源：The White House Office of Management and Budget，"Table 6. 1-Composition of Outlays 1940‐2020," March 2015, https：//www. whitehouse. gov/omb/budget/Historicals。

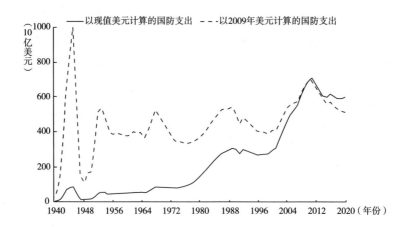

图 2　1940 年以来美国历年国防开支的名义与实际水平

（2015 年之后为预测值）

资料来源：本图根据以下文献中的数据制作：The White House Office of Management and Budget，"Table 6. 1-Composition of Outlays 1940‐2020," March 2015, https：//www. whitehouse. gov/omb/budget/Historicals。

　　如果用占联邦政府支出和 GDP 的比重来衡量，美国国防开支已经降到非常低的水平。如图 3 所示，二战期间，美国国防开支占联邦政府支出和 GDP 的比重都达到极高水平，其最高值分别为 89.5% 和 37%，此后便迅速下降。冷战期间的最高值发生在朝鲜战争期间，分别为 69.5% 和 13.8%。越南战争期间国防开支比重的最高值分别为 46% 和 9.1%。在整个冷战期间，美国国防开支占联邦总支出的比重最低为 1980 年的 22.7%，占 GDP 的比重最低为 1978 年的 4.6%，这恰好发生在越南战争之后的国防预算削减期间。这两项数据在 1999 年降到最低点，分别为 16.1% 和 2.9%。[①] 如果将"9·11"事件以来这两项数据的变化与冷战期间做对比，可以发现，反恐战争期间的最高值甚至低于冷战期间的最低值，而且这两项数据将在 2018 年左右跌破二战后的最低值。总之，以国防开支占联邦政府支出和 GDP 的比重为衡量标准，目前以及未来几年美国的国防开支已降到了极低的水平，甚至可以说回到了二战前的水平。

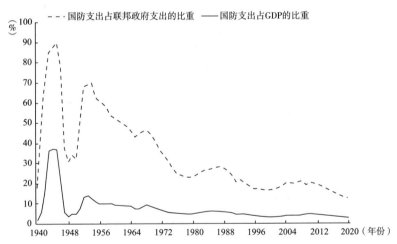

图 3　1940 年以来历年美国国防开支占联邦政府支出和 GDP 比重

（2015 年以后为预测值）

资料来源：作者根据以下文献中的数据制作：The White House Office of Management and Budget，"Table 6. 1-Composition of Outlays 1940-2020，" March 2015，https：//www. whitehouse. gov/omb/budget/Historicals。

---

① The White House Office of Management and Budget，"Table 6. 1-Composition of Outlays 1940-2020，" March 2015，https：//www. whitehouse. gov/omb/budget/Historicals.

4. 国防预算结构的变化

随着美国军事预算的削减，其预算结构也发生了变化。图 4 显示了 1948~2019 财年美国陆军、海军和空军三个军种预算的变化。它们在朝鲜战争、越南战争、里根时期和反恐战争四个时段都发生了大幅度增长，但除了反恐战争期间外，几乎在其他所有时期海军和空军预算都要高于陆军的预算，而且每次战争结束后，陆军预算的削减幅度也最大。虽然 2008 财年陆军预算几乎比其他两个军种高出一半，但到 2015 财年三个军种的预算分配再次回归常态。在未来几年里，陆军的预算预计要比海军和空军低 1/5。2012 年年初发布的美国国防指南就说明，国防部计划削减陆军和海军陆战队的预算和人员，把资金集中使用在空军和海军这两个更体现高科技水平的兵种上。这一趋势实际上是从伊拉克战争开始的，当时的国防部部长唐纳德·拉姆斯菲尔德（Donald Rumsfeld）提出要根据新概念来重组美国军队，增加对空军的投入，减少陆军开支。这种军费分配趋势也反映在美国的军事战略上。美国最近几年制定的"空海一体战"（Air-Sea Battle）和"全球公域介入与机动联合概念"（Joint Concept for Access and Maneuver in the Global Commons，简称 JAM-GC）等战略都主要依靠海军和空军的力量。

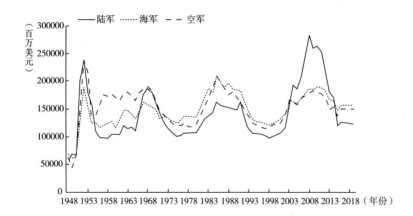

图 4　1948~2019 财年美国陆军、海军和空军预算授权变化

（以 2015 财年不变美元计算，2015 财年之后为预测值）

资料来源：作者根据以下文献中的数据制作：United States Department of Defense，"National Defense Budget Estimates for FY 2015，" April 2014，pp. 143-149，http：//comptroller. defense. gov/Portals/45/Documents/defbudget/fy2015/FY15_ Green_ Book. pdf.

　　另一种预算结构的变化发生在国防部内部各种项目上。图 5 显示了
2000～2019 财年国防部预算中四个主要项目分配变化情况。从中可以发现，
最大的预算削减发生在"运营与维护"项目上，其次是"采购"项目，而
对"军事人员"以及"研究、开发、测试和评估"项目的预算削减幅度则
很小。这说明，随着反恐战争的结束和总预算的减少，许多与战争直接相关
的开支被优先大幅度削减，武器采购量也明显减少，但人力支出和研发投入
只是略有下降。随着经济形势的好转，采购和研发项目上的预算将优先得到
较大幅度的增加。在 2016 财年的国防部预算请求中，采购项目的预算增幅
最大，达到 13%，其次是研发项目，增幅为 9.6%，而运营与维护项目的预
算增长只有 1.5%，人力支出则略有减少。[①] 由此也可看出，近年来美国一
直坚持武器和技术优先于人力的军事力量发展战略。而且，在战争期间陆军
比技术密集型的海军和空军更容易动员，但战争结束后也更容易被削减。

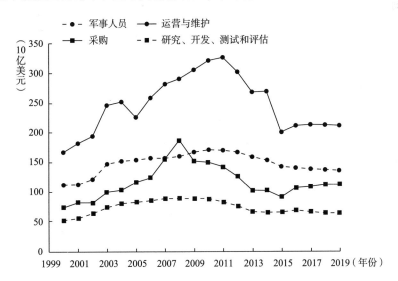

图 5　2000～2019 财年美国国防部内主要项目的预算变化
（以 2015 财年不变美元计算，2015 财年之后为预测值）

　　资料来源：作者根据以下文献中的数据制作：United States Department of Defense, "National Defense Budget Estimates for FY 2015," April 2014, pp. 129 - 135, http：//comptroller. defense. gov/Portals/45/Documents/defbudget/fy2015/FY15_ Green_ Book. pdf。

① United States Department of Defense, "United States Department of Defense Fiscal Year 2016 Budget Request Overview," February 2015, p. A-5, http：//comptroller. defense. gov/Portals/45/ Documents/defbudget/fy2016/FY2016_ Budget_ Request_ Overview_ Book. pdf.

二 军费削减的原因

导致美国军费减少的原因是多方面的。"结束"全球反恐战争和减少海外干预是最近几年美国军费需求减少的直接原因，但从长期来看，巨额政府债务和财政赤字、经济衰退与增长缓慢以及社会支出膨胀则是美国军费减少的长期性和根本性原因。政治斗争等短期和偶然的因素只能在上述背景下对美国军费开支有适度的影响，这些因素在其他研究中已有较多的探讨，本文将不再赘述。

1. 经济衰退导致联邦政府财政赤字和债务快速增长

2008 年金融危机导致美国严重的经济衰退和长时间的缓慢增长。冷战时期美国的年均 GDP 增长率大约为 3%，在二战结束后 20 余年的黄金时代这一数字更高一些。1991~2000 年，美国 GDP 年均增长率为 3.8%。如图 6 所示，"9·11"事件之后，美国经济仍然在增长，但年均增长速度有所下降。小布什总统执政的前 7 年美国 GDP 年均增长率大约为 2.5%。但 2008 年金融危机之后，美国发生明显的经济衰退。2008 年和 2009 年，美国 GDP 出现负增长，分别为 -0.3% 和 -2.8%。此后美国经济重新恢复正增长，但年均增长率刚刚超过 2%。这一经济增长乏力的趋势可能会维持到 2025 年。2008 年爆发金融危机后美国 GDP 的负增长只持续了两年，而大萧条时期负增长持续了四年，而且 1932 年的负增长高达 12.9%，远高于 2009 年的 -2.8%。虽然这次金融危机的破坏性远不及大萧条，但这并不意味着其后果不严重，因为此次经济衰退期间美国面临着一个前所未有的挑战，即美国的财政赤字和政府债务都到了不可持续的境地。20 世纪 30 年代时美国积累的政府债务可以忽略不计，财政赤字率也比 2008 年后要低，因此经济恢复的负担也要轻很多。相比之下，2008 年金融危机之后，很大程度上由于存在高额债务和赤字，美国经济恢复缓慢，而低 GDP 增长率又进一步导致债务和赤字继续增加，财政收入增长缓慢，以致军事开支被严重压缩。

2008 年金融危机爆发之后，美国联邦政府收入骤减，支出剧增，财政赤字数额及其占 GDP 的比重都达到 1946 年以来的最高水平。2009 年美国联邦政府财政收入占 GDP 的比重仅为 14.6%，回到了 1950 年的水平，而且其

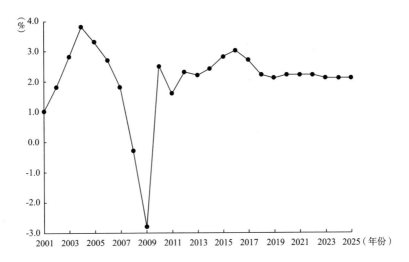

图 6　2001～2025 年美国年度实际 GDP 增长率

（2015 年及以后为预测值）

资料来源：作者根据以下文献中的数据制作：United States Bureau of Economic Analysis, "GDP Percent Change from Preceding Period," March 2015, http：//www. bea. gov/national/xls/gdpchg. xls；United States Congressional Budget Office, "The Budget and Economic Outlook：2015 to 2025," January 2015, p. 154, https：//www. cbo. gov/sites/default/files/cbofiles/attachments/49892-Outlook2015. pdf。

数额比 2008 年减少了 16.6%。预计在未来几年里，美国联邦政府财政收入占 GDP 的比重将维持在 18% 左右，这与冷战时期的一般水平相当。金融危机之后由于救市和社会救济需要大量资金，美国联邦政府财政支出剧增。2009 年的联邦支出比 2008 年增加了 18%，占 GDP 的比重达到 24.4%，明显超过二战以来的任何年份。联邦政府财政收入锐减和支出剧增为美国带来巨额财政赤字。2009 年美国联邦财政赤字高达 14127 亿美元，接近当年 GDP 的 1/10，无论以现值美元还是不变美元计算，都达到了美国历史上的空前水平，而且 2009 年的财政赤字比 2008 年骤增近 1 万亿美元，增幅达到 308%。直到 2012 年，美国联邦政府财政赤字仍超过 1 万亿美元，2013 年开始明显下降，2014 年降为 4830 亿美元，占 GDP 的比重为 2.8%。但据国会预算局在 2015 年年初发布的报告，从 2018 年开始，美国联邦政府的财政赤字无论是从数额还是从比重来说都将再次上升。

至 2025 年，联邦赤字将再次超过 1 万亿美元，占 GDP 的比重将达到 4%。这一比重接近里根时期的平均水平（见图 7），虽然远低于金融危机后的最初几年，但要高于欧盟划定的 3% 的警戒线。

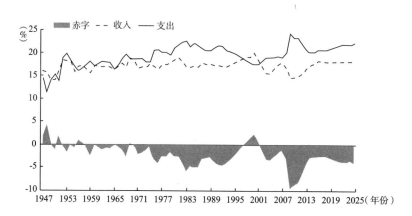

图 7　1940~2020 年美国历年联邦财政收入、支出与赤字占当年 GDP 比重
（2014 年之后为预测值）

资料来源：作者根据以下文献中的数据制作：The White House Office of Management and Budget, "Table 1. 2-Summary of Receipts, Outlays, and Surpluses or Deficits (-) as Percentages of GDP 1930 - 2020," March 2015, http://www.whitehouse.gov/omb/budget/Historicals; United States Congressional Budget Office, "The Budget and Economic Outlook: 2015 to 2025," January 2015, p. 2, https://www.cbo.gov/publication/49892。

自 2008 年以来的经济衰退也为美国带来巨额债务。从图 8 可以看出，美国联邦政府债务从 2001 年后开始快速增长。在克林顿总统执政的 8 年里，联邦债务总额只增长了 32.6%，年均增长率只有 3.59%。而 2001~2007 年，债务总额从 5.77 万亿美元增加到 8.95 万亿美元，6 年间增加 55%，年均增长率为 7.6%。最为迅速的增长发生在 2008 年金融危机之后，2007~2014 年，债务总额从 8.95 万亿美元激增到 17.79 万亿美元，7 年间的增长率为 98.8%，年均增长率为 10.3%。可以说到 2014 年年底，美国在 200 余年间所积累的联邦政府债务中的一半产生于金融危机之后的几年时间里。美国联邦债务占 GDP 的比重在 2011 年已突破 100%，预计从 2016 年开始将缓慢下降，到 2020 年降到 100% 以下，但这仍然远高于欧盟 60% 的债务警戒线。由于每年仍会有大量赤字产生，债务总额依然会不断增长，到 2020 年可能超过 22 万亿美元。结合前面的论述可以发现，与小布什时期两场反恐战争所导致的军费增长相比，2008 年金融危机所导致的联邦收入锐减和支出剧增是美国联邦政府债务迅速膨胀的最主要因素。实际上在小布什政府时期，大规模减税导致的联邦财政收入大幅度减少也是联邦债务迅速增加的主要原因。

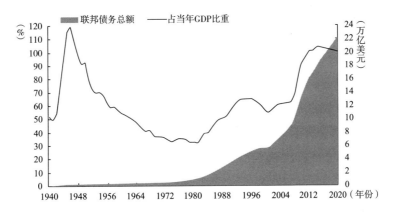

图 8　1940~2020 年美国历年联邦债务总额及其占当年 GDP 比重

（2014 年之后为预测值）

资料来源：作者根据以下文献中的数据制作：The White House Office of Management and Budget, "Table 7. 1-Federal Debt at the End of Year 1940-2020," March 2015, http: // www. whitehouse. gov/omb/budget/Historicals。

巨额财政赤字和政府债务对美国政府财政产生了巨大压力。债务膨胀对美国财政的最直接影响是使其无法继续靠借债度日。仅债务净利息一项就给美国财政带来了沉重负担。经济衰退短时期内会导致债务净利息下降。虽然 2008 年到 2009 年美国联邦债务增加了 18.9%，但由于联邦基金利率骤降，[1]债务净利息反而减少了 26%。[2] 不过由于美国经济逐渐复苏，债务净利息将在 2016 年回到 2008 年的水平，之后还会大幅度增加。2014 年美国的债务净

① United States Congressional Budget Office, "The Budget and Economic Outlook: 2015 to 2025," January 2015, p. 33, https: //www. cbo. gov/sites/default/files/cbofiles/attachments/49892-Outlook 2015. pdf.

② The White House Office of Management and Budget, "Table 3. 1-Outlays by Superfunction and Function 1940-2020," March 2015, http: //www. whitehouse. gov/omb/budget/Historicals.

利息为 2290 亿美元，但预计到 2023 年此项支出将成为仅次于社会保障和医疗保险的第三大支出项目，到 2025 年将高达 8270 亿美元，占联邦支出和GDP 的比重分别为 13.5% 和 3.0%，两者都接近美国历史最高水平。如果与国防支出相比较，可以发现这个负担更加惊人。国会预算局估计，到 2022年美国债务净利息会追上国防开支，到 2025 年将比国防开支多出 1160 亿美元（见图 9）。[①] 预计到 2039 年，债务净利息占美国联邦支出和 GDP 的比重将分别高达 18.1% 和 4.7%[②]，均明显超过迄今美国历史最高水平。

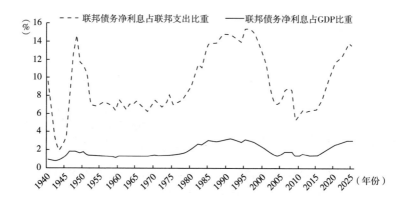

图 9　美国联邦债务净利息占联邦政府支出和 GDP 比重
（2015 年后为预测值）

资料来源：作者根据以下文献中的数据制作：The White House Office of Management and Budget, "Table 3.1-Outlays by Superfunction and Function 1940-2020," March 2015, http://www.whitehouse.gov/omb/budget/Historicals; United States Congressional Budget Office, "The Budget and Economic Outlook：2015 to 2025," January 2015, p.60, https://www.cbo.gov/publication/49892。

虽然 2008 年后美国联邦债务占 GDP 的比重和增长速度都不是历史上的最高值，但它使美国政府面临最严重的挑战。联邦债务比重的最高水平出现在二战刚刚结束时的 1946 年，达到当年 GDP 的 118.9%，比 2014 年还要高

---

① United States Congressional Budget Office, "The Budget and Economic Outlook：2015 to 2025," January 2015, p.60, https://www.cbo.gov/sites/default/files/cbofiles/attachments/49892-Outlook2015.pdf.

② United States Congressional Budget Office, "The 2014 Long-Term Budget Outlook," July 2014, p.10, http://www.cbo.gov/sites/default/files/45471-Long-TermBudgetOutlook_7-29.pdf.

出 15.7 个百分点。但二战所积累的债务主要是大规模战争支出所造成的，战争结束后就迅速回归常态，而这次债务膨胀的主要原因却是经济衰退和长期增长乏力以及社会项目支出持续增加，这些因素都不是短期内能够消除的。就债务增长速度而言，二战后美国联邦政府债务增长最快的阶段是 1980~1991 年，其间年均增长率为 13.3%；其次是 1974~1979 年，年均增长率为 10.9%。2008 年之后债务增长率位列第三。但由于前两个时期的债务基数都非常小，即使增长很快，最终的债务量占 GDP 的比重也不会很高。然而，目前美国联邦政府债务的积累量已经到了积重难返的程度，因此美国已无力继续大规模举债，只能选择削减开支。

削减国防开支成为美国应对债务和赤字危机的主要手段之一。2011 年美国已积累了巨额债务，并再次面临债务上限危机。一方面，主要在共和党人的推动下，美国国会于 2011 年 8 月 2 日通过了 2011 年《预算控制法》。该法规定，未来 10 年内美国的债务上限可提高到 2.1 万亿~2.4 万亿美元。为了抵消这部分债务的增长，该法为每年的可自由支配支出设立了上限，如果国会实际拨款超出上限，多出的部分将被自动削减。这意味着与预算的正常增长相比，2013~2021 财年的联邦预算实质上被削减了 9170 亿美元，其中一半源自对国防预算[①]的削减，平均每年减少大约 500 亿美元。

国会还创建了一个两党联合委员会（也被称作"超级委员会"），旨在在未来 10 年内进一步削减至少 1.5 万亿美元的赤字。按照《预算控制法》的规定，如果到 2012 年 1 月 15 日，该委员会未能就至少 1.2 万亿美元的赤字削减达成协议，那么一项被称为预算"扣留"（sequestration）的自动削减支出程序则在 2013 年 1 月 2 日被启动。这意味着联邦支出要以同等比例被强制自动削减，以实现上述 1.2 万亿美元的赤字削减计划。[②] 但实际上，大部分社会项目支出会被豁免自动削减，而被削减的主要对象是包含国防支出在内的可自由支配支出，因此削减最多的将是国防支出。据国会预算局估

---

① 本文这部分提到的国防预算是指可自由支配支出中与国防相关的费用，不仅包括国防部的绝大部分预算，还包括能源部与核武器相关的预算以及其他部门与国家安全相关的预算，但不包括海外紧急行动费用。国防部的预算平均每年占此项国防预算的 95.5%。

② United States Congressional Budget Office, "Estimated Impact of Automatic Budget Enforcement Procedures Specified in the Budget Control Act," September 12, 2011, p. 2, http://www.cbo.gov/sits/default/files/09-12-BudgetControlAct_ 0. pdf.

计，自 2011 年以来的 10 年内因自动减支而被削减的国防开支高达 4540 亿美元。① 这样，在 2011 年《预算控制法》的规定下，国防预算将受到两种削减，一种源自国会设置的国防预算上限，另一种是自动减支程序所导致的削减。两种削减将使得美国的国防预算在自 2011 年起的未来 10 年中减少 1 万亿美元。此外，虽然海外紧急行动费用不受国防预算上限的约束，但会受到自动减支的影响。

虽然 2011 年《预算控制法》在实施中被部分调整，但原定的削减量在最近几年中基本上得到了实施。2011 年之后，国会对预算上限进行了两次小幅度修改。2012 年国会为了应对可能发生的"财政悬崖"，制定了《美国纳税人救助法》，将自动减支的日期推迟两个月，并上调了 2013 财年国防预算的上限，但这部分增加又基本上被 2014 年的减少所抵消。另一次修改是 2013 年 12 月生效的《两党预算法》，它将 2014 财年和 2015 财年的国防预算上限分别小幅提升了 220 亿美元和 90 亿美元，但并未修改 2016 财年及其以后的上限，而且将自动减支的时间延长到 2023 年。

从上述分析可以看出，由于 2011 年《预算控制法》的限制，国防预算在之后 10 年内被削减大约 1 万亿美元。这是由美国巨额财政赤字和政府债务直接导致的，而更深层次的原因却是美国经济衰退和增长乏力。这种情况可能到 2025 年都不会有明显好转。因此，假如在可预见的未来美国没有再次卷入大规模战争，其每年的军事开支将面临严重困难：如果以现值美元计算，国防开支可能将缓慢增长；如果以不变美元计算，就基本上没有增长；而如果以占 GDP 和联邦政府财政支出的比例来衡量，则将持续减少。

2. 社会支出膨胀

社会支出膨胀是未来美国军事开支减少的另一个主要原因。2008 年金融危机爆发后，美国联邦政府财政支出激增的一个重要原因是救市和失业救济，例如 2010 年的失业救济支出是 2008 年的 3.5 倍，但这些只是相对短期的影响因素，长期影响因素却是社会保障、医疗保险和医疗

---

① United States Congressional Budget Office, "Estimated Impact of Automatic Budget Enforcement Procedures Specified in the Budget Control Act," September 12, 2011, p. 2, http://www.cbo.gov/sites/default/files/09-12-BudgetControlAct_ 0. pdf.

补助这三个主要社会项目支出的持续增长。金融危机以来，美国联邦政府社会项目①支出占财政支出的比重总体上表现出迅速上升势头，在 2008～2014 财年的 6 年中共增加了 7 个百分点，高达 67.8%。如果单看社会项目支出本身，还可以发现增长势头更为迅猛。在这 6 年里，社会支出增长了31.2%，其中社会保障、医疗保险和医疗补助三个主要项目分别增加了37.8%、30.9% 和 45.9%，均远高于同一时期联邦政府财政支出 17.6% 的增长率。就绝对数额而言，与 2008 财年相比，2014 财年联邦政府在社会项目上的支出增加了 5649 亿美元，这甚至比财政支出的增加额还多出 414 亿美元。可见，奥巴马政府大幅度增加了社会项目上的支出，同时削减了其他方面的支出。

国防支出是最大的削减对象。在上述 6 年中，国防支出占联邦政府财政支出的比重减少了 3.5%。到 2014 年，国防支出占联邦财政支出的比例已经跌回到二战前的水平，而且在未来几年这一比重将继续下降到 10% 左右。这将是二战以来的最低水平，甚至明显低于克林顿时期。与社会支出相比，国防支出的下降趋势显得更加突出。2008～2014 年，美国联邦政府财政支出累计增加额为 3.18 万亿美元，其中社会支出累计增加额为 2.64 万亿美元，占总额的 83%；国防支出累计增加额为 2784 亿美元，仅占总额的 8.8%，甚至远少于社会保障 8557 亿美元的累计增加额（见图 10）。由此也可看出，金融危机之后，国防支出的比重有明显下降，其优先程度也不及社会支出。

在未来几十年里，美国社会支出将进一步膨胀，并挤压国防支出。社会保障支出在 1993 年就超过了国防支出，成为联邦政府最大的单项支出，而且其增长速度远快于国防支出。医疗保险和医疗补助两个社会项目的支出也可能在 2020 年左右超过国防支出。据国会预算局 2014 年的估算，在未来 25年里，社会保障、医疗保险和医疗补助这三个主要社会项目的支出将继续增加。三个项目支出总和占 GDP 的比重将从 2014 年的 9.8%，增加到 2024 年的 11.5% 和 2039 年的 14.3%；占联邦支出的比重将从 2014 年的 48%，增加到 2024 年的 52% 和 2039 年的 55%。而国防支出所属的可自由支配支出却大

---

① 此处的社会项目包括社会保障、医疗保险、医疗补助、收入保障、教育、培训、就业和社会服务等，而且此处的社会项目支出和国防支出均不包括对退伍军人的补助。

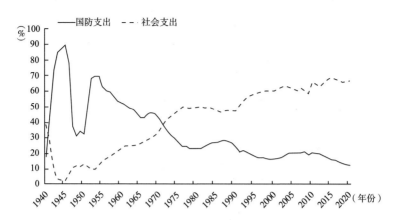

图 10　美国国防支出与社会支出占联邦政府财政支出比重

（2014 财年之后为预测值）

资料来源：作者根据以下文献中的数据制作：The White House Office of Management and Budget，"Table 3. 1-Outlays by Superfunction and Function 1940-2020," March 2015，http：//www. whitehouse. gov/omb/budget/Historicals。

幅度下降，占 GDP 比重将从 2014 年的 6.8% 下降到 2039 年的 5.2%，占联邦支出的比重将从 2014 年的 33% 下降到 2039 年的 20%。其中，国防支出通常占可自由支配支出的一半左右。由此可见，随着社会支出持续膨胀，国防支出将大幅度降低。

社会支出膨胀的主要因素是人口老龄化、人均医疗保健成本上升和联邦政府医疗保健项目的扩大，其中人口老龄化是主导因素，它对社会支出增长的贡献率将从 2024 年的 43% 增加到 2039 年的 55%。[1] 人口老龄化对于美国来说将是不可逆转的趋势，特别是未来 10 年将是"婴儿潮"一代退休的高峰期。这将会对美国的军费乃至兵源产生消极影响。奥巴马政府所推行的医疗改革属于上述第三种因素，它至少在未来 10 年内是导致社会支出增长的一个非常重要的原因。根据国会预算局的估计，《患者保护和平价医疗法》在 2015 年的净成本是 760 亿美元，至 2025 年将增加到 1450 亿美元，10 年

---

[1]　United States Congressional Budget Office，"The 2014 Long-Term Budget Outlook," July 2014，pp. 22 - 23，http：//www. cbo. gov/sites/default/files/45471-Long-TermBudgetOutlook _ 7 - 29. pdf.

中总额将高达 1.35 万亿美元（见图 11）。① 这与 2012~2021 年这 10 年间美国军费被实质性削减 1 万亿美元形成鲜明对比。

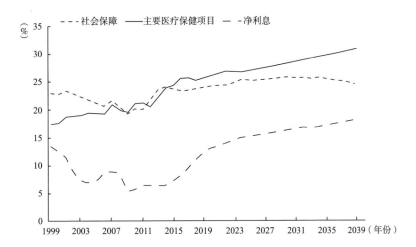

图 11　1999~2039 年社会保障、主要医疗保健项目*和债务净利息支出占联邦支出比重的变化

（2014 年后为预测值）

* 包括医疗保险、医疗补助和儿童健康。

资料来源：作者根据以下文献中的数据制作：Summary Figure 1, in United States Congressional Budget Office, "The 2014 Long-Term Budget Outlook," July 2014, http：//www. cbo. gov/sites/default/files/cbofiles/attachments/45308-2014-07-LTBOSuppData_ update2. xlsx。

3. 退出战争和减少海外干预

随着奥巴马在 2010 年宣布撤出伊拉克，美国用于与战争相关的支出大幅度减少。2010 财年美国的海外突发行动费用为 1624 亿美元，到 2015 财年仅为 642 亿美元，降幅超过 60%。② 这 5 年间，不仅海外突发行动费用的削减幅度远大于国防部基本预算，甚至削减金额也更大。这说明最近几年美国

① United States Congressional Budget Office, "The Budget and Economic Outlook：2015 to 2025," January 2015, p. 117, https：//www. cbo. gov/sites/default/files/cbofiles/attachments/49892-Outlook 2015. pdf.

② United States Department of Defense, "United States Department of Defense Fiscal Year 2016 Budget Request Overview," February 2015, p. 1 - 5, http：//comptroller. defense. gov/Portals/45/Documents/defbudget/fy2016/FY2016_ Budget_ Request_ Overview_ Book. pdf.

军费的减少更多地源自对海外突发行动费用的削减。同时，如图 12 所示，海外突发行动费用占国防部基本预算的比例也大幅度降低。2001 财年和 2002 财年这一比例分别只有 7.97% 和 5.15%，到 2008 财年达到其最高值，为 30.76%，随后迅速下降，到 2015 财年降为 12.94%。据美国国防部估计，未来几年美国海外突发行动的费用还会进一步降低，2020 年前大约每年为 300 亿美元[①]，占国防部基本预算的比例，甚至比"9·11"事件之前还低。战争结束后，与战争相关的国防开支被大幅度削减是在情理之中，仅仅这一方面的削减还不足以充分说明美国军费的实质性减少。不过，正如本文第一节所指出的，2012~2015 年美国国防部基本预算也出现明显减少，而且预计在未来 10 年，国防基本预算占联邦政府支出和 GDP 的比重将降到历史最低水平以下。这些足以说明美国军费开支确实正在发生实质性减少。

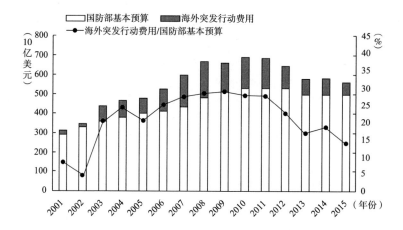

图 12　2001~2015 年美国国防部基本预算与海外突发行动费用以及两者比例
资料来源：作者根据以下文献中的数据制作：United States Department of Defense, "United States Department of Defense Fiscal Year 2016 Budget Request Overview," February 2015, p. 1 - 5, http://comptroller. defense. gov/Portals/45/Documents/defbudget/fy2016/FY 2016_ Budget_ Request_ Overview_ Book. pdf。

---

① United States Congressional Budget Office, "Long-Term Implications of the 2015 Future Years Defense Program," November 2014, p. 15, https://www. cbo. gov/sites/default/files/cbofiles/attachments/49483-FDYP. pdf.

全球反恐战争不仅在过去十余年里消耗了美国的大量财力，还会在未来几十年里对美国财政造成很大负担，从而给国防支出的增长带来压力。根据美国国会研究局发布的报告，自"9·11"事件发生至2014财年，美国在阿富汗战争、伊拉克战争和其他全球反恐行动中总共花费1.6万亿美元。①2008财年美国的反恐战争支出达到峰值，为1950亿美元，2015财年仍有750亿美元。截至2014财年，用于伊拉克战争的总支出是8150亿美元，用于阿富汗战争的总支出是6860亿美元。美国在阿富汗战场上的军队在2011年达到最大数量，为10万人。伊拉克战争导致美国4491名军事和文职人员死亡、32244人受伤。阿富汗战争导致2356名军事和文职人员死亡、20060人受伤，128496人受到创伤后应激障碍（post traumatic stress disorder）的困扰。上述报告只涉及反恐战争中的直接费用，尚未包括战后伤残人员整个生命周期内的医疗费用、战争债务的利息和战争带来的国防基本预算的增长。波士顿大学教授内塔·克劳福德（Neta Crawford）估计，两场战争加上对巴基斯坦的援助的总成本可能高达4.4万亿美元。②与反恐战争相关的国防部基本预算的增长为8361亿美元，与战争直接相关的债务利息为3157亿美元，与战争相关的国土安全支出增加额为4716亿美元，2015～2054年，退伍军人医疗照顾费用大约为1万亿美元，各项总费用高达43745亿美元。③

综上所述，虽然最近5年美国军费的减少在很大程度上源自对海外突发行动费用的削减，但这并不意味着退出战争是美国军费削减的根本性原因。在可以预见的未来，海外突发行动费用在国防预算中的比例将降到很低的水平，它的增减对国防预算水平将不会产生大的影响。实际上，经济增长乏力和社会支出持续增长才是军费削减的根本原因。在过去几年里，经济衰退、财政收入锐减、社会支出大幅度增长和巨额债务积累已经造成国防支出的明

①　Amy Belasco, "The Cost of Iraq, Afghanistan, and Other Global War on Terror Operations Since 9/11," *CRS Report for Congress*, RL33110, December 8, 2014, Summary, https：//fas. org/sgp/crs/natsec/RL33110. pdf.

②　"Iraq, Afghan Wars Cost US ＄1. 6 Trillion since 9/11," December 19, 2014, http：//www. newsmax. com/Newsfront/wars-cost-us-trillions/2014/12/19/id/613950/.

③　"Summary Costs of War Iraq, Afghanistan, and Pakistan FY2001－2014," http：//www. costsofwar. org/sites/default/files/Summary%20Costs%20of%20War%20NC%20JUNE%2026%202014. pdf.

显减少，而且至少在未来 10 年内，经济增长乏力和社会支出膨胀将迫使国防支出不得不以极低的速度增长。即使在未来 10 年里美国 GDP 的年均增速能保持在 2%左右，其军费占联邦政府财政支出和 GDP 的比重也将降低到历史最低点以下。

三 军费削减对美国军事力量的影响

本文主要从规模、战斗力和战备状态三个方面来评估军费削减对美国军事力量的影响。规模主要指兵力和武器的数量；战斗力主要体现在武器性能上；而战备状态则涉及人员的训练、武器的维护和对紧急事件的反应能力等。由于本文篇幅的限制，在此仅能对常规军事力量做一个初步分析。

1. 陆军

由于国防支出的减少，在最近几年及未来一段时间里美国陆军规模会有很大幅度的缩小。冷战结束后，美国陆军开始迅速减少，现役陆军人数从 1991 年的 71 万减少到 2001 年的 48 万。如图 13 所示，"9.11"事件之后，美国陆军规模有了明显扩大，在 2010 年达到 57 万人的峰值。之后，随着阿富汗战争和伊拉克战争的结束和军费的削减，美国陆军人数出现明显下降。美国国防部在 2010 年 2 月发布的《四年防务评估》中称，陆军要在 2015 财年前维持 45 个现役旅级战斗队和 28 个预备役旅级战斗队的规模。[1] 但 2011 年之后的军费削减使这个计划变得不现实。2011 年《预算控制法》通过后不久，国防部被迫拿出自己的削减计划。国防部前部长里昂·帕内塔（Leon Panetta）曾直言：在经历了 10 年反恐战争和国防预算的大幅度增长之后，国防部再次站到了一个战略转折点上。为了完成《预算控制法》所规定的在未来 10 年削减 4870 亿美元国防预算的目标，现役陆军规模要在 2017 财年削减至 49 万人。[2] 这意味着陆军至少要裁减 8 个现役旅级战斗队，而且另外 2 个驻扎在德国的装甲旅级战斗队（170th ABCT 和 172nd ABCT）也要在

---

[1] United States Department of Defense, "2010 Quadrennial Defense Review Report," February 2010, p. 46, http://www.defense.gov/QDR/QDR%20as%20of%2029JAN10%201600.pdf.

[2] United States Department of Defense, "Major Budget Decisions Briefing from the Pentagon," January 26, 2012, http://www.defense.gov/transcripts/transcript.aspx? transcriptid=4962.

2014 财年被解散。①

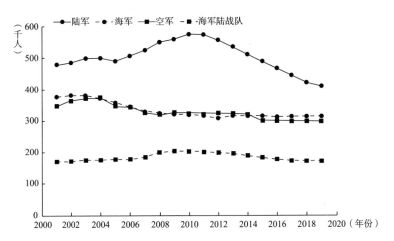

图 13   2001～2019 年四个军种现役军事人员人数的变化
（2015～2019 年为预测值）

资料来源：作者根据以下文献中的数据制作：United States Department of Defense，"National Defense Budget Estimates for FY 2015," April 2014，pp. 254-256，http：//comptroller. defense. gov/ Portals/45/Documents/defbudget/fy2015/FY15 ＿ Green ＿ Book. pdf；United States Congressional Budget Office，"Long-Term Implications of the 2015 Future Years Defense Program," November 2014，p. 19，https：//www. cbo. gov/sites/default/files/cbofiles/attachments/49483-FDYP. pdf。

事实上，美国陆军在 2013 财年就已感受到军费削减的强烈影响。到这一财年，美国陆军只剩下 43 个现役旅级战斗队，这已经使 2010 年《四年防务评估》的目标落空，而且其中只有 2 个完全做好了执行重大战斗行动的准备，还有 7 个旅级战斗队被迫取消全方位训练。② 2013 年 6 月 25 日，陆军部发布新的"军队结构和驻扎"决定，宣称由于 2011 年《预算控制法》的限制，将在 2017 年前裁减 8 万人，最终将把兵力减少至 33 个旅级战斗单位，共 49 万人，裁减幅度达 14％；同时将步兵旅和机械化旅恢复到各 3 个

---

① Andrew Feickert，"Army Drawdown and Restructuring：Background and Issues for Congress," February 28，2014，p. 5，*CRS Report for Congress*，February 28，2014，https：//www. fas. org/sgp/crs/natsec/R42493. pdf。

② United States Department of Defense，"United States Department Of Defense Fiscal Year 2016 Budget Request Overview," February 2015，p. 3-1，http：//comptroller. defense. gov/Portals/ 45/Documents/defbudget/fy2016/FY2016＿ Budget＿ Request＿ Overview＿ Book. pdf。

机动营的建制，并增强其工程和火力水平；继续增强旅级战斗队在航空、特别行动、导弹防御和网络方面的能力。[①] 这是二战以来美国陆军最重大的重组行动之一，原定 4 年内完成，但由于预算削减压力日益增大，特别是自动减支可能在 2016 财年重新启动，上述兵力裁减过程不得不缩短为 2 年，预计在 2015 财年内完成。[②] 除了上述原驻德国的第 170 和第 172 装甲旅外，这次裁减还包括以下 10 个原驻美国本土的旅级战斗队：第 2 步兵师的第 4 斯特赖克旅[③]、第 4 步兵师的第 3 装甲旅、第 1 装甲师的第 3 装甲旅、第 1 步兵师的第 3 与第 4 步兵旅、第 1 骑兵师的第 4 装甲旅、第 101 空降师的第 4 步兵旅、第 10 山地师的第 3 步兵旅、第 3 步兵师的第 2 装甲旅和第 82 空降师的第 4 步兵旅。[④] 此外，在 2015 年被裁减的旅级战斗队还包括目前驻扎在韩国的具有 50 年历史的第 2 步兵师第 1 机械化旅，它将被一个驻美国本土的轮值旅级战斗队替换。[⑤] 到 2015 财年结束，美国现役陆军将剩下 11 个装甲旅、14 个步兵旅和 7 个斯特赖克旅，共 32 个旅级战斗队，总人数为 49 万人（见图 13）。

　　仅上述裁减还不足以应对军费削减的压力。美国国防部 2014 年 3 月发布的《四年防务评估》宣布，至 2019 财年将对陆军做进一步裁减。届时美国现役陆军人数将从反恐战争时期的 57 万人减少到 44 万~45 万人，陆军国民警卫队从 35.8 万人减少到 33.5 万人，陆军预备役从 20.5 万人减少到 19.5 万人。如果自动减支在 2016 财年及之后继续执行，陆军将不得不继续削减，其现役人数将减少到 42 万人，陆军国民警卫队减少到 31.5 万人，陆

---

① Claudette Roulo, "Army Announces Force Structure and Stationing Decisions," June 26, 2013, http：//acc. army. mil/news/newsblast/archive/2013_ archive/NewsBlast20130626. pdf.

② Michelle Tan, "Big BCT Changes for 2015 Include Fort Campbell," February 9, 2015, http：//www. theleafchronicle. com/story/news/local/fort-campbell/2015/02/09/big-bct-changes-include-fort-campbell/23122655/.

③ 斯特赖克（Stryker）旅是指装备了新型"斯特赖克"8 轮装甲车的装甲旅，具有更强的机动性和火力。

④ Andrew Feickert, "Army Drawdown and Restructuring: Background and Issues for Congress," *CRS Report for Congress*, R42493, February 28, 2014, pp. 9 - 10, https：//www. fas. org/sgp/crs/natsec/R42493. pdf.

⑤ Michelle Tan, "End of an Era: Iron Brigade to Deactivate in Korea," November 6, 2014, http：//www. armytimes. com/story/military/2014/11/06/end-of-an-era-iron-brigade-to-de-activate-in-korea/18592783/.

军预备役减少到 18.5 万人。①2015 财年和 2016 财年的美国总统预算请求对陆军规模的估计,基本上是遵照 2014 年《四年防务评估》的要求。奥巴马总统在 2015 年 2 月提出的预算请求中要求,2016 财年现役陆军规模应维持在 47.5 万人,陆军国民警卫队为 34.2 万人,陆军预备役为 19.8 万人。由于该国防预算请求超出法定上限 380 亿美元,所以很难预料该请求能否实现。表 2 是美国国防部基于 2011 年《预算控制法》和 2013 年《两党预算法》对未来几年美国陆军规模的预测,从中可以看出,到 2019 财年美国现役陆军规模将减少至 42 万人,仅剩下 24 个旅级战斗队。当然,如果国会能够修改 2016 财年后的自动减支规定,到 2019 财年或许能实现 2014 年《四年防务评估》的上限,即陆军现役人数为 44 万~45 万人,国民警卫队 33.5 万人和预备役 19.5 万人,共计 97 万~98 万人。

表 2　美国国防部对 2015~2019 财年陆军规模的预测

	2015	2016	2017	2018	2019
现役陆军人数（万人）	49	47	45	43	42
现役旅级战斗队数量（个）	32	29	28	25	24
陆军国民警卫队人数（万人）	35	33.6	32.9	32.2	31.5
陆军国民警卫队旅级战斗队数量（个）	28	26	25	22	22
陆军预备役人数（万人）	20.2	19.5	19	18.6	18.5
陆军文职人员人数（万人）	25.8	24.9	24.4	23.8	23.8

资料来源: United States Department of Defense, "Estimated Impacts of Sequestration-Level Funding-FY 2015 Defense Budget," April 2014, p. 3-1, http: //www. defense. gov/pubs/2014_ Estimated_ Impacts_ of_ Sequestration-Level_ Funding_ April. pdf。

随着规模的削减,美国陆军在全球各地区的驻军也发生了重组。至 2014 年结束,美国在阿富汗仍然保留有 10800 人的军队,比预期的多 1000 人。到 2015 年年底,在阿富汗驻军将减少到 5500 人。为了应对俄罗斯在乌克兰问题上的挑战,美国计划逐渐增加在欧洲的驻军。为了打击

---

① United States Department of Defense, "2014 Quadrennial Defense Review," March 4, 2014, p. IX, http: //www. defense. gov/pubs/2014_ Quadrennial_ Defense_ Review. pdf.

"伊斯兰国"，目前美国部署在伊拉克的陆军人数已经增加到 3100 人，奥巴马总统还将增派 1500 人。美国还将在全球推行陆军"轮值模式"。例如，韩国目前驻有 19000 名美国陆军士兵，但由于第 2 步兵师第 1 机械化旅被裁减，原驻美国的第 1 步兵师第 2 旅将在 2015 年 6 月前往韩国暂时接替。①

美国陆军的结构和武器装备也发生了一定的变化（见表 3）。21 世纪以前，美国陆军是以师为基本单位组建的，但之后逐渐围绕着旅级战斗队组建，而且变得更加模块化。虽然陆军总人数和旅级战斗队的数量都在减少，但旅级战斗队所辖的人数增加了。在 2013 年陆军改革前，只有斯特赖克旅包含了 3 个机动营，而步兵旅和装甲旅都仅包含 2 个营。当时美国陆军认为额外的"情报、监视、侦察"（ISR）单元能够代替第三个机动营，但 2013 年陆军改革后，步兵旅和装甲旅都将下辖 3 个机动营。② 这使每个旅级战斗队的人数从 3000~4000 人增加到 4500 人左右。2012 年陆军参谋长雷蒙德·T. 奥迭诺（Raymond T. Odierno）认为，2017 年的 49 万陆军与 2001 年的 48.2 万人相比有着根本性差别和更强大的战斗力，因为现在的美国陆军更有战争经验，对特种作战和网络领域的投入更多，而且彻底改善了指挥控制能力，并将旅级战斗队模块化了，还增强了空中力量。③

表 3　基于 2015 财年总统预算请求对未来 5 年陆军主要武器采购金额和数量的估计

单位：百万美元

武器项目		2015	2016	2017	2018	2019	5 年合计
H-60 黑鹰直升机	PB15	1369	1296	1508	1542	1486	7201
	BCA/BBA	1369	963	686	1542	1401	5961

---

① "2015 Deployments: Back to Europe, Iraq, Other Hot Spots," December 28, 2014, http://www.armytimes.com/story/military/2014/12/27/army-deployments-2015/20861125/.

② Andrew Feickert, "Army Drawdown and Restructuring: Background and Issues for Congress," *CRS Report for Congress*, February 28, 2014, p. 6, https://www.fas.org/sgp/crs/natsec/R42493.pdf.

③ United States Department of Defense, "Budget Impact to the Army Briefing at the Pentagon," January 27, 2012, http://www.defense.gov/transcripts/transcript.aspx? transcriptid = 4964.

续表

武器项目		2015	2016	2017	2018	2019	5年合计
H-60 黑鹰直升机	PB15购买量	79	71	70	104	86	410
	BCA/BBA购买量	79	56	28	104	82	349
AH-64E 阿帕奇 直升机	PB15	651	1203	1273	1370	1102	5599
	BCA/BBA	651	742	868	1093	1030	4384
	PB15购买量	25	40	69	72	53	259
	BCA/BBA购买量	25	29	33	51	54	192
斯特赖克 装甲车	PB15	385	455	397	99	—	1336
	BCA/BBA	385	155	—	—	—	541
LUH-72 勒科塔轻型 多用途直升机	PB15	417	388	—	—	—	804
	BCA/BBA	417	—	—	—	—	417
	PB15购买量	55	45	—	—	—	100
	BCA/BBA购买量	55	—	—	—	—	55

注：PB15系2015财年总统预算请求中该项目的预算金额；BCA/BBA系2011年《预算控制法》和2013年《两党预算法》。

资料来源：United States Department of Defense, "Estimated Impacts of Sequestration-Level Funding-FY 2015 Defense Budget," April 2014, pp. 4-3, 4-4, http://www.defense.gov/pubs/2014_Estimated_Impacts_of_Sequestration-Level_Funding_April. pdf。

目前美国陆军的规模只能勉强执行美国的安全战略。美国陆军领导层认为，45万现役士兵是完成国防战略所能接受的最小规模的军队，而42万人的规模是不够用的，3万人之差会导致巨大的不同。[1] 美国著名保守智库传统基金会发布的《2015年美国军力指数》报告也认为，目前美国陆军的力量只能勉强够用，其战斗力和规模都处于中低水平，战备状态则处于低水平。[2] 报告还认为，美国陆军在一场重大冲突中平均要投入21个旅级战斗队；如果要同时打赢两场大的地区战争，则至少需要42个，此外还需要保留20%的陆军作为战略预备队，用于替换战斗损员或捍卫美国的其他安全利益。这意味着同

[1] Andrew Feickert, "Army Drawdown and Restructuring: Background and Issues for Congress," *CRS Report for Congress*, R42493, February 28, 2014, p. 18, https://www.fas.org/sgp/crs/natsec/R42493. pdf.

[2] Dakota L. Wood, *2015 Index of U. S. Military Strength*: *Assessing America's Ability to Provide for the Common Defense* (Washington, DC: The Heritage Foundation, 2015), p. 239, http://ims-2015. s3. amazonaws.com/2015_Index_of_US_Military_Strength_FINAL. pdf.

时打赢两场战争至少需要 50 个旅级战斗队。① 这一数量已远远超过美国陆军目前的规模，更是 2018 财年陆军规模的两倍。难怪美国不得不放弃同时打赢两场战争的国防战略：美国国防部 2012 年年初发布的《国防安全指南》中规定，美国的目标不再是"同时在两个主要战场长期作战的能力"，而缩小为"能够在打一场战争的同时阻击另一个地区的侵略"。② 而且新的国防安全战略与国防预算削减的关系在该文件中表达得非常清楚。

如果 2016 年后继续执行自动减支，美国现役陆军的规模将回到 1940 年水平。这次美国陆军的裁减幅度在美国历史上并不是最大的。如果以 8 年为一个时段，2011~2019 财年，美国陆军兵力将减少 26%，而在朝鲜战争结束后的 8 年里（1952~1960 财年）陆军减少了 45%，在越南战争结束后的 8 年里（1968~1976 财年）陆军减少了 50%，在冷战结束前后的 8 年里（1987~1995 财年）陆军减少了 35%。③ 也就是说，美国在阿富汗和伊拉克战争之后并没有像历次重大战争结束之后那样对陆军做大幅度裁减。不过，就裁减后保留的规模而言，未来几年美国现役陆军兵力将降到二战结束以来的最低水平。

从这几年的计划可以看出，陆军现役部队的裁减幅度远大于陆军国民警卫队和预备役的裁减幅度。有人提出，可以在 42 万现役部队的基础上同时增强陆军国民警卫队和预备役的力量，以满足美国国防战略的要求。④ 这虽然不失为军费削减情况下的一个选项，但对陆军力量的下降却不会产生明显的疗效，毕竟后两支"兼职"部队无法取代"全职"的现役部队。⑤ 而且

① Dakota L. Wood, *2015 Index of U. S. Military Strength*：*Assessing America's Ability to Provide for the Common Defense*（Washington, DC：The Heritage Foundation, 2015）, pp. 237 - 238, http：//ims-2015. s3. amazonaws. com/2015_ Index_ of_ US_ Military_ Strength_ FINAL. pdf.

② United States Department of Defense, "Sustaining U. S. Global Leadership：Priorities for 21st Century Defense," January 2012, p. 4, http：//www. defense. gov/news/defense_ strategic_ guidance. pdf.

③ Travis Sharp, "Gambling with Ground Forces：The 2015 Defense Budget and the 2014 Quadrennial Defense Review," Center for a New American Security, March 2014, p. 2, http：//www. cnas. org/sites/default/files/publications-pdf/GamblingWithGroundForces_ policybrief_ Sharp_ 0. pdf.

④ 美国著名参议员约翰·麦凯恩（John McCain）曾在 20 年前提出过一种渐进战备体系（progressive-readiness system）：第一层次的部队能在几天内部署，第二层能在几周内部署，而第三层次能在几个月内部署。

⑤ Andrew Feickert, "Army Drawdown and Restructuring：Background and Issues for Congress," *CRS Report for Congress*, R42493, February 28, 2014, pp. 19 - 20, https：//www. fas. org/sgp/crs/natsec/R42493. pdf.

迅速增加现役部队并不是一件容易的事。在反恐战争的高峰时期（2007～2011 年），陆军前线士兵平均每半年只能增加 3%。①

2. 海军

虽然美国海军最近几年也承受着预算削减的压力，但其兵力基本上没有受到影响。与陆军一样，美国海军兵力在冷战结束后也出现了迅速减少的趋势。冷战后期美国海军兵力的顶峰是 1989 年的 59.3 万人，到 2000 年已经降到 37.3 万人。反恐战争期间，海军兵力只有短暂的小幅度增长，到 2004 年又回到了 2000 年的水平，之后开始逐年缓慢下降。2010 年后军费的削减对海军兵力没有明显影响，2010～2014 年，海军仅减少了 4000 人。② 2014 年，美国海军现役军人数量为 32.4 万人，预备役为 5.7 万人。至 2019 财年这两类人员的数量将仍分别保持在 32.2 万人和 5.7 万人，几乎没有变动。③ 这与陆军兵力的大幅度减少形成鲜明对比。

相对于兵力规模，战舰的规模更能反映海军的实力。从图 14 中可以看出，美国海军在冷战后期的最大规模是 1987 年的 568 艘战舰。④ 冷战结束

---

① Travis Sharp, "Gambling with Ground Forces: The 2015 Defense Budget and the 2014 Quadrennial Defense Review," Center for a New American Security, March 2014, p. 6, http://www.cnas.org/sites/default/files/publications-pdf/GamblingWithGroundForces_ policybrief_ Sharp_ 0. pdf.

② United States Department of Defense, "National Defense Budget Estimates for FY 2015," April 2014, pp. 254 - 256, http://comptroller. defense. gov/Portals/45/Documents/defbudget/fy2015/FY15_ Green_ Book. pdf.

③ United States Congressional Budget Office, "Long-Term Implications of the 2015 Future Years Defense Program," November 2014, p. 19, https://www.cbo. gov/sites/default/files/cbofiles/attachments/49483-FDYP. pdf.

④ 这里的战舰（battle force ships）是美国海军统计上的概念，包括可部署的航空母舰、弹道导弹潜艇、巡航导弹潜艇、攻击型潜艇、大型水面战舰（巡洋舰和驱逐舰）、小型水面战舰（护卫舰和濒海战斗舰）、两栖登陆舰、战斗后勤舰、专用水雷舰艇、指挥和支援舰等。美国海军会周期性地评估战舰统计方法，使用不同的方法统计，结果会略有不同。2014 年 3 月美国海军采用了新的统计方法，将 10 艘海岸巡逻艇、2 艘医疗船和 1 艘高速运输船也算入战舰之中。参见 Christopher P. Cavas, "New US Navy Counting Rules Add up to More Ships," March 11, 2014, http://archive. defensenews. com/article/20140311/DE-FREG02/303110036/New-US-Navy-Counting-Rules-Add-Up-More-Ships。批评者认为这种新方法不过是行政当局为了掩盖预算削减影响而采用的伎俩，在他们看来医疗船和海岸巡逻艇等不应算作"战舰"。参见 Sydney J. Freedberg Jr., "Outrage on Capitol Hill as Navy Changes Ship-Counting Rule," March 11, 2014, http://breakingdefense. com/2014/03/outrage-on-capitol-hill-as-navy-changes-ship-counting-rules/。本文这部分内容的相关数据采用的是新统计方法。

后，美国海军的战舰数量迅速减少，到 2003 年下降到 300 艘以下，最低时是 2007 年的 279 艘，此后几年基本上维持在 280 艘左右的规模。最近几年美国海军战舰的数量并没有明显变化，这说明预算削减对海军的影响比陆军要小得多，也反映了本文第一节所描述的一个现象：2010 年以来陆军预算削减的金额和幅度远大于海军和空军。

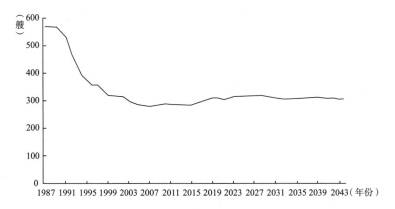

图 14　1987～2044 财年美国海军现役战舰数量
（2015 财年之后为预测值）

资料来源：作者根据以下文献中的数据制作：Ronald O'Rourke，"Navy Force Structure and Shipbuilding Plans：Background and Issues for Congress 2015，" *CRS Report for Congress*，RL32665，March 3，2015，pp. 9，42，http：//www. fas. org/sgp/crs/weapons/RL32665. pdf。

　　国防预算的削减对海军规模的影响主要表现在长期造舰计划中战舰数量的小幅度减少。美国海军曾在 2002 年提出维持 375 艘战舰的长期计划①，但这份计划只是反映了传统的海军战舰部署概念，因此很快被放弃。② 2005 年海军在军队结构评估中提出在未来 30 年内维持 313 艘战舰的长期计划。虽然这项计划在此后几年经过数次修改，但每次海军都坚持要将规模维持在 313 艘左右。2011 年之后，海军也开始承受巨大的预算削减压力，无法再坚持之前 313 艘战舰的长期计划。2012 年，美国海军提出新的长期计划，将未来 30 年内海

---

① 美国海军的长期计划通常覆盖 30 年的期限。

② Ronald O'Rourke，"Navy Ship Procurement Rate and the Planned Size of the Navy：Background and Issues for Congress，" *CRS Report for Congress*，RS20535，August 4，2004，p. 2，http：//fas. org/sgp/crs/weapons/RS20535. pdf。

军战舰数量降低为 306 艘。① 之后几年的海军建设计划请求基本上维持了这一目标,国防部 2014 年《四年防务评估》中的目标也与上述计划基本一致。

从表 4 中可以看出,在过去 10 余年里,美国的长期造舰计划的规模在逐渐缩小。即使如此,美国海军的现有规模与 2012 年提出的 306 艘战舰的规划还有较大差距。表 5 显示的是基于 2015 财年预算对未来 30 年美国海军每年战舰数的估计。如果国防部的造舰计划能够兑现,在未来的 30 余年里,美国海军的战舰规模还会有较大幅度的扩大,从 2015 财年的 284 艘增加到 2028 年财年的 319 艘(这相当于恢复到 1999 年的规模)。然后会逐渐下降,到 2044 年最终降到 303 艘,这仍然比当前多大约 20 艘。表 5 根据上述预测给出了未来 30 年内美国海军每年的造舰数量,总共将建造 264 艘新战舰,平均每年 9 艘,但前 10 年的建造速度会更快一些,平均每年 10 艘。其中每隔 5 年会新建 1 艘福特级航空母舰,共建造 6 艘;每年将新建 2~3 艘阿利·伯克级驱逐舰,共新建 65 艘;而提康德罗加级巡洋舰将在进行升级后逐步退役;朱姆沃尔特级驱逐舰从原定的 24 艘减少到 3 艘;濒海战斗舰将用于替换现有的护卫舰和扫雷舰,可能会先建造 32 艘。由于濒海战斗舰预定的服役期只有 25 年,2030 年后将继续新造舰只以替换旧舰,总共可能建造 66 艘。现有的 14 艘俄亥俄级弹道导弹核潜艇将在 2026 年后逐渐被新建的 12 艘 SSBN(X)型核潜艇所取代。弗吉尼亚级攻击型核潜艇将在 2028 年左右完全取代现有的洛杉矶级核潜艇。目前还有 4 艘由俄亥俄核潜艇改装成的巡航导弹潜艇,此类潜艇今后不再生产。②

表 4　不同年份美国海军长期计划目标比较

单位:艘

	2002 年计划	2005 年计划	2010 年计划	2012 年计划	2015 财年海军状态
航空母舰	12	11	11	11	10
弹道导弹潜艇	14	14	12	12	14

① United States Congressional Budget Office, "An Analysis of the Navy's Fiscal Year 2015 Shipbuilding Plan," December 2014, p. 4, https://www.cbo.gov/sites/default/files/cbofiles/attachments/49818-Shipbuilding.pdf.

② United States Congressional Budget Office, "An Analysis of the Navy's Fiscal Year 2015 Shipbuilding Plan," December 2014, pp. 8-10, https://www.cbo.gov/sites/default/files/cbofiles/attachments/49818-Shipbuilding.pdf.

续表

	2002 年计划	2005 年计划	2010 年计划	2012 年计划	2015 财年海军状态
巡航导弹潜艇	4	4	4	0	4
攻击型潜艇	55	48	48	48	54
大型水面战舰（巡洋舰、驱逐舰）	104	88	94	88	85
小型水面战舰 （濒海战斗舰、护卫舰）	56	55	55	52	26
两栖登陆舰	37	31	33	33	30
海上预置部队舰船	0	12	0	0	0
专用水雷舰艇	26	0	0	0	0
战斗后勤舰	42	30	30	29	29
联合高速运输舰	0	3	10	10	32
其他支援舰	25	17	16	23	
合计	375	313	313	306	284

资料来源：United States Congressional Budget Office，"An Analysis of the Navy's Fiscal Year 2015 Shipbuilding Plan," December 2014, p. 4, https：//www. cbo. gov/sites/default/files/cbofiles/attachments/49818-Shipbuilding. pdf。

表 5 基于 2015 财年预算对未来 30 年美国海军战舰数的估计

单位：艘

	航空母舰	弹道导弹潜艇	巡航导弹潜艇	攻击型潜艇	大型水面战舰	小型水面战舰	两栖登陆舰	战斗后勤舰	支援舰	合计
30 年计划	11	12	0	48	88	52	33	29	33	306
2015	10	14	4	54	85	26	30	29	32	284
2016	11	14	4	53	88	30	31	29	30	290
2017	11	14	4	50	90	34	32	29	32	296
2018	11	14	4	52	91	38	33	29	32	304
2019	11	14	4	51	93	40	33	29	34	309
2020	11	14	4	49	95	37	33	29	36	308
2021	11	14	4	49	96	33	33	29	35	304

续表

	航空母舰	弹道导弹潜艇	巡航导弹潜艇	攻击型潜艇	大型水面战舰	小型水面战舰	两栖登陆舰	战斗后勤舰	支援舰	合计
2022	11	14	4	48	97	36	33	29	35	307
2023	12	14	4	49	98	39	33	29	36	314
2024	12	14	4	48	98	40	34	29	36	315
2025	11	14	4	47	98	43	34	29	37	317
2026	11	14	2	45	97	46	36	29	37	317
2027	11	13	1	44	99	49	35	29	37	318
2028	11	13	0	41	100	52	36	29	37	319
2029	11	12	0	41	98	52	35	29	37	315
2030	11	11	0	41	95	52	35	29	37	311
2031	11	11	0	43	91	52	34	29	36	307
2032	11	10	0	43	89	52	34	29	37	305
2033	11	10	0	45	88	52	35	29	37	307
2034	11	10	0	46	86	52	34	29	37	305
2035	11	10	0	48	87	52	32	29	37	306
2036	11	10	0	49	88	52	32	29	35	306
2037	11	10	0	51	90	52	33	29	34	310
2038	11	10	0	50	91	52	33	29	35	311
2039	11	10	0	51	92	52	33	29	34	312
2040	10	10	0	51	90	52	32	29	34	308
2041	10	11	0	51	89	52	33	29	34	309
2042	10	12	0	52	87	52	32	29	34	308
2043	10	12	0	52	84	52	31	29	34	304
2044	10	83	52	52	0	12	31	29	34	303

资料来源：Ronald O'Rourke，"Navy Force Structure and Shipbuilding Plans：Background and Issues for Congress 2015," *CRS Report for Congress*，RL32665，March 3，2015，p. 9，http：//www. fas. org/sgp/crs/weapons/RL32665. pdf。

上述海军造舰计划是建立在国会满足总统预算请求的假设之上的。但实际上，2013~2015财年海军所获得的实际拨款比总统预算请求总共少了250亿美元，海军是通过将当前的账单转移到未来支付，或者将现有的资源优先拨给战舰采购，勉强缓解了最近几年预算削减所造成的伤害。但 2016 财年之后却存在较大的不确定性，如果自动减支在 2016 财年继续实施，那海军就再没有资金来缓解了，相反，在未来 5 年内总共还会减少 360 亿美元的预算。① 如果按照 2011 年《预算控制法》规定的上限拨款，同时按相同的比例削减所有海军项目的经费，2015～2021 财年海军将不得不少购买 16 艘新舰。这比计划中的 63 艘减少了了近 1/4。② 美国海军已经意识到了这个问题，它试图通过优先保障采购资金的方法，使少购买的数量降低到 8 艘，其中包括 3 艘阿利·伯克级驱逐舰和 1 艘弗吉尼亚级攻击型核潜艇。此外，P-8 反潜巡逻机的采购量将减少 6 架，福特级航空母舰中的约翰·肯尼迪号的交付日期也将从原定的 2022 年推迟到 2024 年。③

此外，成本严重超支可能会对海军 30 年的造舰计划造成长期的消极影响。据国会预算局的估算，1985～2014 财年，美国海军平均每年在战舰制造上的花费为 139 亿美元（本节所涉及美元数均以 2014 年美元计算），但 2015～2044 财年平均每年的花费将高达 189 亿美元（海军自己的估计是 167 亿美元），30 年将总共花费 5660 亿美元。虽然后 30 年年均新造战舰的数量比前 30 年的要少，但年均成本却会上升 36%。仅仅未来 10 年的年均成本就要比过去 10 年高 33.6%。④ 而且主要由于建造成本的上升和购买数量的减少，单艘战舰的造价将会更加昂贵。航空母舰和核潜艇将是成本最高的采购项目。美国海军估计，未来 6 艘福特级航空母舰的单艘成本将高达 125 亿美

① Statement of Admiral Jonathan Greenert, U. S. Navy Chief of Naval Operations, before the Senate Armed Services Committee on the Impact of Sequestration on National Defense 28 January 2015, pp. 1, 4, http://www.navy.mil/navydata/people/cno/Greenert/Testimony/150128% 20Chief% 20of% 20Naval% 20Operations% 20（CNO）% 20Adm. % 20Greenert% 20Statment% 20and% 20Slides% 20before% 20Senate% 20Armed% 20Services% 20Committee. pdf.

② United States Congressional Budget Office, "An Analysis of the Navy's Fiscal Year 2015 Ship-building Plan," December 2014, p. 20, https://www.cbo.gov/sites/default/files/cbofiles/attachments/49818-Shipbuilding. pdf.

③ United States Department of Defense, "Estimated Impacts of Sequestration-Level Funding-FY 2015 Defense Budget," April 2014, pp. 4-8, 4-9, http://www.defense.gov/pubs/2014_Estimated_ Impacts_ of_ Sequestration-Level_ Funding_ April. pdf.

④ United States Congressional Budget Office, "An Analysis of the Navy's Fiscal Year 2015 Ship-building Plan," December 2014, p. 24, https://www.cbo.gov/sites/default/files/cbofiles/attachments/49818-Shipbuilding. pdf.

元，弗吉尼亚级核潜艇的单艘成本也将高达 28 亿美元，2028 年后将逐步取代俄亥俄级核潜艇的 SSBN（X）型潜艇的单艘成本将达到 66 亿美元，而且国会预算局对上述成本的估算还更高一些。① 如上所述，无论与历史水平还是与国会预算局的估算相比，海军都可能严重低估了未来 30 年的造舰成本。即使如此，所低估的成本也要明显高出目前国防预算所允许的水平，更不必说自动减支后的上限。

为了保障未来 30 年内达到 306 艘战舰规模的计划，美国海军有两种可能的补救方法。一是要求大幅度提高未来一些年内的造舰预算，其幅度可能高达 30%～50%，但是在目前军费减少的背景下，这种方法基本上是不可行的。另一种方法是与其他国防项目特别是陆军争夺资金。如果要维持造舰计划，海军大约额外需要 0.8%～1.3% 的年度国防预算作为补充资金。如本文第一节所述，自二战以来，除了反恐战争期间等少数短暂时期外，美国海军和空军的预算金额和比例都大于陆军。每次战争结束后，陆军预算的削减力度最大，况且在美国正在推行"再平衡"战略的背景下，美国国防部计划到 2020 年把 60% 的海军兵力部署在西太平洋，在这种情况下，海军以陆军为代价获得额外资金或许是一条可行途径，历史上也曾多次发生过类似情况。

由于资金不足，海军不得不通过推迟升级和退出现役的办法来维持目前的战备状态。这将对未来的战斗力产生不利影响。乔治·华盛顿号航空母舰原定在 2016 开始重注核燃料和大修，该项目可能耗费 44 个月和 47 亿美元。但由于军费的减少，国防部一直到 2015 财年都没有为该舰预留相应的资金。2016 财年的总统预算请求倒是为其保留了资金，但尚不能保证最终能在国会通过。如果 2016 财年继续自动减支，该航母甚至将不得不退出现役，这样，未来几年美国就只剩下 10 艘可部署的航空母舰了。② 海军还曾提议通过让 7 艘提康德罗加级巡洋舰和 2 艘两栖舰退役来节省资金，但国会反对这

① United States Congressional Budget Office, "An Analysis of the Navy's Fiscal Year 2015 Shipbuilding Plan," December 2014, p. 22, https：//www.cbo.gov/sites/default/files/cbofiles/attachments/49818-Shipbuilding.pdf.

② Hugh Lessig, "More Funds for Washington Carrier Refueling at Newport News Shipbuilding," February 4, 2015, http：//www.dailypress.com/news/military/dp-nws-washington-carrier-refueling-20150204-story.html.

样做，它打算提供资金用来升级 11 艘巡洋舰和 3 艘两栖舰。然而由于资金短缺，升级计划只能不断被推迟。① 在这种背景下，目前美国海军的规模和实力与陆军一样也只能勉强满足美国安全战略的需要。2014 年 3 月，美国海军作战部部长乔纳森·W. 格林纳特（Jonathan W. Greenert）上将在众议院军事力量委员会做证时声称，为了满足美国遍布全球的地区作战司令的要求，海军战舰数量应当达到 450 艘。② 传统基金会发布的《2015 年美国军力指数》报告估计，如果美国要同时应对两场重大的地区紧急事件，其海军应当拥有 346 艘战舰，其中应包括 13 个航母战斗群。③ 这些要求和估计都远超过目前美国海军的规模。

总体而言，到目前为止，军费削减对海军的负面影响还不像对陆军那样大，但美国海军的现有规模也只能勉强够用，而且其未来 30 年的造舰计划很可能受到资金短缺的影响。

3. 空军

在过去几年中美国空军也承受着军费削减的巨大压力。空军最初预计，若要完成 2012 年《国防战略指南》中的要求，空军在 2016 财年应获得 1340 亿美元的预算，但是总统对 2016 财年的实际预算请求只有 1220 亿美元。在过去 5 年中，空军实际得到的拨款与 2012 年预测的相比总共少了 640 亿美元。④ 2015 年 2 月 15 日，空军参谋长马克·A. 韦尔什（Mark A. Welsh III）在参议院国防拨款小组委员会做证时表示："2016 年的总统预算请求维

---

① United States Congressional Budget Office, "An Analysis of the Navy's Fiscal Year 2015 Ship-building Plan," December 2014, p. 11, https：//www.cbo.gov/sites/default/files/cbofiles/attachments/49818-Shipbuilding.pdf.

② Statement of Admiral Jonathan Greenert before the House Armed Services Committee on FY 2015 Department of the Navy Posture, March 12, 2014, p. 7, http：//www.navy.mil/cno/12MAR14_ DON_ Posutre_ CNO_ Final_ HASC.pdf.

③ Dakota L. Wood, *2015 Index of U. S. Military Strength：Assessing America's Ability to Provide for the Common Defense*, (Washington, DC：The Heritage Foundation, 2015), pp. 238, 252, http：//ims-2015.s3.amazonaws.com/2015_ Index_ of_ US_ Military_ Strength_ FINAL.pdf.

④ United States Air Force Presentation before the Senate Appropriations Subcommittee on Defense Fiscal Year 2016 Air Force Posture, February 25, 2015, p. 14, http：//www.appropriations.senate.gov/sites/default/files/hearings/FY16%20Air%20Force%20Posture%20Statement%20（Final）%20022515.pdf.

持了满足当前战略的最低要求。但是即使达到总统要求的预算水平，空军仍然承受着压力，资金短缺也继续存在。恢复自动减支将给美国空军和美国自身带来巨大的风险。"①

最近几年军费削减对美国空军兵力的负面影响要远小于陆军，但略大于海军。冷战后期美国空军兵力的峰值是 1986 年的 60.8 万人，随后便快速减少，至 2000 年减少至 35.6 万人。与海军的情况类似，反恐战争期间，空军兵力也出现了短暂的小幅增长，之后便持续减少，但减少幅度要略大于海军。2005 年后，空军兵力小于 2000 年的水平，到 2010 年减少到 33.4 万人，此后 4 年又减少了 6000 人。② 这说明最近几年的军费削减对空军兵力规模没有明显的影响。预计未来 5 年空军的兵力会有略微减少，裁减幅度虽然大于海军，但远不及陆军。2014 年，美国空军现役人数是 32.8 万人，预备役和国民警卫队总数为 17.6 万人。根据国防部 2015 年的计划，至 2019 年空军现役人数将下降至 30.9 万人，5 年内将减少 1.9 万人，裁减幅度为 5.8%，远小于陆军的 17.6%；预备役和国民警卫队将减少到 17 万人，5 年内将减少 6000 人。③ 这一计划与美国国防部 2014 年《四年防务评估》中提出的目标是一致的。

由于财政紧缩，空军决定用质量换数量。2014 财年，空军有 32.6 万人、5032 架飞机。这个规模已经是美国空军成立以来的最低水平，而且低于当前空军作战指挥官的要求。虽然战斗机中队的数量能满足需要，但轰炸机和 ISR（情报、监视和侦察）飞机却存在不足。④ 2014 年《四年防务评

① United States Air Force Presentation before the Senate Appropriations Subcommittee on Defense Fiscal Year 2016 Air Force Posture, February 25, 2015, p. 19, http://www.appropriations.senate.gov/sites/default/files/hearings/FY16%20Air%20Force%20Posture%20Statement%20（Final）%20022515.pdf.

② United States Department of Defense, "National Defense Budget Estimates for FY 2015," April 2014, pp. 254–256, http://comptroller.defense.gov/Portals/45/Documents/defbudget/fy2015/FY15_Green_Book.pdf.

③ United States Congressional Budget Office, "Long-Term Implications of the 2015 Future Years Defense Program," November 2014, p. 19, https://www.cbo.gov/sites/default/files/cbofiles/attachments/49483-FDYP.pdf.

④ Dakota L. Wood, 2015 Index of U. S. Military Strength: Assessing America's Ability to Provide for the Common Defense (Washington, DC: The Heritage Foundation, 2015), p. 255, http://ims-2015.s3.amazonaws.com/2015_Index_of_US_Military_Strength_FINAL.pdf.

估》为 2019 财年空军规模提出的目标是：48 个战斗机中队（26 个现役中队和 22 个预备役中队，共 971 架飞机）、9 个重型轰炸机中队（共 96 架飞机，包括 44 架 B-52、36 架 B-1B 和 16 架 B-2）、443 架空中加油机、211 架战略运输机、300 架战术运输机、280 架 ISR 飞机、27 架指挥与控制机。① 如果按照 2011 年《预算控制法》的限制来提供资金，空军到 2019 财年只能维持 26 个战术中队，比总统预算请求中所计划的少 1 个 F-35A 中队。空军还需要在 2016~2020 财年淘汰所有 KC-10 加油机，并在 5 年内少采购 5 架 KC-46 加油机，导致 2019 财年的加油机数量比预算请求的少 17 架。战斗营救直升机项目将被推迟到 2019 财年启动，5 年内将对其少投资 9.6 亿美元。对 MQ-9 无人作战飞机的采购将被推迟到 2018 财年，5 年内将少采购 38 架。对 MC-130J 空中炮艇的采购量也将在未来 5 年内减少 10 架。②

美国空军战斗力面临的另一个重大问题是飞机机龄偏大，而军费减少使这个问题变得更为突出。总体而言，美国空军的主要作战武器都正在接近服役期的上限。目前美国空军夺取制空权的主要武器仍然是 F-15 战斗机，但它们的服役年龄已经达到整个服役期限的 90%。现有的 438 架 F-15 战斗机退役后，177 架 F-22 战斗机将成为夺取制空权的主力。现有的 913 架 F-16 战斗机也已度过了其整个生命周期的 80%。KC-135 空中加油机占空军现有加油机总数的 87%，但它们已经服役了 50 多年。最严重的是远程轰炸机。目前数量最多的 B-52 轰炸机都已经服役了半个世纪以上，亟待新的"远程打击轰炸机"来替换。由于机龄偏大和使用率太高，飞机的可靠性充满了风险。目前只有 ISR 飞机和运输机情况尚好。338 架 ISR 飞机中有 289 架是无人机，它们的服役时间相对较短，采购、运营和维护的费用也较低。

F-35 联合攻击战斗机、KC-46 加油机和远程打击轰炸机的研发与制造是当前美国空军最重要的三项任务，它们都受到军费削减的不利影响。美国空军打算在未来 30 年内购买 1763 架 F-35A 战斗机，以取代现有的 1341 架

---

① United States Department of Defense, "2014 Quadrennial Defense Review," March 4, 2014, p. 40, http：//www. defense. gov/pubs/2014_ Quadrennial_ Defense_ Review. pdf.

② United States Department of Defense, "Estimated Impacts of Sequestration-Level Funding-FY 2015 Defense Budget," April 2014, pp. 3 - 4, 4 - 10, 4 - 11, http：//www. defense. gov/pubs/2014_ Estimated_ Impacts_ of_ Sequestration-Level_ Funding_ April. pdf.

A-10 攻击机和 F-16 战斗机。正如现有的 F-15 和 F-16 战斗机是一种高低搭配，美国空军也打算让具有对地攻击能力的 F-15A 来补充 F-22 战斗机。然而目前 F-22 战斗机的数量大大少于 F-15 战斗机。随着 F-15 的逐渐退役，尚不清楚哪种机型将取代 F-15 留下的空缺。

高昂的成本和紧缩的预算使 F-35 战斗机的研发和采购充满了不确定性。F-35 战斗机研制项目始于 2001 年，当时美国国防部认为在 2010~2012 年就能形成初步作战能力，2012 年后将全速生产。但在研制过程中，其成本却大幅度增长。2001 年时估计的单机采购成本是 6900 万美元，2013 年时估计成本将达到 1.35 亿美元，几乎增加一倍。采购数量也从 2001 年估计的 2852 架下降到 2013 年估计的 2443 架（其中空军采购 1763 架，海军 260 架，海军陆战队 420 架），减少了 14%。形成初步作战能力的时间也被推迟到 2015~2018 年（空军是 2015 年，海军陆战队和海军分别是 2015 年和 2018 年），全速生产时间将推迟到 2019 年。[1] 现有的 F-15C/D、F-16C/D、AV-8B 和 F-18A-D 这几种飞机一年的运行和维护成本是 111 亿美元，而 F-35 战斗机群在其达到稳定状态的 2040 年，其年成本将高达 199 亿美元（以 2012 年美元计算）。国防部估计 F-35 战斗机群在其 56 年的生命周期内总的运行和维护成本将超过 1 万亿美元。这意味着 F-35 战斗机将是国防部历史上最雄心勃勃和成本最高的武器系统。[2] 但如前所述，如果 2016 财年后恢复自动减支，到 2019 财年美国空军就不得不少采购一个 F-35A 中队。

对于空军来说，第二个紧迫事项是用 KC-46 空中加油机来取代现有的 KC-135 机型。KC-135 空中加油机的平均服役年龄已经达到 51 年，而 KC-46 机型还在研发之中，其交付时间也被多次推迟。美国空军准备先采购 179 架 KC-46 加油机，其数量不到现有 391 架加油机的一半。

由于 2013 财年的自动减支从年中才开始，空军不得不采取降低战备水平的措施来削减支出。当年空军减少了 4.4 万小时的飞行时间，占原定全年

---

① United States Government Accountability Office, "F-35 Problems Completing Software Testing May Hinder Delivery of Expected Warfighting Capabilities," March 2014, p. 4, http://www.gao.gov/assets/670/661842.pdf.

② United States Government Accountability Office, "F-35 Sustainment: Need for Affordable Strategy, Greater Attention to Risks, and Improved Cost Estimates," September 2014, pp. 1, 17, http://www.gao.gov/assets/670/666042.pdf.

飞行时间的 18%。① 此外，空军还不得不停飞 17 个战斗中队，取消 2 场空对空"红旗"演习和 4 场空对地的"绿旗"战斗训练。空军总参谋长马克·韦尔什将军甚至说，只有不到一半的空军战斗中队完全做好了作战准备。②

4. 海军陆战队

最近几年，海军陆战队的兵力规模受军费削减的影响要小于陆军，但大于空军和海军。冷战后期海军陆战队的最大规模是 1987 年的 20 万人，到 2000 年下降到 17.3 万人。在反恐战争期间，海军陆战队的规模有小幅扩大，到 2010 年又恢复到 1987 年的水平。最近 4 年，海军陆战队编制只减少了 1 万人，降幅仅为 5%。③ 如果按照 2011 年《预算控制法》的限制，到 2019 年海军陆战队兵力将降到 17.5 万、21 个步兵营，与 2010 年相比减少 13%。这仅为陆军降幅的一半，但比空军的比例要高。④

军费削减对海军陆战队的武器采购也会产生不利影响。CH-53K 重型运输直升机的生产将被推迟 1 年，到 2019 财年的采购总数也将减少 7 架。这使海军陆战队不得不继续依靠性能较差的 CH-53E 直升机。正在研发的两栖战车在未来 5 年内也将少获得 5.2 亿美元的投资。V-22 鱼鹰运输机的采购资金在未来 5 年也会被削减 3.2 亿美元。H-1 直升机的采购将被推迟，未来 5 年对它的采购数量将减少 11 架。⑤

---

① Brian Everstine and Marcus Weisgerber, "Reduced Flying Hours Forces USAF to Ground 17 Combat Air Squadrons," April 8, 2013, http：//archive. defensenews. com/article/20130408/DE-FREG02/304080011/Reduced-Flying-Hours-Forces-USAF-Ground-17-Combat-Air-Squadrons.

② Jeff Schogol, "Less than Half of Combat Squadrons Fully Ready for Combat," March 4, 2015, http：//www. airforcetimes. com/story/military/2015/02/25/fewer-than-half-of-combat-squadrons-fully-ready-for-combat/23997409/.

③ United States Department of Defense, "National Defense Budget Estimates for FY 2015," April 2014, pp. 254 - 256, http：//comptroller. defense. gov/Portals/45/Documents/defbudget/fy2015/FY15_ Green_ Book. pdf.

④ United States Congressional Budget Office, "Long-Term Implications of the 2015 Future Years Defense Program," November 2014, p. 19, https：//www. cbo. gov/sites/default/files/cbofiles/attachments/49483-FDYP. pdf.

⑤ United States Department of Defense, "Estimated Impacts of Sequestration-Level Funding-FY 2015 Defense Budget," April 2014, pp. 4-5, 4-6, http：//www. defense. gov/pubs/2014_ Estimated_ Impacts_ of_ Sequestration-Level_ Funding_ April. pdf.

综上所述，在过去几年里以及未来的许多年里，军费削减都会对美国的常规军事力量产生严重的不利影响。预计到 2019 财年，美国现役军队的总兵力将下降到 123 万人，相对于 2014 年的 135 万人将减少 12 万人，相比反恐战争期间的峰值 143 万人将减少 20 万人。也就是说，至 2019 年海军陆战队的兵力将基本上降回到"9.11"事件之前的水平，但其他三个军种的兵力将比"9.11"事件之前低很多。在被削减的 20 万人中，陆军将削减大约 15 万人，海军陆战队和空军各削减 2.5 万人，而海军的兵力基本上没有变化。换言之，陆军的削减幅度最大，海军陆战队次之，而空军和海军最小。可以说，美国军队的裁减是在以地面力量为代价而进行的。据分析，这可能会影响陆军保护美国在西太平洋的海、空基地不受导弹袭击的能力。①

四　结论

自 2010 年起，美国军费出现明显减少。虽然 2016 年后可能会有所增长，但增长速度很可能低于美国联邦支出和 GDP 的增长。这一趋势可能持续 10 年或者更久。美国国防支出占联邦支出和 GDP 的比重也都在不断下降，而且未来几年里将降到二战以来的最低水平。从军费结构上看，空军和海军的预算削减幅度远小于陆军，而且国防部今后用于采购和研发方面的预算将比其他项目增长更快。这说明在军费紧缩时期，技术密集型的海军和空军具有更高的优先级。导致美国军费减少的原因是多方面的。退出战争是过去几年里美国军费削减的直接原因，而巨额的政府债务和财政赤字、经济衰退和增长乏力是美国军费减少的长期性和根本性原因，同时社会支出不断膨胀进一步挤压了国防支出。也正因为这些原因，随着美国经济状况的逐渐好转，以及联邦政府财政的相应改善，美国国会有可能修改相关法律，放宽对军费增长的限制。但即使如此，美国国防支出占联邦支出和 GDP 比重的下降趋势，在短时间内不会逆转。

---

① "Re-Balancing the Rebalance: Resourcing U. S. Diplomatic Strategy in the Asia-Pacifica Region, a Majority Staff Report Prepared for the Use of the Committee on Foreign Relations United States Senate," 113th Congress, Second Session, April 17, 2014, pp. 14 - 15, http://www.foreign.senate.gov/imo/media/doc/872692.pdf.

当前的军费削减确实对美国军事力量产生了严重的不利影响，而且至少在未来 10 年内，美国军队都要承受军费不足的压力。就军队规模而言，陆军的裁减幅度最大，海军陆战队次之，空军被削减的幅度很小，而海军基本上没有变化。美国军队裁减的指导原则是武器和技术优先于人力，以数量换质量，这表明美国希望建立一支依靠高新技术，更敏捷、更灵活、更易部署的部队。有人可能会说，鉴于此，我们不能忽略技术进步和军备更新对军队规模和装备采购缩减的对冲。然而，就目前的情况来看，技术的进步尚不足以对冲规模的削减，原因是：第一，如本文第三节所述，由于军费削减，许多先进武器研制项目都面临资金不足的压力，有的被迫推迟，有的则被完全放弃。第二，美国当前正在研发的许多先进武器离定型和实用还相去甚远。F-35 战斗机尚且遇到诸多困难，至今仍未形成战斗力，更不必说其他许多正处于实验阶段的武器。第三，一件主战武器从计划到研发再到形成战斗力通常需要二三十年的时间，因此在未来 10 年或更长的时间里，美国军队的技术与装备不大可能实现质的飞跃。第四，美国军队的作战目标也可能发生变化，现在研制的先进武器不一定适合未来的作战任务和作战对象。濒海战斗舰可能就是这方面的一个例子。因此，综合考虑军费削减对美军规模和技术的不利影响，大致可以推断，至少在未来的许多年里，美国的军事力量仍将处于下降的过程中。

尽管每次大规模战争结束之后美国军队都会被大幅度裁减，但此次裁减的负面影响与以往相比有很大的不同。首先，这次裁减的根本原因是财政压力和经济困难而造成的被迫裁减，而非战争结束后的主动裁减，这使得在未来很长一段时间里美国的军事力量特别是军队规模都难以扩大。正因为如此，当前美国军队遇到的困难可能比以往更为严峻。其次，此次裁减是在对于美国来说安全环境不佳的情况下发生的。军费削减将使美国陆军规模降低到历史最低点，甚至低于冷战结束初期的克林顿政府时期，而目前美国的安全环境却不及克林顿时期：当时美国并没有遭受严重的恐怖主义威胁，俄罗斯尚处于苏联解体后的最困难时期，中国也尚未崛起。

进一步讲，军费削减将会影响美国的作战方式。在目前的状况下，美国将坚持自伊拉克战争以来实行的作战方式的转变，即在进行军事打击时主要依靠海军和空军，主要运用空中打击的方式，同时尽可能避免直接卷入海外冲突，特别是大规模的地面战争。

最后需要强调的是，本文想要说明三点：第一，美国的军费开支确定无疑地有实质性的削减；第二，当前军费开支的削减在未来的若干年内将不可避免地影响美国的军事力量、军事战略和作战方式；第三，由财政压力引起的军费开支的削减势必进而影响美国的全球战略。关于前两点，本文已经做了详尽的论述。而关于后一点，奥巴马政府的第一任国务卿希拉里·克林顿（Hillary Clinton）2011年11月在《外交政策》杂志上发表的文章《美国的太平洋世纪》是一个最好的佐证。文章指出："在美国资源短缺的情况下，毫无疑问，我们需要明智地把资源投在将产生最大回报的地方，这就是为什么对我们来说亚太地区代表了这样一个21世纪的真正机会。"① 据此，我们应认识到，经济和财政状况是美国做出战略"再平衡"的原因之一。

不过，本文并不倾向于得出这样的结论：美国军事力量当前和未来可能的裁减意味着美国作为全球军事上最强大国家的衰落。无论如何，美国都仍然是世界上军事力量最强大的国家，而且在未来的很长时间内仍然会是如此。既然正如本文所分析的，政府债务与财政赤字、经济衰退和增长乏力是美国军费减少的长期性和根本性原因，如果这些因素本身发生了变化，即美国经济重新获得较强劲的增长势头，那么关于军事预算的各种数据也会随之发生变化。此外，军费削减虽然会在很大程度上抑制美国发动战争的冲动，但并不意味着美国的战争潜力和动员能力会受到根本性损害。美国的战争潜力和动员能力仍然是巨大的，美国在二战期间的军队规模以及军费占联邦支出和GDP的比重甚至远远超出当前水平，就是一个很好的例证。

---

① Hillary Clinton, "America's Pacific Century," *Foreign Policy*, Vol. 189（November 2011），p. 63.

特朗普现象与桑德斯现象解析
——对美国大选的阶段性分析

周　琪　付随鑫[*]

摘　要： 在 2016 年美国总统选举的初选阶段，"特朗普现象"与"桑德斯现象"引起了广泛关注。特朗普在共和党内异军突起，桑德斯在民主党内上升势头迅猛，前者主要表达了白人蓝领阶层对美国现状和共和党建制派的愤怒，后者主要表达了美国年轻人和中下层白人对民主党建制派的不满。虽然两人分属左、右两翼，但他们的竞选都带有浓厚的民粹主义色彩，他们的选民基础、竞选策略以及政策立场亦有不少相似之处。在"特朗普现象"与"桑德斯现象"背后存在一些共同的原因，其中包括美国中产阶级和白人蓝领阶层的衰落、经济不平等的加剧、经济全球化的威胁、民主制度陷入困境以及美国国际地位的变化。特朗普和桑德斯领导的两场民粹主义的反叛或许很难改变本次大选的结果，但它们已经强烈地冲击了当前美国的政治生态。

关键词： 特朗普　桑德斯　美国大选　建制派　民粹主义

自 2016 年美国总统选举进入初选阶段，迄今最引人注目、街谈巷议最多的莫过于"特朗普现象"。作为共和党内的反建制派人士，唐纳德·特朗

* 周琪，清华大学国家战略研究院执行院长、资深研究员；付随鑫，中国国际问题研究院助理研究员。

普（Donald Trump）利用选民对美国当前社会经济状况和政治精英的愤怒，在初选中异军突起，目前已经击败了共和党内的所有竞争对手，离在7月召开的共和党全国代表大会上获得正式提名仅有一步之遥。本次初选中另一个出人意料之外的情况是，在民主党内，伯尼·桑德斯（Bernie Sanders）对希拉里·克林顿构成强劲挑战。这位以民主社会主义者自居的民主党人虽然无法如愿掀起一场"政治革命"，但足以迫使希拉里做出重大让步。特朗普和桑德斯现象令众多美国国内外的观察者感到困惑不解，对其做出解释有助于我们深入了解当前美国的国内政治状况和大选选情。

一　特朗普的迅速崛起及其对共和党的影响

特朗普在这次大选中之所以成为一个最引人注目的人物，主要是因为他作为一个完全没有政治经验且秉持非主流政治观念的人，居然能在共和党众多候选人的激烈角逐中，力压群雄而拔得头筹。

年届七旬的特朗普出生于一个富裕的商人家庭，继承了其父亲的地产公司。在历经四次破产之后，他仍能成为颇有名气的地产商和真人秀节目主持人。在政治方面，特朗普曾频繁改变立场。他于1987年注册为共和党人，1999年转而加入改革党，2001年变为民主党人，2009年再次成为共和党人，两年后又退出，2012年再次回归共和党。① 特朗普曾以改革党的身份短暂参加过2000年总统初选，2015年6月他正式宣布角逐共和党总统提名。

特朗普完全没有执政经验，② 在政商两界都声名不佳，竞选之初几乎没有受到过认真对待。但宣布参加竞选后仅一个月，他的平均民调支持率就超过当时最被看好的小布什总统的弟弟杰布·布什（Jeb Bush）。除了2015年

---

① Jessica Chasmar, "Donald Trump Changed Political Parties at Least Five Times: Report," June 16, 2015, http://www.washingtontimes.com/news/2015/jun/16/donald-trump-changed-political-parties-at-least-fi/.

② 这在美国两大党总统竞选历史上也是前所未有，只有1940年共和党总统候选人温德尔·威尔基（Wendell Willkie）是个类似的例外。威尔基虽然没有执政经验，只当过律师和商人，但他是一位广受欢迎的社会活动家，而且在公共事业部门长期工作过。两党的其他总统候选人都有过在政界或军界的工作经验。

11 月初被神经外科医生本·卡森（Ben Carson）短暂超过之外，特朗普的支持率一直大幅度领先于其他共和党参选人。① 然而，直到 2015 年年底，共和党建制派都对特朗普不以为意，认为他最终一定会被"理性的选民"所抛弃。② 在 2016 年 2 月 1 日艾奥瓦州初选中，特朗普未能如民调所预测的那样夺得第一，令共和党建制派大松一口气，以为他气数已尽。但随后特朗普一路领跑，在多数州均获得巨大优势，迫使建制派最看好的杰布·布什和马克·卢比奥（Marco Rubio）先后退选。

5 月 3 日在获得印第安纳州的压倒性胜利后，特朗普最终击败了共和党内更加保守的泰德·克鲁兹（Ted Cruz）和相对温和的约翰·卡西奇（John Kasich），③ 成为共和党初选中的获胜者。虽然特朗普被保守派主要刊物《国家评论》指责为不是真正的保守主义者，并且与保守派最重要的媒体福克斯新闻网（Fox News）交恶，甚至受到上两届共和党总统候选人约翰·麦凯恩（John Sidney McCain III）和米特·罗姆尼（Mitt Romney）以及现任众议院议长、共和党人保罗·瑞安（Paul Ryan）的公开指责，但他的选情始终没有受到明显的负面影响。特朗普屡屡打破美国政治传统，突破政治正确的原则，拉低政治斗争的下限，但选民似乎对这些并不在意。

特朗普的意识形态在当前美国共和党内甚至主流政治中都属于异类。自1980 年"里根革命"以来，里根保守主义成为共和党的主流意识形态。这种意识形态信奉小政府、自由市场经济、传统价值观，主张对外干预，迄今基本上仍被共和党精英阶层所推崇。2009 年兴起的茶党又迫使共和党进一步右转和保守化。与建制派相比，共和党中的茶党分子更加保守和极端，其成员认为建制派的意识形态不够纯洁，对奥巴马政府妥协过多。

---

① "2016 Republican Presidential Nomination," http：//www. realclearpolitics. com/epolls/2016/president/us/2016_ republican_ presidential_ nominat ion-3823. html.

② Matea Gold and Robert Costa, "Plan A for GOP Donors：Wait for Trump to Fall（There Is No Plan B），" *Washington Post*, November 25, 2016, https：//www. washingtonpost. com/politics/plan-a-for-gop-donors-wait-for-trump-to-fall-there-is-no-plan-b/2015/11/25/91436a00-92dd-11e5-8aa0-5d0946560a97_ story. html.

③ Kasich 是一个起源于东南欧的姓氏，其发音更接近"凯西克"而非"卡西奇"，但国内媒体多根据英语发音译成后者。参见 Gregory Krieg, "How to Pronounce John Kasich," *CNN*, February 9, 2016, http：//www. cnn. com/2016/02/09/politics/john-kasich-pronounce-correct/。

特朗普的意识形态非常混杂，与共和党正统观念大相径庭。很多人和媒体将特朗普视为美国极右势力的代表，但这种界定并不准确，因为在大多数经济与社会议题上，特朗普实际上要比共和党建制派和茶党都更温和或更左一些。特朗普并不反对政府资助的医疗保健体系；他虽然支持减税，但宣称不会削减医疗保险和社会保障的支出；他反对堕胎，但同时认为保守派所厌恶的"计划生育"（planned parenthood）项目让数百万女性受益；他支持经济民族主义，反对共和党长期坚持的自由贸易观念，要求废除美国签订的区域贸易协定，保护美国的就业机会不被其他国家夺走；他还攻击华尔街和大银行，说它们剥削了人民却几乎完全不缴税，因而他不愿放松对金融行业的管制。① 特朗普在宗教方面也顶多是假装虔诚，他曾背错圣经，而且不愿与选民分享他最喜欢的圣经诗篇。在外交政策上，特朗普具有明显的孤立主义倾向，这与共和党建制派支持的海外干预政策背道而驰。② 特朗普最鲜明的主张体现在他对非法移民的态度上，他指责非法移民摧毁了美国，要求墨西哥出钱在美墨边境修筑一堵隔离墙；还要求禁止穆斯林进入美国，而共和党建制派则由于担心失去少数族裔选票，在这个问题上持暧昧态度。

虽然特朗普的意识形态算不上十分保守，但他在许多单一议题上态度非常极端。看似不可思议的是，在特朗普身上，温和的意识形态与极端的政策立场之间并不矛盾。③ 事实上，正是坚持极端立场的特朗普的出现，才让那些政治上被忽略的选民获得了清晰的选择。

特朗普的核心支持者主要是中下层白人。④ 共和党的选民基础大致可分为三类：亲商业的保守派、社会保守派和亲政府的保守派。第一类往往更倾向于支持共和党建制派，第二类则更青睐茶党。特朗普及其核心支持者虽然

① Gina Chon, "Trump's Attacks Raise Eyebrows on Wall Street," *Financial Times*, December 28, 2015, http：//www. ft. com/cms/s/0/951f5b9a-a8f7－11e5－955c-1e1d6de94879. html # axzz43c2DOI1Q.

② Thomas Wright, "Trump's 19th Century Foreign Policy," *Politico*, January 20, 2016, http：//www. politico. com/magazine/story/2016/01/donald-trump-foreign-policy-213546.

③ Ahler Broockman, "Does Elite Polarization Imply Poor Representation? A New Perspective on the Disconnect between Politicians and Voters," https：//people. stanford. edu/dbroock/sites/ default/files/ahler_ broockman_ ideological_ innocence. pdf.

④ 本文所提到的"白人"均指非拉美裔白种人。其他地方不再特别说明。

也自称为共和党人，但他们并不属于上述前两个群体，而是主要来自第三个群体，即亲政府的保守派。① 以美国有线电视新闻网（CNN）对密歇根州的共和党初选出口民调为例，特朗普在这次初选中的总体支持率是 37%，但他在未受过大学教育的白人选民中的支持率达到 46%，在低收入选民中的支持率达到 42%。此外，支持特朗普的选民往往秉持相对温和的意识形态，并将移民、经济和恐怖袭击视为最重要的议题，对美国的经济状况非常担忧，对联邦政府也更加愤怒，而且认为共和党精英背叛了他们，希望能有一个建制派之外的人当选为总统。②

特朗普的选民基础的一个明显特点是，他在初选中表现最好的地区是传统的蓝州，也就是美国东北部最近几十年往往支持民主党、更自由化的那些州。例如，他在东北部各州的得票率普遍高达 60% 左右，而在南部各州的得票率一般低于 40%。相比之下，特朗普在共和党内的最大竞争对手、得克萨斯州联邦参议员克鲁兹的优势主要是在南部和西部的传统红州，也就是在价值观议题上更保守的地区。而相对温和的共和党参选人卡西奇的优势，主要是在蓝州中高收入白人集中的地区。如果以县为单位，更能说明这种差异。特朗普在社会经济状况较差的蓝色县表现最好，其次是经济状况较差的红色县，再次是社会经济地位较好的蓝色县，最后是社会经济地位较好的红色县。③ 其原因是，社会经济状况较差的蓝色县是白人蓝领更集中的地区。这一特征也说明，特朗普的核心支持者并不是共和党的传统选民，他也不容易得到共和党精英群体的支持。相比之下，克鲁兹更能代表共和党的传统选民。特朗普在蓝州的突出表现并不可能使其在大选中赢得那些深蓝州，毕竟共和党在那里根本不占优势，但他可能赢得俄亥俄、印第安纳等非常重要的摇摆州，因为在这些州里同样存在大量的白人蓝领。

综合各方的调查，可以看出特朗普的典型支持者具有以下几种特征：年龄较大的白人男性、未受过大学教育、收入相对较低、排斥少数族裔和外来

---

① Ross Douthat, "How to Break a Party," *New York Times*, Febrary18, 2016, http://www. nytimes. com/2016/02/18/opinion/campaign-stops/how-to-break-a-party. html? ref = opinion.

② "Republican Michigan Exit Polls," http://www. cnn. com/election/primaries/polls/mi/Rep.

③ David Wasserman, "The Four Corners of The GOP（Trump Owns Three of Them），" http:// fivethirtyeight. com/features/the-four-corners-of-the-gop-donald-trump-owns-three-of-them/.

移民、意识形态上不很保守、宗教上也不算十分虔诚、不反对政府增加支出、政治上遭受忽视、对共和党精英充满抱怨，等等。[①] 这个群体其实就是白人蓝领阶层，或者说是所谓的"里根民主党人"。他们是文化上的右派和经济上的左派，依赖政府而疏远华尔街。与特朗普一样，他们的意识形态非常混杂甚至矛盾，但算不上十分保守。这个群体属于共和党选民中被边缘化的和沉默的群体，其人数在不断减少，在政治上也不很活跃，两党精英都对他们缺乏代表性，也很少对他们的要求做出回应。他们并不关心意识形态的正统性，却急切地想要表达自己的愤怒。这个群体信奉威权主义，希望出现一个强人来保护他们，带他们走出困境。[②] 这时候出现的一个口出"狂言"的反体制竞选者，正回应了他们的愤怒、仇恨和恐惧。

与特朗普不同的是，共和党内排在第二位的参选人克鲁兹的核心支持者主要是社会保守派，即茶党分子和虔诚的福音派教徒。[③] 然而，无论是特朗普，还是克鲁兹，均属于共和党建制派所厌恶的人物，但他们都能在初选中轻易击败建制派所瞩目的杰布·布什和卢比奥，说明在这次大选中共和党内的政治氛围已经发生了极大的变化。

特朗普的竞选运动已经在很大程度上改变了共和党的政治生态。第一，特朗普的竞选猛烈冲击了共和党的传统意识形态。特朗普并不反感大政府，对传统价值观没有明显兴趣，而且反对自由贸易和海外干预，几乎在每个重要方面都与共和党建制派唱反调。从这个角度讲，特朗普的胜利可以说是对共和党主流意识形态的颠覆。自20世纪70年代末，保守主义获得共和党主导权以来，共和党的意识形态还没有像今年这样发生过如此剧烈的变动，共和党也没有遇到过今天这样严重的认同危机。共和党遇到的上一次类似危机还要追溯到1964年大选，在此次大选中，保守主义的鼻祖巴里·戈德华特（Barry Goldwater）出人意料地获得了共和党总统候选人的提名，但在最终

① Derek Thompson, "Who Are Donald Trump's Supporters, Really?" *The Atlantic*, March 1, 2016, http://www.theatlantic.com/politics/archive/2016/03/who-are-donald-trumps-supporters-really/471714/.

② Amanda Taub, "The Rise of American Authoritarianism," *Vox*, March 1, 2016, http://www.vox.com/2016/3/1/11127424/trump-authoritarianism.

③ Shane Goldmacher, "Trump Shatters the Republican Party," *Politico*, February 24, 2016, http://www.politico.com/story/2016/02/trump-shatters-the-republican-party-219711.

投票中却遭遇了美国总统选举史上最大的惨败之一。虽然保守主义出师不利，但它在这次大选中已初露峥嵘，并最终在 16 年后的"里根革命"中获得了共和党的主导权。

如今，特朗普似乎打算重新定义共和党，使保守主义与共和党分离开来。他在采访中提醒人们不要忘了"这个党的名字叫共和党，而不是叫保守党"。① 特朗普或许想走一条共和党的"第三条道路"，就像克林顿在 20世纪 90 年代通过接受保守主义的部分主张走民主党的"第三条道路"一样。但在最近的 40 余年里，在政治极化越来越严重的情况下，意识形态与政党认同的相关性越来越强，特朗普要想打破两者的关联并不容易。共和党内有不少人宁愿输掉这次大选，也要捍卫意识形态的正统性，特别是新保守主义者和极端保守派。新保守主义至少在小布什政府时期是美国外交的主流意识形态，但特朗普的外交理念却与新保守主义背道而驰，以致许多著名的新保守主义者明确表态反对特朗普，甚至支持希拉里。②

第二，特朗普重构了共和党的选民基础，也改变了共和党的主要政治议程和话语。特朗普将一群先前不受共和党重视的选民群体带到了政治舞台上。这个群体虽然在大选中往往投共和党的票，但他们是共和党中的沉默群体。特朗普对沉默群体的动员能力明显提高了共和党初选的投票人数。到2016 年 4 月底，特朗普的普选票数已超过 1000 万张，比 2008 年麦凯恩和2012 年罗姆尼各自在初选中所获得的总票数还多，而且到初选结束时特朗普可能会打破小布什在 2000 年所创造的历史纪录。③ 由此也可以看出，虽然特朗普受到共和党精英的排斥，但他的选民基础却是实实在在的。然而，特朗普作为共和党的总统候选人对共和党赢得选举既有利也有弊，他虽然动员了不少"沉默的"共和党选民，但很可能疏远了一大批其他选民。2012年大选失败后，共和党部分高层人士经过反思认为，由于白人比例的下降，

① David Rutz, "Trump: This Is the Republican Party, It's Not Called the Conservative Party," May 8, 2016, http://freebeacon.com/politics/trump-republican-party-not-called-conservative-party/.

② Michael Crowley, "GOP Hawks Declare War on Trump," *Politico*, March 3, 2016, http://www.politico.com/story/2016/03/trump-clinton-neoconservatives-220151.

③ Kyle Cheney, "Trump Passes Romney's Popular Vote Total, Likely to Break GOP Record," *Politico*, April 26, 2016, http://www.politico.com/blogs/twelve-thirty-seven/2016/04/donald-trump-popular-vote-reco rd-222510#ixzz48kD77J8T.

要想在未来的大选中获胜，共和党必须争取更多的少数族裔、妇女和年轻人的支持。① 但特朗普排斥移民和侮辱妇女的言论很可能使少数族裔和妇女远离共和党，而年轻人主要偏向民主党的桑德斯。

从这个角度看，共和党的"获胜策略"依然是混乱和矛盾的。一方面，它想要代表保守白人的利益，但他们的人口规模在不断缩小。而且从长远来看，想要通过改变现行的移民政策，遏制住少数族裔的增长势头，在政治和经济上也是很困难的。另一方面，共和党试图争取上述三个新选民群体的支持，但他们又与白人存在利益冲突。特朗普的独特方法是动员白人中的沉默群体。这一群体虽然在先前的大选中缺乏声音，但往往还是投共和党的票。这次他虽然放大了他们的声音，但并不一定能保证在最终选举中大幅度增加他的普选票数。在过去几十年里，民主党越来越依赖"身份政治"，共和党在这方面并不是民主党的对手，它需要找到一条超越"身份政治"的获胜之道，但特朗普的竞选很难成为这方面的成功尝试。

况且，沉默群体的登场，不仅会危及原有的政党认同和意识形态连贯性，而且会削弱另一些群体的话语权。宗教右派自20世纪70年代后期起成为共和党内的一股主导性力量，因此，堕胎、同性恋、宗教等与价值观相关的社会议题，在共和党的话语中一直具有很重的分量。这在2004年总统选举中表现得尤其突出。2009年兴起的茶党也非常看重社会议题，而且在这方面比共和党建制派更加极端。但在2016年的总统选举中，共和党社会保守派所看重的卡森和克鲁兹均被特朗普所击败，宗教右翼很大程度上失去了声音，而且除移民问题之外的各种社会议题也被忽视。② 相反，自由贸易、经济全球化、就业机会流失等经济议题被特朗普推出来，占据了共和党的主要议程。这一现象说明，20世纪90年代以来宗教保守派与世俗自由派之间持久的"文化战争"很可能已经式微，两党争斗的焦点也发生了明显的变化。

令人深思的是，特朗普现象并不是孤立的，特朗普在民主党中也有其对

---

① Republican National Committee, "Growth and Opportunity Project," p. 12, http：//goproject. gop. com/rnc_ growth_ opportunity_ book_ 2013. pdf.

② Republican National Committee, "Growth and Opportunity Project," p. 12, http：//goproject. gop. com/rnc_ growth_ opportunity_ book_ 2013. pdf.

应者——桑德斯。作为民主党内的反建制派，桑德斯同样获得了民主党选民相当大的支持。

二 桑德斯对希拉里和民主党的挑战

桑德斯是来自美国东北部佛蒙特州的民主党籍联邦参议员，现年 75 岁。他年轻时曾积极参加和组织民权运动，并多次被捕。20 世纪 70 年代，他试图组织第三党竞选佛蒙特的州长和联邦参议员职位，但未获成功。80 年代他作为独立候选人，成功当选为佛蒙特州最大城市伯宁顿市的市长，并多次连任，1991 年当选为联邦众议员，2006 年当选为联邦参议员。在担任议员期间，桑德斯一直以独立派自居，但通常加入民主党党团投票。2015 年 4 月 30 日，他宣布将角逐民主党总统候选人，不过直到当年 11 月他才正式加入民主党。①

桑德斯的竞选最初并不被人看好，但其上升势头迅猛。由于他来自东北部的偏僻小州，又一直以独立派议员的身份活动，竞选初期大多数美国人都对他很不熟悉。在盖洛普 2015 年 7 月的一项民调中，只有 44% 的受访者能够对桑德斯做出评价，相比之下，89% 的受访者能够对希拉里做出评价。即使在认同民主党的受访者中，也只有 49% 的人对桑德斯做出了评价。② 但随着初选的临近和展开，桑德斯在党内的支持率日益上升。2015 年 8 月，桑德斯在民主党选民中的支持率仅为 26%，而希拉里高达 61%，但到 2016 年 1 月中旬时，桑德斯的支持率已经超过希拉里，到 2 月中旬已高达 57%。③ 从最早举行初选的几个州的初选结果，也可以看出桑德斯迅速上升的趋势。在 2015 年 11 月

---

① Kathleen Ronayne, "Sanders Declares as Democrat in NH Primary," November 5, 2015, http://www.burlingtonfreepress.com/story/news/local/2015/11/05/sanders-declares-democrat-nh-p rimary/75242938/.

② Lydia Saad, "Sanders Surges, Clinton Sags in U.S. Favorability," Gallup, July 24, 2015, http://www.gallup.com/poll/184346/sanders-surges-clinton-sags-favorability.aspx.

③ Andrew Dugan, "As Voting Begins, Sanders More Popular than Clinton with Dems," Gallup, February 1, 2016, http://www.gallup.com/opinion/polling-matters/188957/voting-begins-sanders-popular-clinton-de ms.aspx; Andrew Dugan and Frank Newport, "Among Dems, Clinton Regains Popularity Advantage over Sanders," Gallup, February 26, 2016, http://www.gallup.com/opinion/polling-matters/189611/among-dems-clinton-regains-popularity-advantage-sanders.aspx.

的艾奥瓦州民调中，桑德斯仍落后希拉里 20 个百分点，但在 2 月 1 日的初选中，他仅以 0.3% 的普选票负于希拉里，随后 2 月 9 日在新罕布什尔州，他又以 22% 的领先优势大胜后者。不少观察者都因此担心希拉里的地位会遭到动摇甚至瓦解，但希拉里的"南部防火墙"战略后来被证明是可靠的：她在南部少数族裔比例较高的各州，都以巨大的优势胜过桑德斯。

然而，桑德斯在白人比例高的北部各州却足以使希拉里疲于应战。桑德斯最惊人的胜利发生在 2 月 8 日的密歇根州初选中。选举前绝大多数民调数据都显示希拉里至少领先了 20 个百分点，[①] 但最终的结果却是桑德斯以 1.6% 的普选票优势获胜。桑德斯在 3 月 22 日至 4 月 9 日的七连胜也曾给希拉里带来了很大的压力。到 4 月底，桑德斯已经在 17 个州获得胜利。不过，桑德斯获胜的州人口基本上都很少，而希拉里获胜的州往往人口众多。这样，截至 4 月底，桑德斯的普选票比希拉里少了 300 万张，承诺代表票少了 300 张，总代表票数少了 700 多张。虽然桑德斯继续在印第安纳州这样的重要地区赢得了胜利，并宣称将会把竞选进行到底，但他已经无望获得民主党的提名。不过，与他竞选之初的情况和大多数人对他的预期相比，这样的结果已经是一个超乎寻常的胜利。

桑德斯的意识形态和政策偏好都非常独特，他一直以民主社会主义者自居，希望将美国建设成瑞典、芬兰那样的北欧福利国家，[②] 因此他可以被视为民主党中的左翼。虽然美国主流社会厌恶社会主义，但桑德斯仍以民主社会主义者的身份参加初选。一名候选人以民主社会主义者的身份参加总统竞选，这在美国两大党总统竞选史上是前所未有的。桑德斯还自称是犹太教徒，而且一般不积极参加有组织的宗教活动，他也因此创下了两大党历史上非基督徒首次赢得一州初选的纪录。[③]

桑德斯的行动和政策偏好体现了其民主社会主义的意识形态。他是支持

---

① "Michigan Democratic Presidential Primary," http://www.realclearpolitics.com/epolls/2016/president/mi/michigan_ democratic_ presidential_ pri mary-5224. html.

② "Sanders Socialist Successes," April 22, 2009, http://www.sanders.senate.gov/newsroom/must-read/sanders-socialist-successes.

③ Peter Weber, "Bernie Sanders Becomes First Jewish, Non-Christian Candidate to Win U.S. Primary," February 9, 2016, http://theweek.com/speedreads/604757/bernie-sanders-becomes-first-jewish-nonchristian-candidate-win-primary.

2011 年"占领华尔街"运动的少数政治家之一。在 2016 年的竞选中，他声称自己目的是要在美国掀起一场"政治革命"，并提出一整套激进政策。他希望建立一套覆盖所有人的、由联邦政府单独支付的医疗保险体系，取消公立大学和学院的学费，拆解华尔街的大银行，加强对大企业和跨国公司的监管，对富人和企业大幅度增税，将联邦最低工资从当前的 7.25 美元/小时提高到 15 美元/小时，实施带薪产假，缩短非法移民的归化时间，对污染企业征收碳税，限制区域贸易协定，反对美国介入国际争端和参战，等等。①

实际上，桑德斯的矛头主要是指向美国越来越严重的经济不平等，以致希拉里将其贬低为单一议题参选人。他认为贫富分化主要是华尔街金融势力以及被其收买的腐败政治精英所造成的。希拉里在竞选中以奥巴马的遗产保管人自居，而桑德斯却自诩为继承了奥巴马精神的反叛者。他直言民主党做错了许多事，还批评奥巴马在消除经济不平等方面做得不够。他试图通过积聚草根力量来增强民主党意识形态的纯洁性，迫使民主党继续左转，从而推动彻底的政治变革。

桑德斯确实拥有大批坚定的草根支持者，这些人主要是年轻人和中下层白人。年龄和种族是区分桑德斯和希拉里各自支持者的最重要的两个因素。根据盖洛普对民主党认同者的调查，低于 30 岁的群体中有 62% 的人支持桑德斯，只有 35% 的人支持希拉里。高于这个年龄的人大多支持希拉里，而且年龄越大支持比例越高。另外，61% 的白人是桑德斯的支持者，但只有 36% 的黑人和 37% 的拉美裔支持他。②

各州的初选民调数据也凸显了这两种因素。以美国有线电视新闻网的密歇根州民主党初选出口民调为例，桑德斯获得了 85% 的 30 岁以下年轻选民的支持和 56% 的白人选民的支持，但他在 45 岁以上选民中的支持率只有 37%，在非白人选民中的支持率只有 34%。同时还可以发现，中下层白人更倾向于

①　David A. Fahrenthold, "How Bernie Sanderss, Political Revolution "Would Change the Nation," The *Washington Post*, January 18, 2016, https：//www.washingtonpost.com/politics/how-bernie-sanderss-political-revolution-would-change-the-nation/2016/01/18/4c1c13fa-bde4-11e5-9443-7074c3645405_ story. html? tid＝pm_ politics_ po p_ b.

②　Andrew Dugan, "As Voting Begins, Sanders More Popular than Clinton with Dems," Gallup, February 1, 2016, http：//www.gallup.com/opinion/polling-matters/188957/voting-begins-sanders-popular-clinton-dems. aspx.

支持桑德斯，在未受过大学教育的白人选民中，桑德斯的支持率高达57%。桑德斯支持者的意识形态也较为极端，58%的自认为非常自由化的选民和72%的认为下任总统应当更加自由化的选民都支持桑德斯。桑德斯的支持者也更加关注经济不平等问题，60%的将收入不平等视为最重要议题的选民、56%的认为其他国家夺走了美国就业机会的选民，以及58%的对美国经济非常担忧的选民都支持桑德斯。① 鉴于经济议题在桑德斯竞选中的突出地位，就很容易理解为什么在受自由贸易和全球化损害最严重的五大湖区各州（如密歇根、威斯康星、印第安纳、俄亥俄、伊利诺伊），桑德斯对希拉里形成了巨大的压力。总之，与希拉里相比，桑德斯的支持者主要是年轻人，其次是中下层白人，他们的意识形态更加自由化，也更加关注经济不平等。

　　桑德斯的竞选已经对美国政治产生了重大影响。仅仅作为两大党总统竞选史上首位以民主社会主义者身份参选之人，桑德斯就创造了历史，使"社会主义"这个在美国较为敏感的词很大程度上"脱敏"了。美国没有社会主义被认为是"美国例外"论的一部分，至今多数美国人仍对社会主义心存怀疑和反感。然而，民主社会主义在美国年轻人中却越来越受欢迎。皮尤公司2011年的调查显示，60%的美国人仍对社会主义持负面评价，但年轻人和非常自由化的民主党人中的多数，已经对社会主义持正面评价。② 艾奥瓦州初选前夕的民调也显示，43%的可能投民主党票的选民自视为社会主义者。③ 这一数字至少从一个方面解释了桑德斯在艾奥瓦州初选中逼平希拉里的原因。随着年轻人越来越涉足政治，桑德斯开创的新政治联盟未来还可能产生更大的影响。

　　桑德斯的直接影响是迫使希拉里和民主党建制派接受其部分主张。截至4月底，桑德斯只得到8位民主党联邦众议员和1位参议员的支持，还没有一位民主党州长表态支持他。这与希拉里得到的民主党建制派的支持相比，

---

① "Michigan Exit Polls," http：//www.cnn.com/election/primaries/polls/mi/Dem.

② Pew Research Center, "Little Change in Public's Response to 'Capitalism,' 'Socialism,'" December 28, 2011, http：//www.people-press.org/2011/12/28/little-change-in-publics-response-to-capitalism-socialism/.

③ Aaron Blake, "This Number Proves Bernie Sanders Can win Iowa," *The Washington Post*, January 17, 2016, https：//www.washingtonpost.com/news/the-fix/wp/2016/01/17/this-number-proves-bernie-sanders-can-win-iowa/.

完全可以忽略不计。然而，希拉里的竞选主张已经在桑德斯的压力下发生了明显变化，尤其是在经历新罕布什尔州和密歇根州的两次失败之后。希拉里与华尔街关系密切，因此她一直对大银行的问题讳莫如深，但新罕布什尔州初选后她不得不宣称："没有哪家银行庞大到不能垮，也没有哪位执行官强大到不能进监狱。"为此，桑德斯称希拉里剽窃了他的话。① 希拉里在公立大学学费、全民医保和贸易保护等议题上也部分接受了桑德斯的观点。②

此外，桑德斯主要依靠小额捐款的筹款模式甚至打破了 2008 年奥巴马的记录。这不仅构成对希拉里的巨大压力，而且是对愈演愈烈的金钱政治的强烈否定。奥巴马和民主党高层都承认桑德斯迄今对民主党的初选起了很大的动员作用，但他们也多次暗示桑德斯应尽快退出与希拉里的竞争，以便使后者能够尽快团结民主党以全力对付特朗普。③ 很多专家也论证说，桑德斯的施政纲领在极化的政治环境和债台高筑的政府财政形势下是不可行的，④但是，桑德斯及其支持者并没有因此而动摇。

桑德斯虽然消耗了希拉里许多原本可以用来对付共和党的金钱和时间，但就选票而言，他对希拉里的挑战仍然明显小于 2008 年希拉里对奥巴马的挑战（2008 年 4 月底希拉里只落后奥巴马 112 张代表票）。而且，在最终的选举中，桑德斯很可能会为希拉里站台，毕竟特朗普上台是他更不愿看到的。但是，在提名无望的情况下，桑德斯依然宣称要将初选进行到底，其主要目的就是迫使 7 月的民主党全国代表大会进一步接受他的主张。

然而，桑德斯的"政治革命"仍面临巨大的阻碍。民主党的主流依然比较温和，不愿支持桑德斯的过左立场，特别是少数族裔这个民主党核心选民群体对桑德斯的号召缺乏积极的回应。同时，桑德斯也没有打破在美国选

---

① Danny Freeman, "Sanders: Voter Turnout, Not as High as I Had Wanted," February 21, 2016, http://www.nbcnews.com/meet-the-press/sanders-voter-turnout-not-high-i-had-wanted-n523031.

② Matthew Yglesias, "Bernie Sanders Can Still Lead a Political Revolution-Even If He Loses," *Vox*, March 15, 2016, http://www.vox.com/2016/3/15/11242926/bernie-sanders-political-revolution-future.

③ Burgess Everett, "Democrats to Sanders: Time to Wind It Down," *Politico*, March 21, 2016, http://www.politico.com/story/2016/03/bernie-dems-winddown-220966#ixzz43b8VcNP1.

④ Dylan Matthews, "Study: Bernie Sanders's Single-Payer Plan Is Almost Twice as Expensive as He Says," *Vox*, January 28, 2016, http://www.vox.com/2016/1/28/10858644/bernie-sanders-kenneth-thorpe-single-payer.

举中"越穷的群体投票率越低"这个惯例。他的主张看上去更有利于中下层民众，但大量贫困选民要么不投票，要么支持希拉里，以致桑德斯将自己的失败很大程度上归因于穷人不投票。① 这显示出，美国的左翼运动仍然缺乏动员起足够大的政治变革力量的条件。

三　特朗普与桑德斯的共性与差异

在从左到右的美国政治光谱上，桑德斯处于远左端，希拉里所代表的民主党建制派属于中间偏左的温和派，共和党建制派所代表的亲商业保守派迄今已经大幅度右转，克鲁兹所代表的茶党等社会保守派则处于最右端（见图1）。② 而特朗普的位置则较难确定，他在大部分经济和社会议题上都属于温和的保守派，只是在移民等少数议题上坚持极端保守的立场。虽然桑德斯和特朗普在意识形态上分属两个阵营，但实际上他们又存在不少相似之处。

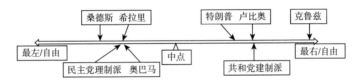

图1　美国政治光谱示意
（以在大部分社会和经济议题上的立场为依据）
资料来源：作者自制。

---

① Dara Lind, "Bernie Sanders Just Accidentally Explained Why His Political Revolution Has Failed," *Vox*, http://www.vox.com/2016/4/25/11497822/sanders-political-revolution-vote.

② 此处是用 DW-NOMINATE 分值来度量政治人物和政党的意识形态位置。DW-NOMINATE 方法（动态加权定类三步评估法）是美国政治学家基思·T. 普尔（Keith T. Poole）和霍华德·罗斯塔尔（Howard Rosenthal）发明的，现已被美国政治学界广泛引用。这种方法是通过议员的投票行为来对其意识形态做定量的评估，比主观地打分更加精确。这种方法也可用于评估总统的意识形态，因为总统会批准或否决国会的议案，其实际效果相当于议员投票。由于特朗普不是国会议员，其意识形态不能通过这种方法来直接确定。本文采用了一种间接方法，即计算出最早公开支持特朗普的一批国会议员的意识形态平均值，以此作为特朗普的意识形态分值。这种方法虽然有不足之处，但结合特朗普的言论和政治行为，大致可以确定他的意识形态位置。此处的两党建制派是指两党的联邦参议员整体。实际上，众议员整体上要比参议员更加极端一些。具体的 DW-NOMINATE 分值可参见该网站：http://voteview.com/dwnomin.htm，该方法的具体内容可参见 Keith T. Poole and Howard Rosenthal, *Congress: A Political-Economic History of Roll Call Voting*, Oxford University Press, 1997。

　　首先，桑德斯和特朗普的竞选形式都带有强烈的民粹主义色彩。民粹主义运动至少具有两个共同的核心特征：崇拜和直接诉诸人民，反对某些精英群体。但民粹主义者对人民的定义通常是摩尼教式的，他们用简单的二元对立的方法将所有人分为高尚的"人民"和某些邪恶的"他者"，后者可以是精英、统治者、华盛顿的小圈子、华尔街、大资本家、无良律师或外来移民等。① 桑德斯和特朗普的竞选运动都具有这两种特征。桑德斯号召人民行动起来反对权势阶层，特别是反对富人和大企业，而特朗普则发动人民去驱逐非法移民、排斥少数族裔、阻挡穆斯林和攻击华尔街。两人都在制造"他者"，都试图让他们所认定的破坏美国的人付出代价。

　　桑德斯和特朗普及其各自的支持者都对华尔街、大企业和两党建制派表示出不满甚至愤怒，但两人的侧重点有很大的不同。桑德斯发动的实际上是一场"阶级斗争"，旨在将受害者的愤怒导向富人和大企业，而特朗普虽然本质上也聚焦于经济问题，但他将非法移民和少数族裔当作替罪羊，这使他能够无视美国主流社会所达成的各种"政治正确"原则。桑德斯和特朗普的做法分别体现了左翼民粹主义和右翼民粹主义两种不同的政治传统。左翼民粹主义往往倾向于社会主义的意识形态，并重点关注经济议题；而右翼民粹主义则通常带有种族主义、民族主义和本土主义的色彩。左、右两种民粹主义运动在美国历史上的危急时刻曾多次出现。19 世纪前期，杰克逊民主运动代表的就是美国左翼民粹主义，其主要支持者包括北方工人阶层，他们反对政治和经济上的特权阶层。而当时的本土美国人党（通称"一无所知党"）则具有右翼民粹主义的色彩，他们强烈地反对移民，要求净化美国政治。19 世纪后期的平民党运动是美国历史上规模最大的左翼民粹主义运动，主要是西部和南部的农场主反对大垄断企业和金融阶层。而 20 世纪前期的三 K 党运动则是典型的右翼民粹主义，他们强烈地排斥移民和少数族裔。最近几年兴起的"占领华尔街"运动和茶党运动也分别属于左右翼民粹主义运动。

　　桑德斯和特朗普都成功地利用了民众的焦虑情绪。桑德斯在五大湖区的

---

① 关于对美国民粹主义的分析，可参见付随鑫《从右翼平民主义的视角看美国茶党运动》，《美国研究》2015 年第 5 期。

中下层白人中获得强烈的支持，这与该地区在遭受全球化和自由贸易的严重
冲击后，中下层白人的社会经济地位下降密切相关。虽然该地区少数族裔受
到的经济损害比中下层白人更严重，但后者的焦虑情绪却比前者更强烈。①
特朗普对焦虑政治的利用比桑德斯更甚，因为他还利用了白人蓝领阶层文化
和身份上的焦虑。这一阶层对自身数量和地位的下降感到恐惧，对快速的社
会变迁改变他们的传统信仰感到困惑，对美国失去全球领导力感到愤怒。② 据
美国人口普查局统计，到 2014 年白人在美国总人口中的比例已经下降到
62.2%，而且在 5 岁以下儿童中，白人的比例首次低于 50%。据该机构的预
测，到 2044 年，白人将在美国首次失去多数地位，而且今后非本土出生的
美国人的比例会越来越高。③ 这些文化或身份上的焦虑进一步激发了他们的
种族主义、民族主义和本土主义观念。而桑德斯的民粹主义主要集中在经济
议题上，在其他方面则继承了社会主义思想中的国际主义成分。

　　其次，两人的核心选民都包括大批中下层白人。虽然桑德斯的核心支持
者主要是年轻人，但他也得到大量中下层白人的支持，而特朗普的核心支持
者主要是后者。他们的支持者还有一个共同特征，就是白人比例非常高。虽
然桑德斯并没有表现出种族主义色彩，但其"政治革命"的号召在少数族
裔中没有得到明显的响应，因此他只能在北部白人比例较高的各州对希拉里
构成威胁。特朗普的支持者更几乎是清一色的白人。不过，两个支持者群体
的意识形态具有明显的差别。桑德斯的支持者从整体上讲，偏于极端自由
化，而特朗普的支持者则属于温和的保守派。桑德斯的支持者对美国的现状
和精英阶层怀有不满，但还达不到愤怒的程度。他们认为奥巴马不够激进，
对共和党妥协太多，因此他们想要推动民主党进一步左转。他们与民主党建
制派的主张属于相同的意识形态范畴，只是更加极端和激进。他们对民主党

---

① Ned Resnikoff, "Sanders' Michigan Victory Not Explained by Anger at Clinton Trade Deals," March 9, 2016, http://www.ibtimes.com/political-capital/sanders-michigan-victory-not-explained-anger-clinton-tr ade-deals-2333560.

② Stephen Collinson, "How Trump and Sanders Tapped America's Economic Rage," March 9, 2016, http://www.cnn.com/2016/03/09/politics/sanders-trump-economy-trade/.

③ Sandra L. Colby and Jennifer M. Ortman, "Projections of the Size and Composition of the U. S. Population: 2014 to 2060," pp. 2, 9, http://www.census.gov/content/dam/Census/library/publications/2015/demo/p25-1143.pdf.

所起的作用类似于茶党对共和党所起的作用。

相比之下，特朗普及其支持者的意识形态却与共和党建制派或茶党有明显的差别。他们并不认同后两者信奉的小政府、自由市场经济和传统价值的意识形态，也不关心共和党意识形态的纯洁性，而是对共和党不能代表他们的诉求感到愤怒。由于桑德斯的理念更容易被民主党建制派所吸纳，这使桑德斯在初选中获胜的可能性要低于特朗普。

再次，两者的竞选策略也有很多相似之处。桑德斯和特朗普都宣称反对金钱政治，并拒绝超级政治行动委员会的支持。桑德斯主要依靠小额捐款，而特朗普则是使用自己的资金，两人也都坚持反建制派的态度。桑德斯不断批评民主党高层的错误，而特朗普则直接藐视建制派，两人也都没有获得本党建制派的支持。截至 4 月底，桑德斯只得到 5 名民主党联邦众议员和 1 名参议员的支持，连与他意识形态相近的联邦参议员伊丽莎白·沃伦（Elizabeth Warren）也一直对其持中立态度；而特朗普也只获得 11 名众议员、1 名参议员和 3 名州长的支持，他在共和党高层中得到的支持度远不及卢比奥、杰布·布什，甚至克鲁兹。① 此外，虽然两人都想要尽可能地吸引更广泛的选民，但他们依靠的主要还是各自的核心支持者。桑德斯的吸引力一直没有明显扩大到少数族裔中去，而特朗普至今也远未能将共和党选民团结起来。

最后，桑德斯和特朗普的政策偏好也有很多相似之处。两人都支持经济上处于弱势、政治上不受关注的群体，如年轻人和蓝领工人。当前在美国，年轻人面临的问题是沉重的学费、大学贷款和就业压力，而蓝领工人面临的问题是就业机会的消失。两者都主张推行全民医保：桑德斯希望建立由联邦政府单独支付的医保体系，而特朗普则多次承诺将推出更好的方法来取代奥巴马的医保制度。要使两人的主张变为现实，就必须大幅度增加税收。桑德斯和特朗普都拒绝两党精英所拥护的自由贸易理论，都在不同程度上反对全球化和区域贸易协定。两人都认为全球化和自由贸易导致中国、日本等国夺走了美国劳动者的就业机会，因而他们都攻击克林顿签订的《北美自由贸易协定》和奥巴马签订的 TPP，并要求实施贸易保护政策；他们还都主张进行

---

① "The Endorsement Primary," http：//projects. fivethirtyeight. com/2016-endorsement-primary/.

新的大规模基础设施投资。在外交政策方面，两人都强烈否定小布什政府的反恐战争，也都反对美国发动海外干涉行动，但桑德斯的外交思想主要基于和平主义，而特朗普则具有明显的孤立主义倾向。桑德斯和特朗普都不是典型的美国总统参选人，相反，他们更像是欧洲的左翼和右翼政客。

　　尽管桑德斯和特朗普之间存在着诸多相似之处，但两人之间的差异决定了他们各自的支持者很难形成一个左右翼民粹主义者的政治联盟。直到 20 世纪 70 年代，美国国会中的两党还有重合，但 70 年代末以来两党变得越来越泾渭分明，与此同时，美国人正在越来越多地通过阶级、族裔和意识形态来区分个人。在过去 40 余年里，美国精英阶层的政治极化日益严重，选民的意识形态与政党认同的相关性也越来越强，结果导致严重的政治分裂和政治僵局，特别表现在对国会中关键议题上的投票都是以党派划界。意识形态相对温和的特朗普似乎能成为团结左右翼选民的可能人选，而且，虽然桑德斯及其支持者多次攻击特朗普，但其中一些人还有可能转投特朗普的票。然而，两人截然不同的意识形态决定了他们的支持者很难联合起来。《华尔街日报》的调查显示，只有 6% 的选民将同时考虑两者。根据皮尤公司的调查数据，只有 4% 的受访者认为两人都很好或伟大，只有 15% 的人对两者的评价都超过平均水平。77% 的支持桑德斯的人认为特朗普很糟糕，60% 认为特朗普好的人觉得桑德斯很糟糕。[1] 而且，特朗普迄今也只能获得小部分共和党选民的支持，而且其主要支持群体白人蓝领阶层的人数比例还在不断下降。

四　"特朗普现象"和"桑德斯现象"的深层原因

　　特朗普和桑德斯的竞选活动在形式上和内容上有很多相似之处，而导致这些相似之处的是它们背后一些共同的原因，其中包括美国中产阶级和白人蓝领阶层的衰落、经济不平等的加剧、经济全球化的威胁、民主制度陷入困境以及美国国际地位的变化，等等。

　　第一，经济状况恶化导致美国中产阶级和蓝领阶层变得更为激进。

---

① Thomas B. Edsall, "The Trump-Sanders Fantasy," *New York Times*, Feb. 24, 2016, http：//www. nytimes. com/2016/02/24/opinion/campaign-stops/the-trump-sanders-fantasy. html.

最近半个世纪以来，美国中产阶级和白人蓝领阶层的规模不断缩小。1971 年，61%的美国成年人生活在中等收入家庭中。这一比例在过去几十年里不断下降，到 2015 年已经减少到 49.9%，不再占据多数。相反，低收入者在总人口中的比例不断上升，从 1971 年的 25%上升到 2015 年的 29%。高收入阶层的比例也从 1971 年的 14%上升到 2015 年的 21%。① 在最近 20 多年里，美国中产阶级的实际收入基本上处于停滞状态。2014 年美国家庭收入中位数为 53657 美元，明显低于 1999 年的 57826 美元，与 1989 年的 53290 美元相当。②

蓝领阶层的衰落更加严重，他们之中的大多数人都没有受过大学教育，而且集中在以制造业为主的第二产业中。由于全球化的深入发展和技术进步，美国的劳动密集型制造业大量外迁或外包。即使奥巴马政府推行再工业化，美国的制造业也将更加依赖技术而非劳动力。在顶峰时期的 1979 年，美国制造业创造了 2000 万个工作岗位，到 2015 年，虽然美国总人口增加了近 1 亿，但制造业工作岗位只剩下 1200 万个，不到总就业岗位的 9%。③ 蓝领阶层不仅规模大幅度收缩，而且经济地位不断下降。在所有群体中，未受过大学教育的人是过去几十年里经济地位变动的最大受害者：他们在高收入阶层中的比例明显下降，而在低收入者阶层中的比例持续上升。此外，30 岁以下的年轻人也是主要的受害群体。④ 在 2010 年以来的缓慢经济复苏中，增加的高薪职位主要被受过高等教育的人所占据，相反，蓝领阶层却损失了 7 万个高薪职位，他们获得的新就业机会基本上都属于低收入等级。⑤

经济地位的下降还伴随着精神状况的恶化。在过去 20 年里，美国中年白人的死亡率出现大幅度上升，其主要原因是自杀、吸毒和酗酒等。这种现

---

① Pew Research Center, "The American Middle Class Is Losing Ground: No Longer the Majority and Falling behind Financially," Washington, D. C., December 2015, p. 7.

② U. S. Census Bureau, "Income and Poverty in the United States, 2014," pp. 31-33, https://www.census.gov/content/dam/Census/library/publications/2015/demo/p60-252.pdf.

③ "United States Bureau of Labor Statistics Data," http://data.bls.gov/pdq/SurveyOutputServlet.

④ Pew Research Center, "The American Middle Class Is Losing Ground: No longer the Majority and Falling behind Financially," Washington, D. C., December 2015, p. 10.

⑤ Anthony P. Carnevale, Tamara Jayasundera and Artem Gulish, "Good Jobs Are Back: College Graduates Are First in Line," p. 14, https://cew.georgetown.edu/wp-content/uploads/Good-Jobs_ Full_ Final. pdf.

象主要发生在没有受过大学教育的人群中，说明经济地位的下降与精神状况的恶化具有很强的相关性。① 如今，毒品滥用已成为这一阶层普遍存在的现象。新罕布什尔大学的多次民调显示，在该州这次初选中，选民们关心的头等大事竟然是海洛因上瘾，而这发生在一个99％的人口都是白人的州，以往这只发生在黑人人口比例较高的州。②

曾经对美国民主制充满乐观的弗朗西斯·福山（Francis Fukuyama），对美国中产阶级规模的逐步缩小做出过自己的解释。他认为，技术革新和全球化破坏了中产阶级的基础，使发达社会中只有少数人能够获得中产阶级的地位。同时他发现，美国人收入的中位数自20世纪70年代以来一直处于停滞状态，由于实际收入增长的停滞和社会收入分配不平等，社会中的大多数人越来越难以进入中产阶级的行列。从内部原因讲，由于美国不愿像欧洲福利国家那样进行收入再分配，技术创新所带来的经济效益都被极少数最有能力的精英占有了，这导致美国不平等问题的加剧。在一个"智能机器的时代"，每一次伟大的技术进步都带来大量低技能工作的丧失，使金融奇才和软件工程师能够拥有更多的国民财富。从外部原因讲，全球化导致原来由发达国家的老中产阶级做的工作，现在可以在其他国家以更低廉的价格完成。结果是，发达国家中的总收入虽然提高了，但工作岗位却流失到了外国。③

中产阶级和白人蓝领阶层的衰落使他们在政治上变得愤怒和激进。"美国例外论"是诠释美国的独特性、优越性与特殊使命的一种意识形态，它的一个核心信条是：美国是一个以中产阶级为主体的国家，中产阶级是美国民主制度的基石，美国是一个充满机会的国度，具有很强的社会与经济流动性，因此社会主义等激进政治运动在美国缺乏生存的土壤。但是，在过去几十年里，美国中产阶级的规模却在不断缩减，大量中产阶级成员跌入低收入

① Anne Case and Angus Deaton, "Rising Morbidity and Mortality in Midlife among White Non-Hispanic Americans in the 21st Century," *Proceedings of the National Academy of Sciences*, Vol. 112, No. 49 (2015), pp. 15078-15083.

② WMUR Poll, "Illegal Drugs the Most Important Issue Facing the State, Gubernatorial Candidates Unknown," https：//cola. unh. edu/sites/cola. unh. edu/files/research_ publications/gsp2016_ spring_ gov041916. pdf.

③ Francis Fukuyama, "The Future of History, Can Liberal Democracy Survive the Decline of the Middle Class?" *Foreign Affairs* (January/February 2012), pp. 52-61.

阶层，而蓝领阶层的上升通道变得日益狭窄。面对这些剧烈的社会变迁，作为"沉默的大多数"的中产阶级变得更加激进，而在政治上被忽略的白人蓝领阶层也爆发了大反叛。美国中下层的反叛往往带有民粹主义的色彩，他们以美国社会主体自居，反抗来自上层和底层两个方向的挤压。桑德斯和特朗普为他们提供了左、右两种极端的民粹主义解决方案，将矛头指向富人、华尔街、金融阶层、非法移民、少数族裔等不同的对象。由于全球化、自由贸易和新自由主义经济学是导致美国中产阶级和白人蓝领阶层衰落的重要原因，两人也竭力反对两党建制派的自由贸易、区域贸易协定等现行政策，要求将工作机会重新带回美国。

反对经济全球化是特朗普和桑德斯的共同主张。全球化是当今美国社会危机的一个新的根本性原因，而技术进步和美国实力衰落等因素以前也曾存在过。经济全球化与政治本地化之间存在严重的矛盾。经济全球化使美国的富人和跨国公司能够在全球范围内谋取和转移财富，但小企业和普通劳动者却只能受困于本地经济的衰退。这实际上造就了"两个美国"：全球化的精英阶层和本土的经济弱势群体。后者试图利用本地政治力量去缓解经济全球化对他们造成的伤害。这正是此次大选中民粹主义运动的做法。然而，通过本土民粹政治运动来推行经济民族主义政策，并不能有效缓解全球化的负面效应。事实上，大多数发达国家的工薪阶层都是全球化的受害者，而美国的两党都没有真正帮助过这些人。共和党代表的是大型跨国公司的利益，一贯主张开放移民和自由贸易，而民主党则更在意满足不同群体的诉求，如同性婚姻、环境主义、女权主义等，但有一个群体被它忽视了，即白人工薪阶层。

第二，经济不平等激发了中下阶层对特权阶层的愤怒。

20 世纪 70 年代以来，美国进入新镀金时代，经济不平等程度重攀历史高峰。衡量经济不平等最常用的一个指标是基尼系数。根据美国人口普查局的数据，1970 年美国家庭收入的基尼系数是 0.353，之后几乎一路攀升，到 2014 年已经增加到 0.48，① 远超过 0.4 的警戒线。如图 2 所示，美国的基尼系数在主要发达国家中也是最高的。根据经济合作与发展组织（OECD）的

---

① United States Census Bureau, "Historical Income Tables: Income Inequality," https://www.census.gov/hhes/www/income/data/historical/inequality/.

数据，美国 2012 年的税前基尼系数高达 0.513，税后为 0.389。OECD 的 35
个成员国中只有主权债务危机比较严重的爱尔兰、希腊和葡萄牙的税前基尼
系数高于美国，其他国家都低于美国。若论税后基尼系数，所有 OECD 发达
成员国的数据都比美国低，只有墨西哥和土耳其这两个发展中国家的要高一
些。与美国相比，欧洲的税收政策对降低收入不平等的效果要更为显著。[①]

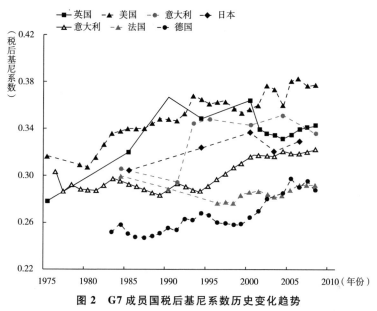

图 2　G7 成员国税后基尼系数历史变化趋势

资料来源：OECD Income Distribution Database, http://www.oecd.org/
social/income-distribution-database.htm。

　　衡量经济不平等的另一个重要指标是最富裕阶层的收入和财富比重。在
从 1968 年到 2014 年的 46 年里，美国最富裕的 20% 的家庭收入占居民总收
入的比重增加了 20%，而同一时期，最贫困的 20% 的家庭所占比重降低了
26%，其他三个五等分组的家庭收入占居民总收入的比重也在下降，46 年
间分别下降了 26%、19% 和 5%。[②] 法国著名经济学家、《21 世纪资本论》的
作者托马斯·皮凯蒂（Thomas Piketty）和加州大学伯克利分校经济学教授

---

① OECD Income Distribution Database, http://stats.oecd.org/index.aspx? queryid = 66670.

② U. S. Census Bureau, "Income and Poverty in the United States: 2014," pp. 31-36, https://
www.census.gov/content/dam/Census/library/publications/2015/demo/p60-252.pdf.

埃曼努埃尔·赛斯（Emmanuel Saez）等人的研究表明，20世纪70年代以来美国的财富越来越集中在最顶层的极少数人手中。在1929年美国最富有的0.1%的家庭所拥有的财富大约占美国家庭总财富的25%。这一比重在大萧条和新政之后不断下降，1978年达到最低点7.1%，但随后又迅速上升，到2012年高达22%，重新回到大萧条之前的水平。而在同一时期，美国底层90%家庭所拥有的财富占居民总财富比重的变化趋势，却完全相反。2012年，美国最富有的0.1%的家庭所占有的财富与中下层90%的家庭几乎相等（见图3）。从以上数据可以看出，美国的经济不平等已经重回历史最高水平，收入和财富越来越集中在极少数最富有的人手里。

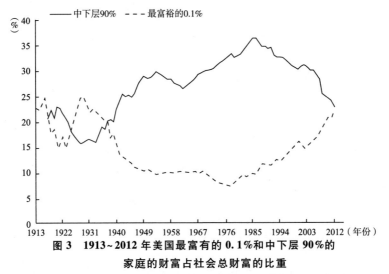

图3　1913～2012年美国最富有的0.1%和中下层90%的家庭的财富占社会总财富的比重

资料来源：Emmanuel Saez and Gabriel Zucman，"Main Data，" http：//gabriel-zucman.eu/uswealth/。

经济不平等对美国政治产生了严重影响。一般而言，政治精英对高收入和中等收入选民的回应性更强。共和党对高收入选民的回应性比民主党更强，两党对中等收入选民有相似回应性，而对低收入选民基本没有回应。在经济不平等加剧的情况下，共和党精英对高收入选民的回应性的增强幅度最大，而民主党精英对中等收入选民的回应性的增强幅度最大。因此，经济不平等实际上增强了富人对政治的影响力。无论是"占领华尔街"运动打出"99%反对1%"的口号，还是桑德斯将经济不平等作为最主要的竞选议题，都不是没有缘由的。就连竞争共和党总统候选人提名的特朗普，也不时发出抨击华尔街和金融阶层的言论，声称华尔街的金钱政治玷污了美国政治，对冲基金经理们的逃税行为损害了美国和中产阶级的利益。①

第三，美国民主制度受挫放大了民众的不满。

自20世纪70年代以来，美国的政治极化日益加剧。两党内部的意识形态同质性不断增强，两党间异质性不断增大，普通民众的政党认同越来越强烈。经济不平等是加剧政治极化的主要原因之一。日益加剧的政治极化导致任何一党都没法占据上风，相反，由于美国政治传统下的分权制衡机制，美国政治中出现越来越多的对立和僵局。民主制度所赖以存在的妥协与共识被福山所谓的"否决政治"所取代。②

奥巴马执政的几年时间是20世纪以来美国政治极化最严重的时期。他大力推动的医改法案在参、众两院遭到全体共和党议员的一致反对（除一位共和党参议员弃权外），但得到所有民主党参议员和绝大多数民主党众议员的支持。两党的长期对立造成民众对政府的严重不信任。根据美国全国选举调查的数据，1964年美国人对政府的信任指数高达61%，之后总体上呈下降趋势，到2012年仅为22%。民调数据显示，仅有20%的美国人在大多数时候信任政府，76%的美国人在某些时候信任政府。③ 国会是两党斗争最激烈、最持久的地方，而美国人对国会的信任度尤其低下。1973年，尚有43%的美国人较为信任国会，但到2014年这一比例已经下降到惊人的7%。④ 对政府和政客缺乏信任，无疑是代议制民主对某些群体缺乏代表性的重要表现，这为民粹主义运动的兴起提供了丰富的土壤。

共和党选民对其精英的无能尤其不满。一方面，在过去40年里，共和党

---

① Maxwell Tani，"Donald Trump: Hedge Fund Guys Are Getting away with Murder," August 23, 2015, http://www.businessinsider.com/donald-trump-hedge-funds-2015-8.

② Francis Fukuyama, "America in Decay: The Sources of Political Dysfunction," *Foreign Affairs* (September/October 2014), pp. 5-26.

③ American National Election Studies, "Trust in Government Index 1958-2012," http://www.electionstudies.org/nesguide/toptable/tab5a_5.htm; "Trust the Federal Government 1958-2012," http://www.electionstudies.org/nesguide/toptable/tab5a_1.htm.

④ Rebecca Riffkin, "Public Faith in Congress Falls Again, Hits Historic Low," Gallup, June 19, 2014, http://www.gallup.com/poll/171710/public-faith-congress-falls-again-hits-historic-low.aspx.

一直被秉持小政府和自由市场理念的精英所把持，他们制定的经济与社会政策主要有利于富人，实质上并不能使党内的中下层白人受益。例如，虽然共和党精英顽固地要求削减社会保障支出，但皮尤民调显示，68%的共和党选民都反对这种做法，尤其是在特朗普的支持者中，反对率高达73%；甚至高于民主党选民的反对率。① 虽然中下层白人可能因非经济议题而留在共和党内，但他们由于切身利益受到共和党精英的长期忽略和损害，现在急切地要发起一场共和党内的大反叛。另一方面，在共和党草根阶层看来，最近几十年里共和党似乎遭遇着"永恒的失败"，虽然它不时处于执政地位，但美国政府规模扩大的势头从来没有被遏制住。自 2010 年在国会选举中大胜以来，共和党试图不惜一切代价阻挠奥巴马推进改革，但这使美国的国家治理因"否决政治"而变得更加困难。这反而更彰显了共和党政客的无能。

在民主党阵营里，美国的年轻人曾在 2008 年热烈拥护奥巴马，但奥巴马并未兑现其在竞选中所许诺的政治变革，相反却越来越趋于妥协，在解决经济不平等问题上也做得非常有限。因此，在 2016 年的选举中，美国年轻人抛弃了奥巴马所支持的希拉里·克林顿，转而支持立场更左的桑德斯。特朗普和桑德斯都激烈地攻击本党的建制派。特朗普全然不理睬精英阶层早已建立起来的"政治正确"原则，也毫不顾忌共和党的正统原则，而桑德斯则大胆地突破了美国政治传统，直言不讳地宣传民主社会主义的主张。

需要说明的是，特朗普和桑德斯所领导的两种反叛在两党内的相对位置有明显差别。如图 4 所示，在过去 40 多年里，美国的政治极化并不是对称的。共和党的右转是美国政治极化的主要驱动力，其程度远远超过民主党的左转，这导致共和党变得极端保守。② 在奥巴马执政初期，美国曾发生茶党和"占领华尔街"两场民粹主义运动，后者可以说是 2016 年桑德斯竞选的预演。由于民主党至今仍比共和党要温和得多，所以桑德斯还有余地迫使民

---

① Pew Research Center, "Views on Economy, Government Services, Trade," March 31, 2016, http: //www. people-press. org/2016/03/31/3-views-on-economy-government-services-trade/.

② 前述 DW-NOMINATE 方法用-1 到 1 的取值区间来衡量美国自由到保守的意识形态。从 20 世纪 70 年代到现在，参议院民主党的分值是大约从-0.3 变为-0.4；同一时期，参议院共和党的分值从 0.25 变为 0.55。可以看出，不仅现在共和党的绝对值要明显大于民主党，而且过去 40 年里共和党的变动幅度远大于民主党。

主党甚至美国政治进一步左转。相反,共和党早已经极端保守化,而茶党运动又曾迫使共和党进一步右转,结果导致共和党主流远离了其相对温和的保守选民,这使特朗普的竞选纲领在这部分人中具有很大的感召力。

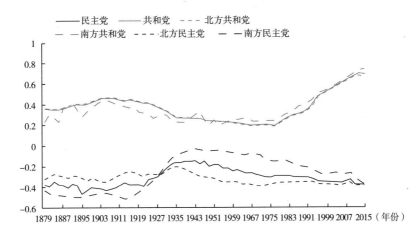

图4　1879~2015年联邦众议院两党意识形态的极化水平

资料来源:House Polarization 46th to 114th Congresses,Senate Polarization 46th to 114th Congresses,http://voteview.com/dwnl.htm。

简而言之,桑德斯是美国政治极化趋势的延续,而特朗普却是对它的反动。这种反动主要体现在两个方面:一是他在大多数经济社会议题上坚持与建制派明显不同的相对偏左的意识形态;二是他试图打断过去几十年里政党认同与意识形态的相关性日益增强的趋势。桑德斯的竞选迫使民主党进一步左转,它或许代表了民主党的未来发展方向;而特朗普的竞选则试图使共和党回归温和的保守意识形态,但它可能只是共和党的异端,不大可能全面替代其现有的意识形态。

第四,特朗普和桑德斯现象反映了美国人对美国特性的认知差异。

美国著名政治学家塞缪尔·亨廷顿曾探讨过美国特性的问题,他认为,未来美国界定自己的特性可以有世界主义的、帝国主义的和民族主义的三种方案。世界主义的方案要求世界给美国定性,美国人将更多地听命于国际权威,而非本国政府制定的规则;帝国主义的方案是由美国改造世界,这要求美国的力量在世界上无可匹敌,美国价值观普遍适用;

而民族主义的方案则是美国人重新发扬盎格鲁—新教的文化、传统和价值观。[①] 亨廷顿本人可能更倾向于最后一种方案。

按照亨廷顿的定义，目前美国两党的主流似乎更倾向于帝国主义的方案。虽然在程度上可能有所不同，但他们都认为美国的力量仍然是全世界最强大的，在必要时美国应当发动海外军事干预，推广美国的价值观，坚持自由贸易原则。

特朗普反对两党在这方面的共识。他在对外政策上带有明显的孤立主义或非干预的倾向，他以商人的眼光质疑美国军事干预、海外驻军甚至维持北约的合理性。特朗普还以极端的方式捍卫美国的独特性，他要求用筑墙的方法来隔离墨西哥移民，并禁止穆斯林进入美国。他质疑奥巴马的出生地不在美国，并因克鲁兹出生于加拿大而断定他没有资格成为美国总统。他宣称美国成了一个堆积他人问题的垃圾场。特朗普还强烈地反对自由贸易和区域贸易协定，并要从中国、日本等国夺回美国人的工作机会。特朗普所宣称的"美国第一"原则或许更符合亨廷顿所说的民族主义方案。

桑德斯也试图打破当前对美国特性的主流认知，但他的方向与特朗普的完全相反。桑德斯也反对海外军事干预，却是基于和平主义的。他同样反对区域贸易协定，但出发点是认为全球化对弱势群体和人类发展造成了危害。桑德斯热烈赞扬北欧福利国家，希望美国建成北欧那样的福利制度。由此看来，桑德斯对美国身份的界定可能更符合亨廷顿的世界主义方案：他希望美国进一步融入国际社会，变得更像某些其他国家。

然而有一点很清楚，无论是特朗普还是桑德斯，都已经不再坚持美国力量在世界上无以匹敌、美国价值观普遍适用的帝国主义方案。这反映了美国国际地位和相对实力下降后，相当大一部分美国人对美国特性的重新认识。特朗普和桑德斯的竞选路线表明，他们两人及其支持者在面对美国当前存在的问题时，选择了截然不同的解决方案。但是，即使特朗普最终获得共和党的提名，桑德斯能够对希拉里施加足够大的压力，也很难想象，他们及其支持者的主张能够被美国的主流政治所充分接纳。

---

① 〔美〕塞缪尔·亨廷顿：《我们是谁？美国国家特性面临的挑战》，程克雄译，新华出版社，2005，第 302~305 页。

五　对美国政治的可能影响

本文第一节和第二节已经分别论述了特朗普和桑德斯对各自政党的影响，这里再对他们领导的两场民粹主义运动对美国政治的可能影响做一分析。

特朗普和桑德斯的竞选已经彻底改变了2016年美国大选的面貌，也颠覆了绝大多数人对其最初的预想。在2015年初选刚拉开帷幕之时，共和党的参选人数一度高达17人，可谓史上最庞大阵容。虽然其中缺乏像希拉里那样家喻户晓的重量级人物，但也可以说是人才济济。当时恐怕没有人会想到最终的胜利者竟是毫无政治经验的圈外"投机分子"特朗普。桑德斯的巨大胜利也出乎绝大多数人的预料。最初从民主党一方来看，民主党的初选甚至整个大选都可能成为希拉里的加冕礼，但桑德斯的胜利不仅让希拉里一时疲于应付，还使她不得不明显调整立场以迎合左翼选民。桑德斯的竞选还暴露了希拉里的许多弱点，也为共和党候选人在大选中攻击她提供了弹药。由于左右民粹主义的反叛，2016年初选刚进行了一个多月，希拉里就成了两党建制派唯一的幸存者。剩下的三个主要参选人特朗普、桑德斯和克鲁兹，都不是两党建制派所钟爱的人物。游走在边缘的卡西奇虽然立场温和，但并没有得到共和党建制派的大力支持。2016年的美国大选被许多人看作一场"两害相权取其轻"的选举：特朗普和希拉里都是最近几十年来最不受欢迎的总统参选人，但美国选民不得不从他们之中选出一个看上去不那么糟糕的人。

2016年5月12日，在众议院议长瑞安与特朗普举行会晤后，共和党高层开始转变态度，准备接受特朗普，忽略其对女性的态度以及他在税收、贸易、移民、外交关系和其他方面的摇摆立场，以尊重共和党选民的民意。[①]从2015年希拉里和特朗普宣布参选至今，希拉里的平均全国民调支持率始终高于特朗普。自2016年3月中旬以来，希拉里一直高于特朗普大约10个

① Edward Helmore, "GOP Leaders: People Don't Care about Trump's Woman Problem," *The Guardian*, May 15, 2015, http://www.theguardian.com/us-news/2016/may/15/donald-trump-republicans-newt-gingrich.

百分点，但到 5 月初降低到 6 个百分点，到 5 月下旬两人的民调支持率已经非常接近。① 虽然最终获胜的候选人往往只领先对手几个百分点，但希拉里目前在全国民调中优势尚不能确保其最终获胜。

从民主党和共和党各自的选举基本盘来看，至少在自 1992 年以来的 6 次总统选举中，它们都是固定不变的：民主党得到东北部、五大湖地区以及太平洋沿岸各州的支持，而共和党赢得南部和西部各州的支持。2016 年的选举仍像以往那样，特朗普和希拉里都不可能撼动对方的基本盘，因此谁能获得大选的胜利，主要要看俄亥俄、佛罗里达、弗吉尼亚、科罗拉多等重要摇摆州的倾向。结合目前的选情和历史趋势来看，希拉里很可能会在 18 个非常倾向于民主党的州和哥伦比亚特区获胜，这样她的安全票数就高达 217 票，可以达到获胜所需 270 张选举人票的 80%。而特朗普很可能会在 21 个非常倾向于共和党的州获胜，得到 163 张选举人票，相当于 270 票的 60%。主要由于特朗普排斥少数族裔，希拉里还可能赢得佛罗里达、弗吉尼亚、科罗拉多等几个人口众多的摇摆州，另外宾夕法尼亚和威斯康星等几个州也倾向于民主党。这样，她的选举人票数不仅很容易超过 270，而且可能达到 300 以上。② 从选举人团的角度预测，希拉里在此次选举中很可能会重复 2012 年奥巴马对罗姆尼的胜利模式。在 2012 年大选中，奥巴马的连任前景看上去非常不妙，他的全国平均民调数据在最好的时候也只比罗姆尼高出 6 个百分点，投票前一个月里两人的支持率一直不相上下。③ 尽管奥巴马最终只获得 39% 的白人选票（在摇摆州这个比例更低），但他依然赢得了大选：获得 51.1% 的普选票和 332 张选举人票，并赢得了佛罗里达、俄亥俄、内华达和艾奥瓦等摇摆州。④

①　"Real Clear Politics Poll Average, General Election: Trump vs. Clinton," http://www. realclearpolitics. com/epolls/2016/president/us/general_election_trump_vs_clinton-5491. html; "Huffington Post Pollster, 2016 General Election: Trump vs. Clinton," http://elections. huffingtonpost. com/pollster/2016-general-election-trump-vs-clinton.

②　"2016 Presidential Election Forecasts," http://www. 270towin. com/2016-election-forecast-pred-ictions/#.

③　"General Election: Romney vs. Obama," http://www. realclearpolitics. com/epolls/2012/president/us/general_election_romney_vs_obama-1 171. html.

④　"2012 Presidential Election Results," http://elections. nbcnews. com/ns/politics/2012/all/president/#. Vz3JWGh97Dc.

　　当然，希拉里的竞选和提名依然存在不少变数。一个可能危及其候选人地位的是所谓的"邮件门"事件，即希拉里在做国务卿期间使用私人服务器来发送工作邮件，其中有 2000 多封电子邮件后来被国务院确定为机密邮件。这种做法是否恰当与合法一直受到争议。联邦调查局和美国众议院①从 2015 年下半年开始介入调查。美国国务院在 2016 年 5 月 25 日发布的一份报告表明，希拉里的做法确实是违规的。② 此外，希拉里接受华尔街的巨额演讲报酬，以及克林顿基金会接受数百万美元的外国捐款等丑闻，对希拉里的竞选也产生了不小的负面影响。总的来说，虽然当前的预测仍然存在很大的不确定性，但特朗普和桑德斯所领导的两场民粹主义运动并不容易改变此次大选的最终结果。

　　事实上，特朗普和桑德斯两人竞选的最重要后果，可能是他们改变了当前以及未来一段时间里美国的政治议程和两党的政策立场。此次民粹主义运动使经济不平等、全球化、贸易保护、移民、海外干预等重大问题凸显出来。虽然这些问题是美国当前社会所亟待解决的，但两党建制派出于政治原因而尽力回避它们。特朗普和桑德斯成功地将上述重大问题带入主流政治议程之中，改变了两党建制派既有的政治议程和政策立场。即使两人在此次大选中最终都遭遇失败，他们所代表的选民群体、利益诉求和政治议题都很可能长时间存在下去。由于特朗普和桑德斯的出现，美国政治在经历了过去 40 余年的右转之后，是否会继奥巴马之后持续左转，是一个有待观察的动向。

　　值得注意的是，特朗普和桑德斯的竞选运动还可能强化和加速两党选民基础在过去几十年里的变化趋势。白人蓝领在 20 世纪中期曾是民

---

①　2014 年 5 月 8 日，在众议院议长共和党人约翰·博纳（John Boehner）的建议下，众议院以 232 票对 186 票通过设立班加西特别委员会的决议，投赞成票者中包括 225 名共和党众议员和 7 名民主党众议员。委员会成立的最初目的是调查 2012 年 9 月 11 日美国驻利比亚班加西领事馆受到恐怖主义袭击事件，这次袭击导致美国驻利比亚大使身亡。在此事件中，希拉里领导的国务院被指责为在使馆发出需要增强警卫的要求后未能及时增援。2015 年 3 月"邮件门"事件曝光，此后不久，这一委员会把调查范围扩大到了希拉里的工作邮件。

②　Office of Inspector General, "Office of the Secretary: Evaluation of Email Records Management and Cybersecurity Requirements," https://assets.documentcloud.org/documents/2842429/ESP-16-03-Final.pdf.

主党新政联盟的基石，直到 80 年代的里根时期，他们仍然占民主党选民数量的一半以上，但如今只占到 1/4。从 20 世纪七八十年代开始，越来越多的白人蓝领转向共和党。虽然他们在总人口中的比重不断下降，但至今仍构成共和党选民基础的半壁江山。[①] 白人蓝领工会是民主党内反对自由贸易的主要群体，但随着他们日益脱离民主党而转向共和党，在美国支持自由贸易的政党也将从共和党转变成民主党。皮尤的民调数据显示，目前已经有 56% 的民主党选民支持自由贸易，只有 34% 的表示反对，而共和党的情况刚好反过来了。[②] 从这一趋势来看，民主党的桑德斯和希拉里仍然能够吸引一定数量的白人蓝领，或许只是一场回光返照，而共和党的特朗普受到白人蓝领的强烈支持，则表明上述变化趋势在强化。不过，过去几十年里共和党有利于富人的政策立场并不适应于这种变化，随着白人蓝领的大量涌入，共和党将不得不协调其正统意识形态与选民基础变化两者之间的矛盾。在 2016 年的选举中，民主党对年轻人和少数族裔的强烈吸引力延续了过去几十年里的变化趋势，显示出少数族裔和受过高等教育的白人已经构成了民主党选民基础的主体。今后两党的选民结构差异可能继续演变为：民主党会越来越成为持进步主义和世界主义观念的中上层白人和处于社会中下层的少数族裔的政治联盟，而共和党则将越来越依赖于中下层白人。

民粹主义的不时爆发是美国政治体制的固有特征。左右两种民粹主义运动在美国历史上的危急时刻曾多次出现。它们虽然可能造成一时的混乱，但其部分主张往往被两大党所吸纳，从而推动社会发展。

然而，指望这些民粹主义运动在短时间内解决上述问题是不现实的。第一，特朗普和桑德斯的联盟在各自党内仍不够强大。特朗普的支持者主要是中下层白人，这是一个规模不断缩小的阶层，很难指望其主张成为共和党的主流观念。桑德斯的支持者主要是年轻人。这个群体虽然富有激情和理想，但其投票率往往很低，况且随着年龄的增长，他们

---

① Ronald Brownstein and Leah Askarinam, "Why the Next President Will Inherit a Divided Country," *The Atlantic*, May 31, 2016, http：//www. theatlantic. com/politics/archive/2016/05/who-trump-and-clinton-are-relying-on-this-n ovember/484874/.

② Pew Research Center, "Views on Economy, Government Services, Trade," March 31, 2016, http：//www. people-press. org/2016/03/31/3-views-on-economy-government-services-trade/.

很可能会变得保守，他们的激进行为也可能激起主流社会的反感。但更可能的情况是，他们的理念或许预示着美国民主党未来会继续左转，导致美国更大的政治极化。第二，两人各自的支持者很难形成一个左右翼民粹主义者的政治联盟。虽然他们的政策选择有诸多相似之处，但两人意识形态截然不同。① 第三，这次大选中的民粹主义现象有很多新时期的特点，但其形式在美国历史上并不少见，其严重程度也远不及内战、大萧条、60 年代等前几次危机。第四，此次大选中的民粹主义运动虽然提出了不少重大问题，但是没有给出多少切实可行的解决方案，后者才是美国当前最急需的。例如，在外交政策方面，特朗普要求取消美国与北约和日韩的联盟，这种政策主张将意味着美国根本改变其处理国际事务的方法，但很难设想它会成为美国的实际政策。

---

① Thomas B. Edsall，"The Trump-Sanders Fantasy，" *New York Times*，February 24，2016，http：// www. nytimes. com/2016/02/24/opinion/campaign-stops/the-trump-sanders-fantasy. html.

警惕战争危机卷土重来

江凌飞　张　伶　付随鑫[*]

摘　要： 人类历史的转折多数是在战争中实现的。但 20 世纪 90 年代东西方对抗格局的消散和冷战的落幕却是以总体和平的方式达成的。当前国际力量的对比和新旧秩序的转换使世界来到了一个新的转折关头，由于全球化的深入发展和深刻矛盾，多极力量的群体崛起和以信息网络为代表的新技术革命的催化作用，这一次的历史转折呈现出尤为复杂和不稳定的特征，从而把实现国际秩序的重建是以战争方式还是以和平方式的问题重新提了出来。要穿透战争形势判断上的历史"迷雾"，就要认真汲取历史教训，克服思维惯性，搞清楚我们现在所处的历史方位。对现实的趋势进行深入观察，虽然和平与发展的潮流依然顽强奋进，但战争暗流也在汹涌激荡，导致战争发生的诸要素不仅大量生成，而且快速积聚，有的已亮起了红灯，和平发展的时代潮流正面临战争危机的严重威胁。

关键词： 战争危机　战争迷雾　战争形势判断

2015 年是世界反法西斯战争胜利 70 周年，在这个世界性的战争纪念大年中，中国和国际社会都举办了隆重纪念活动，对 20 世纪重大的战争灾难

---

* 江凌飞，清华大学国家战略研究院资深研究员；张伶，国防大学军事后勤与装备研究所讲师，陆军上校；付随鑫，清华大学国家战略研究院研究助理。

进行深刻反思。我们今天纪念战争，不仅是为了缅怀历史，更是为了针对现实的危险，唤醒世人的警觉：战争危机有卷土重来之势，和平发展的历史潮流正面临新的战争风险的严重威胁。

一　在历史关头要避免对战争形势误判

战争形势判断，是指对影响战争爆发和发展的诸因素进行总体分析和综合推论，它是战略顶层设计与战略决策的客观基础和前提条件，是关乎国家发展成败的核心性判断。纵观历史，特别是大国崛起的历史，人们对战争形势判断上的任何偏差，都必然导致战略决策的失误，进而影响甚至断送国家崛起的前程。

人类历史的转折多数是在战争中实现的。但 20 世纪 90 年代东西方对抗格局的消散和冷战的落幕却是以总体上以和平的方式达成的。这成为全球化时代和平与发展潮流的历史标记。

当前，国际力量对比和新旧秩序转换使世界来到一个新的转折关头，由于全球化的深入进展及其带来的深刻矛盾，多极力量的群体崛起和以信息网络为代表的新技术革命的催化作用，这一次历史转折呈现出尤为复杂和不稳定的特征，从而把实现国际秩序的重建是以战争方式还是以和平方式的问题重新提了出来。

（一）战争形势判断关乎国家命运

历史证明，要真正看清、认准战争形势是不容易的。对战争与和平进程的误判时有发生，尤其是在历史转折关头。

众所周知，中国开启全面现代化进程，走改革开放之路，就是从邓小平破除对战争形势的战略性误判起步的。中国共产党在 20 世纪 60 年代后期的重大失误之一，也是迷失在战争与革命的历史惯性中，夸大了世界大战爆发的可能性。

更典型的例子发生于 19 世纪末叶。从 1815 年拿破仑战争结束后的将近 100 年时间，是自由资本主义发展的黄金时期，除了爆发过几场有限的局部战争，欧洲维持了一个世纪的总体和平局面。这期间工业化快速发展，财富大量创造，各国间姻亲相连，以英国引领的这种歌舞升平的氛围使整个欧洲都在憧憬一个持久繁荣与和平的"黄金时代"。但就是在这种和平表象背后，欧洲各国民族主义对立情绪空前高涨，领土争端频发，武器军备大量堆积，德国作为后发的新兴大国以军国主义的方式强势崛起，列强之间的关系日益紧张，导致战争的因子在暗中迅速累积。只有少数人，如列宁领导的布尔什维克强烈意识到战争的脚步临近，在第二国际的斯图加特大会和巴塞尔宣言中发出警告，但并未引起重视。之后便爆发了第一次世界大战。这是现代史上战争形势误判最深刻的教训。

（二）战争形势判断充满历史迷雾

战争的表象和本质之间经常隔着一层不透明的帷幕，克劳塞维茨在《战争论》中指出："战争是由非理性、理性与偶然性三者不断转换交互作用而成"[1]，战争中充满摩擦、机遇与不确定性，这些变量共同构成"战争的迷雾"（the fog of war）。[2] 在战争形势判断上，更是充满这样的"迷雾"。

已经发生过的两次世界大战，其爆发、进程和结局，同主要策动国或参战国当权集团最初的愿望和预期并不一样。这意味着：一是战争形势的发展有其自身的规律，是不以人的意志为转移的。或者说，事物的客观发展往往会走向当事人愿望的反面。二是当事人的主观决策，包括对战争爆发的概率、敌我力量对比、对方可能的反应等等一系列问题的判断，往往是一厢情愿的，或者是错误的。[3]

"战争迷雾"的出现，原因是多方面的：首先，国际政治固有的复杂性决定了战争形势判断的不确定性。国际社会是由各类行为体构成的，各行为体的利益不同、实力不同，文化传统和价值观各异，对自身的安全考虑也很不一致，加之对相互间的意图判定不准，使国际政治成为一个高度复杂的矛

---

[1] United States Department of Defense, "Doctrines for the Armed Forces of the United States," March 25, 2013, pp. 1-3.

[2] United States Department of Defense, "Doctrines for the Armed Forces of the United States," March 25, 2013, pp. 1-3.

[3] 参见潘人杰、李巨廉《时代、格局和人——关于世界大战起源问题的若干思考》，《世界历史》1989 年第 1 期，第 55 页。

盾体，由此决定了战争形势判断的不确定性，使大家所不乐见的"修昔底德陷阱"一再在历史上重演。

2015 年 9 月 22 日，习近平主席在美国西雅图发表演讲时指出，世上本无"修昔底德陷阱"，但大国之间一再发生战略误判，就可能自己给自己造成"修昔底德陷阱"。按照修昔底德在《伯罗奔尼撒战争史》中所做的描述，"使战争不可避免的真正原因是雅典实力的增长和因而引起的斯巴达的恐惧"，这一论断贯穿的现实主义逻辑一针见血地点出了守成大国与崛起大国之间的结构性矛盾是那场战争的根源。然而，如果我们展开历史画卷，以更细致多元的视角审视战争爆发前的境况，就会发现，战争的爆发并不简单地因循上述逻辑。事实上，在战前 50 多年的时间里，双方只是处于常态化的紧张状态，并没有达到非要进行战争不可的地步。甚至直到公元前 432年，即距战争最终发生不到 1 年的时间，斯巴达人还根本不愿意参与国外的战事，因为他们需要把军队留在国内，以防止农奴阶层和家中的奴隶造反。①

后来之所以走向战争，历史学家有多种解释，有的认为是由于斯巴达人对战争形势做了一系列误判，特别是过于乐观地估计了雅典实力衰落的程度。虽然不愿意打仗，但受到赢得胜利预期的诱惑，还是贸然决定发动战争。② 还有的研究认为，战争的爆发有着更多的偶然因素：例如雅典拒绝取消"麦加拉法令"，受到了第三国势力科林斯的鼓动（即被盟友所裹挟）③，

---

① 根据统计，在战前 50 年中，斯巴达人"大部分时间里都静守未动"，"迟缓地不发动战争"，在有记载的 30 次大小战事中，雅典主战或参战 29 次，斯巴达单独的战事只有 1次，斯巴达与雅典敌对或合作的战事则有 8 次。引自熊文驰《"五十年危机"：战争何时"必然"到来？——修昔底德〈伯罗奔尼撒战争史〉片论》，《外交评论》2013 年第 5期，第 1~18 页。

② 徐弃郁：《旧世界——大国冲突的前车之鉴》，载王缉思编著《大国关系》，中信出版社，2015。

③ 有学者认为，斯巴达的强大同盟科林斯同另一个拥有强大海军的不结盟城邦科西拉交恶，导致雅典与科西拉结盟对付科林斯，科林斯极力鼓动斯巴达与雅典交战。参见徐弃郁《旧世界——大国冲突的前车之鉴》，载王缉思编著《大国关系》，中信出版社，2015。另外，作为第三方的另两个重要城邦，厄基那与麦加拉，修昔底德说它们或者暗中推动战争，或者极力指挥雅典。转引自熊文驰《"五十年危机"：战争何时"必然"到来？——修昔底德〈伯罗奔尼撒战争史〉片论》，《外交评论》2013 年第 5 期，第 1~18 页。

经济方面的原因①，双方种族与政治上的对立②，等等，不一而足。③ 修昔底德研究专家卡根认为，"这场战争是因为人们在困难之时做出了糟糕的决策。这样的困难与这样的决策，没有一样是不可避免的"。④

其次，战争因子累积的渐进性决定了战争形势判断的困难性。历史的发展进程有渐进性也有突变性，突变性隐藏在渐进性之中，不易被人察觉，因而带有极大的迷惑性。这些渐进的因子积累到一定程度，即被固化并达到临界点，最终以不可逆转之势（爆发）显露开来。加之战争的企图与目的是秘而不宣的，战争进程与其表面上的宣示往往是背道而驰的，以及战争所具有的高度隐蔽性和能动性的特点，使人们很难判断对手的真实动机。一次误判尚可通过危机化解机制和手段加以纠正，如果连续发生误判，就很难不被卷入战争的旋涡，使战争不可避免。

甲午战争前，从表象上看，清朝正处于"同治中兴"时代，洋务运动取得初步成果；北洋水师是亚洲装备最精良的海军。清政府与外国的交往也摸到了些许辗转借力的门道，朝鲜的"甲申政变"危机得以平复，中日双方签订《天津条约》，做了若有战争提前通告的透明性保证。⑤ 但其背后，却是日本的悄然崛起，在军力上勒紧裤腰带猛追清军，民族主义空前高涨，要做亚洲的老大和表率，对中国的战争计划已在暗中酝酿。最终，两国的战

---

① 即认为科西拉的意义并非是战略平衡上的，而是因为它扼守着由西西里及南意大利通往希腊本土的粮道，而斯巴达依赖于此。当然这一解释有欠妥之处，因为，根据后来战争的进程，在科西拉落入雅典之手，并有雅典舰队巡航封锁海面时，斯巴达并没有陷入粮荒。参见 F. M. Cornford, *Thucydides Mythistoricus*, New York: Greenwood Press, 1907, pp. 15-24。转引自熊文驰《"五十年危机"：战争何时"必然"到来？——修昔底德〈伯罗奔尼撒战争史〉片论》，《外交评论》2013 年第 5 期，第 1~18 页。

② 即认为身为多利安人的斯巴达一方与身为爱奥尼亚人的雅典一方对立，在政治制度上，斯巴达的寡头制与雅典的民主制对立。参见 Donald Kagan, *The Outbreak of the Peloponnesian War*, p. 347。转引自熊文驰《"五十年危机"：战争何时"必然"到来？——修昔底德〈伯罗奔尼撒战争史〉片论》，《外交评论》2013 年第 5 期，第 1~18 页。

③ 参见陈玉聃《战争始于何处？——修昔底德的阐述与国际关系学界的解读》，《世界经济与政治》2008 年第 10 期，第 1~18 页。

④ Donald Kagan, *The Outbreak of the Peloponnesian War*, p. 356。转引自熊文驰《"五十年危机"：战争何时"必然"到来？——修昔底德〈伯罗奔尼撒战争史〉片论》，《外交评论》2013 年第 5 期，第 1~18 页。

⑤ 《天津条约》中规定："今后朝鲜国若有重大变乱事件，清日两国如要派兵，须事先相互行文知照。"转引自宗泽亚《清日战争》，世界图书出版公司，2012，第 4 页。

争渐进进程在朝鲜问题上碰出火花。20 世纪 80 年代，密歇根大学所做的"战争相关性"研究显示，战争的爆发与战前国家间关系联系的紧密程度并不具有内在的相关性。在该研究计入分析的 10 场最血腥的国际战争中，每场战争要么发生在毗邻的国家之间，要么发生在贸易往来频繁的国家之间。一战前德、法、英、俄、奥匈经济上空前相互依赖；二战前，美国也是日本最大的贸易伙伴，但这些因素都没能阻止战争的爆发。① 由此可见，表面的繁荣与和平并不能掩盖战争因子的积累。现实世界带有很大的迷惑性，战争恶魔往往具有很强的潜伏性和很大的伪装性，战争因子一开始总是以不为人们注目的方式渐进性累积的，而当战争危机最终降临时，已经成为无法阻止的不可逆转之势。

再次，人类思维的局限性决定了战争形势判断的易错性。厌恶战争、崇尚和平是人类的天性，在许多场合可能形成对战争形势判断上先入为主的认知障碍。同时，人类思维的直线性弊病，在历史转折关头又很容易导致思维的"惯性出轨"，即和平久了忘却战争，战争久了不信和平。

霍布斯在分析人的主观愿望对人的判断力的影响时发现，"最原始的人群"有一个特征，"他们评判一个观点是否真实的依据是这个观点是否使人产生愉悦的感觉"。事实也恰恰如此，人在做判断时很难做到客观，往往带有目的性。由于对结果有提前的预期，极易造成目的先于思想并造就思想。② 另外，决策的制定总是在不确定的复杂条件下进行，这就进一步加大了决策者正确判断的困难性。决策往往是在选择性知觉、错误知觉和知觉扭曲的干扰下进行的，难免会出现误判。③

第一次世界大战爆发前，人们对社会舆论的导向性寄予厚望，认为舆论是集体理性的反映，可以作为一种有效的国际政治力量来制约战争的爆发。然而事实恰恰相反，不但当时国际舆论没能阻止第一次世界大战，战后的反

---

① 〔美〕约翰·刘易斯·加迪斯：《长和平：冷战史考察》，潘亚玲译，上海人民出版社，2011，第 297 页。

② 〔英〕爱德华·卡尔：《20 年危机（1919～1939）：国际关系研究导论》，秦亚青译，世界知识出版社，2005，第 6 页。

③ 〔美〕罗伯特·杰维斯：《国际政治中的知觉与错误知觉》，秦亚青译，世界知识出版社，2003，第 12 页。

战舆论及对纳粹侵略的谴责也没能阻止第二次世界大战。[①] 两次大战以后，人类经历了创巨痛深的教训，在认知上高度警惕战争的危险，又在这种思维的惯性作用下走到事物的另一个极端，即不敢放开手脚拥抱世界和平与发展的历史性机遇。早在 20 世纪 60 年代后期，我党领导层中对世界战争的可能性判断就有过冷静的分析[②]，但由于占主导地位的思维没能跳出长期以来战争与革命的思维惯性，依然把革命和备战作为全党和全国工作的重心，从而与历史的机遇失之交臂。[③] 由此可见，人类的主观偏好和思维惯性会妨碍对战争与和平形势转换的科学认识，即便是伟人，有时也难以穿透笼罩在战争问题上的重重迷雾。另外，人类也经常犯"健忘"的毛病。上一代惨烈的战争经历在经过几代人之后，往往会被理解为是一件"浪漫"的、值得追求的事。因此，对战争的历史记忆并不意味着能够形成一堵坚固的反战堡垒。托克维尔就曾说过："有多少道德体系和政治体系经历了被发现、被忘却、被重新发现、被再次忘却、过了不久又被发现这一连续过程，而每一次被发现都给世界带来魅力和惊奇，好像它们是全新的，充满了智慧。之所以会如此，并不是

---

① 1932 年，当日本侵略中国东北时，约翰·西蒙爵士曾这样告诉英国下院："真实的情况是，当传输，也就是世界舆论，一致形成了坚定的首先谴责的时候，就没有必要采取制裁行动了。"然而，正是由于以英国为代表的国家不作为的绥靖政策，进一步助长了德、日等国发动更大规模战争的野心。部分观点引自〔英〕爱德华·卡尔《20 年危机（1919~1939）：国际关系研究导论》，秦亚青译，世界知识出版社，2005，第 33~35 页。

② 1969 年，"九大"刚刚召开过后不久，毛泽东即交给陈毅、徐向前、聂荣臻、叶剑英四位元帅一项任务，要他们一面到工厂"蹲点"，一面看看有关国际材料，每月讨论二到三次，对战争与和平问题做出判断。同年 7 月 11 日，四位老帅在给中央的报告《对战争形势的初步估计》中，做出了与"九大"政治报告里对形势估计不同的结论，报告直言不讳地写道："我们认为，在可以预见的时间内，美帝、苏修单独或联合发动大规模侵华战争的可能性都不大。"很可惜这个正确判断未能引起决策者的高度重视。参见孙小叶、单秀法《试析新中国成立后毛泽东重大军事实践及思想》，《军事历史》2008 年第 1 期，第 48 页。

③ 20 世纪 50 年代，在苏联的帮助下，特别是在我国军工科研人员的努力下，我军的装备现代化已基本达到世界水平，但由于后来对战争形势判断的失误、军事斗争准备基点的转移，加上国内经济困难，武器装备水平开始大幅落后于世界先进国家。如航空部门在仿苏联的米格-19 制成歼-6 歼击机后，又于 60 年代后期仿米格-21 制成歼-7，自行研制的歼-8 也于 1969 年首次试飞。然而由于国内电子工业基础薄弱的局面长期未能得到改善，自行研制航空发动机也难取得突破，因此新型作战飞机在 70 年代一直未能定型投产，空军在 80 年代以前不得不长期以 50 年代水平的歼-6 作为主力机种。主战坦克、海军装备也是如此，至 70 年代末，我军装备水平仍停留在 50 年代水平。参见徐焰《中国国防导论》，国防大学出版社，2006。

由于人类精神的多产，而是由于人类的无知，这种情况简直令人难以置信。"①

最后，偶然因素的搅动决定了战争形势判断的复杂性。战争作为国家间政治斗争的最高手段，是沿着政治矛盾激化的必然性链条演进的，但它的诱因却常常被一些始料未及的事件所左右，偶然性有时扮演了战争爆发的关键角色，或在推动战争爆发上发挥着特殊作用。

恩格斯曾总结说，历史的发展是无数个相互交错的力的平行四边形作用的结果，每一个力量都有其特殊性与不确定性，最后使得历史结果"是谁都没有希望过的事物"。② 由此可见，必然性固然是历史发展的主线，但必然性是通过大量偶然性表现出来的，并且以偶然性为补充，在一定程度上受偶然性的制约。战争形势判断之所以困难，就在于偶然因素具有很大的搅动性，往往成为历史发展的引信。通向第一次世界大战之路带有极大的自发性特点，从1914年6月28日刺杀案到8月4日各大国投入战争，一个多月里局势以人们意想不到的速度急速恶化，从危机演变成全面战争。即便预想到会有战争，当时的统治者所设想的也不过是一场拿破仑时代的战争或普法战争、巴尔干战争式的战争，没有想到竟会是一场持久、血腥的总体战。战争的结局，三个大帝国的解体，苏维埃俄国的建立都是出乎人们意料的。

值得一提的是，很多时候"第三方"的搅动往往成为绑架大国走上战场的绳索，使大国在基本不关乎核心利益的地方，为"第三方"打一场"错误的战争"，造成严重的国力损毁。甲午战争就是清政府因朝鲜而被拖入的战争。

伯罗奔尼撒战争中，斯巴达也是因为科林斯而卷入与雅典的战争冲突。③

由此可见，历史的运动并非由单一的因素和趋向所构成，而是多种因素和趋向之间相互斗争、相互制约和力量消长的结果，使历史发展出现多种可能。于是，就有政治家提出："从修昔底德和马基雅维利到当代学术界，一切政治理论都提出了一个基本问题：人类如何理解并控制看似盲目的历史力量？"④

---

① 转引自〔美〕保罗·肯尼迪编《战争与和平的大战略》，时殷弘、李庆四译，世界知识出版社，2005，第3页。

② 《马克思恩格斯选集》第4卷，人民出版社，1972，第478页。

③ 〔美〕戴尔·科普兰：《大战的起源》，黄福武译，北京大学出版社，2008，第297~299页。

④ Robert Gilpin, *War and Change in World Politics*, Cambridge：Cambridge University Press, 1987, p. 205.

二 和平发展潮流正面临战争危机

进入 21 世纪第二个十年，以持续 8 年的全球经济和金融危机为标志，全球化的良性进程遭遇重大挫折，长期积累的深层次矛盾浮上表面，战争的阴霾又重新在国际地平线上聚积，有些地方已经亮起红灯。

（一）世界走到了战争与和平的又一个历史节点

从历史的深处向前展望，我们现在所处的方位是突变性取代渐进性的质变阶段，是国际秩序失衡的动荡时期，而非稳定时期。

近代以来，整个国际关系的演进呈现为一个螺旋上升的周期循环的历史进程。从中世纪末爆发宗教改革运动，经欧洲三十年战争，到《威斯特伐利亚和约》签订为第一周期；从威斯特伐利亚体系，经拿破仑战争，到维也纳体系建立为第二周期；从维也纳体系，经两次世界大战，到雅尔塔体系建立为第三周期。尽管技术使人类社会的前进步伐不断加快，但国际政治的周期节律却并未受到显著影响，依然以大约 120 年的时段发生着周而复始的更替。这与国际政治学所揭示的大国关系变动的周期律基本吻合①，也与著名的康德拉季耶夫经济曲线所描绘的两个完整的周期相重叠。

---

① 莫德尔斯基的长周期理论指出：自 1494 年以来，世界每隔 100 年到 120 年便会崛起一个政治、经济、军事超强（特指海军）的大国。它们分别是 16 世纪的葡萄牙，17 世纪的荷兰，18 世纪、19 世纪的英国和 20 世纪的美国。随着既有大国的衰落，新的崛起大国逐渐兴起，引发新一轮权力争夺，继而出现霸权的更替（通常以一系列战争实现）。具体讲，每一个周期均包含 5 个阶段：争霸性战争——获取世界领导地位——霸权国的领导地位被挑战——权力逐渐分散——权力分散导致新的争夺，进而转入下一个循环。当然，莫德尔斯基并不认为世界历史是一个简单的重复性循环，他同时认为，从世界大国衰落的角度考察，长周期表现为循环周期，但从大国崛起的角度考察，长周期表现为学习的周期，即每一个周期都比前一个周期有大的政治和经济创新。引自 George Modelski and Willian R. Thompson, *Leading Sectors and World Powers*: *The Coevolution of Global Politics and Economics*, South Carolina: University of South Carolina Press, 1996. 英国历史学家汤因比在其《历史研究》一书中也指出战争与和平间的循环周期论，16 世纪后以"全面战争"为基轴，存在"前兆战争"（Preathing-space）、"全面战争"（General War）、"小康期"（The Breathing-space）、"增补战争"（Supplementary Wars）及"全面和平"（General Peace）周期，一个周期约 115 年。

对比上述三个历史长周期会发现，每一个周期的起始阶段，都是一个新平衡的建立，国际社会因而享有一段相对和平稳定的局面；及至周期的中间阶段，由于力量对比的消长，加之社会矛盾的发展和积聚，旧的平衡被逐渐打破，社会革命和战乱频繁交织的混乱局面显现，不稳定成为常态；而当新旧平衡与秩序的交替达至某个节点，国际社会就进入普遍战争的阶段。这三个历史周期惊人地相似。

当今国际社会正处于第四个历史长周期。从雅尔塔体系建立至今已 70 年，这意味着现在的历史方位是本次长周期的中后段。冷战时期的"冷平衡"早已被打破，"美国治下的和平"也在严重动摇。

根据历史长周期的规律，今天的世界已经走过了国际秩序的平衡阶段，正处于不平衡日益加剧的阶段，已经越过了稳定的常态期，进入了动乱的常态期。据斯德哥尔摩国际和平研究所分析，冷战后单极安全平衡遭到严重削弱，近年来武装冲突频仍、军火买卖升温、国际安全机制弱化等现象聚集出现，世纪转折时期的安全向好趋势已经被打破，世界距离形成一个新的全球秩序还有较长的路要走。加之全球政治、经济、生态、军事等领域都在急剧发生变化，一个更加稳定的国际安全环境变得越来越虚幻。①

（二）当前的全球安全形势不容乐观

从现实的趋势深入观察，虽然和平发展潮流依然顽强奋进，但战争暗流也在汹涌激荡，构成战争发生的诸要素不仅大量生成，而且快速积聚。

第一，深重的经济社会危机毒化政治气氛，加剧战争紧张局势。爆发于 2008 年的世界经济金融危机比预期的更为深重和长久。世界银行和国际货币基金组织（IMF）在 2015 年年初预测，发达国家未来 5 年的潜在增长率只有 1.6%，远低于衰退前的 2.5%。发展中国家增速预计降至 5.2%，也低于危机以来的 6.5%。世界正面临经济学家所称的"持续缩减"和"长期停滞"局面。与经济的困顿相伴随，各类国家的社会转型多半遭遇严重困难，陷于深层动荡，经济危机和社会危机的加重和延续正是动乱、革命和战争频

---

① SIPRI, *SIPRI Yearbook 2004：Armaments, Disarmament and International Security*, New York：Oxford University Press, 2004, p. 3.

发的根源。综合中国军事科学院和英国国际战略研究所发布的统计数字，国际性的地区动荡与战乱呈加剧之势，金融危机爆发前 8 年，战争和武装冲突年均不足 20 起，之后直线上升至年均 35 起，仅危机后的 2010 年就井喷式地高达 55 起。各国海上纠纷和海上战略资源争夺的升温也多发生于这一时段。

人类陆地生存环境的急剧恶化和陆地资源的几近枯竭，导致全球工业化向海洋方向寻找出路，这标志着海洋工业文明时代的来临。海洋工业文明与即将成为历史的海洋商业文明的区别在于，后者是通过海上贸易的方式为陆地工业文明提供服务，而前者是直接把海洋作为工业化的场所来进行开发生产。人类发展的地缘空间向海洋的战略性转进，导致地缘政治博弈的大转移和海洋争端的突起。各个国家的核心利益在海洋上发生激烈碰撞。海权较量的中心正从海上交通线转入滨海地带。在联合国 193 个成员中有 145 个沿海国家。当前世界各滨海国的海土都存在重叠部分，有 380 多处各种性质的海洋边界有待划定，而新加入的大陆架划分无疑又成了海土纠纷的放大器。中日之间、俄日之间、韩日之间岛屿纠纷的蜂起，南海海域归属争端，中国与相向滨海国家的渔业纠纷不断，北冰洋划界危机接连发生，这些事件只是全球海洋大争夺刚刚拉开的序幕。20 世纪上半叶欧洲工业化时期，西方列强为争夺物质资源打了两场世界大战，今天更多的国家进入工业化，会不会重蹈历史覆辙，为争夺海洋资源大打出手呢？

第二，国际乱局的扩大推动战争冲突规模的扩大。自 21 世纪第二个十年以来，国际性的地区动荡和战乱逐年加剧，范围和规模不断扩大。经济层面是普遍的危机，政治层面是贫富两极分化的加剧，社会层面是一大批国家转型的失败，精神层面是教派和文明冲突的激化。仅在西亚、北非一线，当前直接和间接卷入战争的国家就多达 20 个，占到该地区国家的一半。战乱形成的难民潮成百万地涌入欧洲，这在二战后的历史上是绝无仅有的。叙利亚危机愈演愈烈，并由于他国的介入而愈演愈乱①，多次出现危机事件，2015 年 11 月

---

① 《美军部署特种作战部队赴伊、叙进行军事行动》，《解放军报》2015 年 12 月 3 日。美国国防部部长卡特在 2015 年 12 月 1 日参加众议院军事委员会听证会时说，应伊拉克政府请求，美军组建了一支特种作战部队赴伊、叙进行军事行动，作战行动范围包括发动突袭、解救人质、搜集情报以及抓捕"伊斯兰国"领导层。

俄罗斯战机遭土耳其击落事件更是把危机推到了大国冲突的边缘。[①] 俄罗斯西部周边因乌克兰危机爆发新的战争，震动整个世界，致使东欧、波罗的海国家和独联体国家陷入军事紧张。中国周边的西太平洋和东北亚安全形势也因涉事小国的"任性"和美日大国的"介入撑腰"而变得日益错综复杂。另外，近几年来，国家内部的冲突也在增加，并趋向国际化。以打击恐怖主义，预防性清除大规模杀伤性武器、遏制宗教极端主义为名义，域外国家介入他国事务明显增多[②]，特别是以军事合作或援助方式介入他国冲突，极易使冲突复杂化，扩大化，控制不当就会使战争冲突升级。

第三，军备竞赛由减转增，战争武器大量堆积。与安全环境的恶化趋势同步，作为冷战红利的裁军和军备缩减的进程已告结束，世界转而开始新一轮军备竞赛。斯德哥尔摩国际和平研究所的报告显示，全球经济衰退并未影响军售增长，2010~2014 年全球武器贸易量较 2005~2009 年增加 16%。国际军贸是国际政治的风向标，某一地区的军购增长往往意味着此地的安全状况堪忧。另有数据显示，2010~2014 年，海湾阿拉伯国家合作委员会（海合会）成员国的武器进口量，与 2005~2009 年相比增长 71.5%，其中 54% 的增长量来自近期中东地区局势日益紧张而导致的武器进口。中东地区一直战乱频繁，巴以问题、叙利亚问题、也门问题长期发酵，安全局势溃烂。美军从伊拉克和阿富汗撤军后，"伊斯兰国"（ISIS）等极端组织、"基地"组织等恐怖主义组织利用美军留下的权力真空，迅猛扩展势力，严重威胁地区安全，这使中东地区安全需求激增。另外，在世界前十大武器进口国中，有一半是亚洲国家，总进口量占全球武器进口总量的 30%，其中，印度的武器进口量占整个亚洲武器进口量的 34%，是过去 5 年里世界第一大武器进口国。耐人寻味的是，许多国家大力扩充海军，潜艇是重点打造的对象，预示着未来争夺的重点在海上。"经济上好，安全上疑"成为国际关系的一对奇怪组合，反映了国家安全互信的普遍缺失。

虽然目前亚太地区的局势相对稳定，而且自越南战争结束以来没有爆发

---

① 《俄空军一架苏-24 战机在叙利亚境内坠毁，普京称土击落俄战机将严重影响俄土关系》，《解放军报》2015 年 11 月 25 日。

② 斯德哥尔摩国际和平研究所：《SIPRI 年鉴 2013：军备·裁军和国际安全》，时事出版社，2014，第 35~36 页。

大规模战争，但由于存在南海岛屿主权等领土争端的潜在危险，也出现了大规模的"军备竞赛"，许多国家在尽力扩大海军，尤其是发展潜艇。为了对未来南海地区可能发生的冲突做准备，在过去的十几年里，东南亚国家武装力量获得了第四代战斗机、潜艇、空对空和空对地导弹、护卫舰、两栖攻击艇、反舰巡航导弹，以及命令—控制—通信—计算—情报—监视和侦察（C4ISR）系统。印尼和马来西亚进口的武器在 2000~2010 年分别增加了 84% 和 722%。越南为购买 6 艘俄罗斯潜艇支出 20 亿美元，为购买俄罗斯喷气式战斗机支出 10 亿美元。自 2011 年以来，菲律宾从美国购买了两艘巡逻舰，还计划在 2014 年后的 5 年内支出 17 亿美元购买各种军备，包括护卫舰和 F-16 战斗机。泰国为保护其沿海的石油和天然气资源，从美国和英国购买了护卫舰，从中国购买了海岸巡逻艇，并同德国谈判购买其翻新的潜艇。全球军备购买最大的五个国家都在亚洲。同时，美国对它的亚洲盟国和新伙伴关系国家，如菲律宾、印度、越南等，放宽了转让先进武器的限制。

在亚洲国家大幅增加军购的同时，近年美军在"重返亚太"的旗帜下，加大在亚太地区的军事存在。冷战结束后，美国从欧洲撤出 2 个重型旅，在亚太的兵力部署不但没有削减，反而有所增加。目前，美军常驻亚太 15.3 万人，其中海军占 59%，现役 10 艘航母有 6 艘在亚太，其中包括"华盛顿号"航母①，这是美军唯一常驻海外的核动力航母。此外，美军的 72 艘核动力潜艇中有 42 艘在亚太。空战力量中，美国 F-22 战机全部部署在亚太。165 架 F-15、F-16 战机在亚太。美国 4 部 X 波段雷达，2 部在亚太。2 艘导弹观察船，1 艘在亚太。65% 的反导系统（爱国者-3）在亚太。另外，美国在亚太建有 500 余处基地设施，形成 5 大基地群。美军这一军事部署表面上是在维护亚太稳定，实质上增加了这一地区的紧张气氛，并潜在性地刺激了军备竞赛。

第四，民族主义和民粹主义情绪高涨，战争悲观主义盛行。与和平发展潮流所呼唤的"命运共同体"价值取向相悖而行，各国的民族主义和民粹主义在平复多年后再度高涨，相当多的国家在对外关系上的爱国

---

① 以"华盛顿号"航母为主的突击群能实施总威力相当于 3400 颗原子弹的核突击；一次能把 16 吨战斗负载送到目标上，等于 320 枚"战斧"式反舰导弹或 15 艘"提康德罗加"级导弹巡洋舰的突击力。

民意表达都维持在一个高比例、高分贝的数值，强势领导人和强硬路线受到追捧，甚至连一贯奉行和平主义的欧盟国家也都出现了向右翼民族主义大幅偏斜的政治倾向。克劳塞维茨认为，两种动机引导人类走向战争：一是直觉的敌意，一是战争的意图。[①] 今天，这两类动机都开始在国际社会的上空盘旋。

一年多来，国际舆论频繁议论"大战重演"的话题。[②] 一是重提19世纪末盲目乐观的"维多利亚史观"对世界战争与和平形势的误判；二是对一战、二战与今日形势之异同做历史类比；三是有关大战风险的预警言论不时见诸新闻媒介。[③] 对美国战略思想界有重要影响的两位人物，基辛格和理查德·哈斯都对世界未来的前景表现出极大的担忧，发出"基辛格之忧"和"哈斯之问"。2012年基辛格做出预测，认为中美之间的霸权竞争是不可避免的，而且已经开始了。[④] 2014年，理查德·哈斯在《外交事务》上撰文，认为世界进入一个无序状态，各种传统与非传统安全问题都是世界战争的潜在导火索，可能随时会爆发成为危机事件。[⑤] 上述舆论极易成为"自我实现的预言"。基辛格指出，一战前英国政府《克劳备忘录》描述的情况（以及现今中国"必胜主义者"和美国新保守主义者支持的政策），本质上呈现出一种自动性。模式一旦创立，联盟一经形成，即难以挣脱自我强加的要求，尤其无法摆脱内部的假设。[⑥]

---

① 〔德〕克劳塞维茨：《战争论》，钮先钟译，广西师范大学出版社，2005，第2页。

② 刘毅：《第一次世界大战的历史类比与当下含义——专访国务院参事、中国人民大学美国研究中心主任时殷弘教授》，《领导文萃》2014年第16期，第7~22页。

③ 美国国际问题专家罗伯特·卡普兰在《我们将如何与中国作战》一文中认为，美中两国军队在太平洋上的对峙将是21世纪的国际政治特点；即便两国不会爆发大战，也会陷入具有冷战特点的僵局。宾夕法尼亚大学人口研究所所长史蒂芬·莫谢尔认为，中国的目标就是要控制亚洲和世界。莫谢尔还杜撰了中国称霸世界的三个步骤：基本霸权（控制中国台湾和中国南海）、地区霸权（将中国的控制范围扩展至清朝鼎盛时期的版图）和全球霸权（取代美国，称霸世界）。彼得·纳瓦罗在《即将到来的中国战争》一书中认为，台湾危机、中日冲突、朝核问题、拉美争夺、伊核问题、气候变化、石油安全、霸权争夺等诸多因素可能会导致中美两国兵戎相见。

④ H. Kissinger, "The Future of US-Chinese Relations: Conflict is a Choice, not a Necessity," *Foreign Affairs*, 91 (2), May/April 2012.

⑤ Richard N. Haass, "The Unraveling How to Respond to a Disordered World," *Foreign Affairs*, 93 (6), November/December 2014, pp. 70-79.

⑥ 〔美〕亨利·基辛格：《论中国》，胡利平等译，中信出版社，2012，第510页。

第五，传统国际治理模式明显不适应新形势下的安全挑战。二战结束以来世界再没有爆发全局性的战争冲突。从战争管理要素的角度看，这种状态主要取决于两种主导性的国际格局，先是美苏对峙的力量均势对大战的抑制，后是美国单极霸权所维系的"冷和平"状态。然而随着美国近年来相对实力的快速衰退，所谓的"美国霸权稳定"愈发不可靠，其对重大国际冲突的管控能力显著下降，而新秩序的接续力量和架构尚在形成过程之中，在这种半真空状态下，国际格局正滑向无序，可能导致战争的各种新旧矛盾大量凸显且得不到有效抑制和治理。国际社会的战争管理能力严重缺失，"安全自助"泛滥更易导致局面失控。各国，特别是主要大国在协力解决国际矛盾与问题上明显缺乏共识，行动的动力极度不足，解决的思路与手段也严重滞后。近年，在乌克兰问题、叙利亚问题、巴以问题、伊核、朝核等传统安全问题上各相关国意见分歧不一，使许多问题越扯皮越严重。在非传统安全问题上，网络、气候、环境、能源、水、粮食、海洋等安全威胁异常突出，但全球治理能力全面滞后。例如，政府间气候变化专门委员会（IPCC）在 2013 年发布的第五次评估报告已将人类引发气候变化确信程度提高至95%，并指出这将大大增加导致个人和群体暴力行为、国家动荡乃至地区性冲突的风险。又如，未来青藏高原将成为全球水安全领域关注的中心，涉及水权的冲突将危及地区安全。[①] 能源领域凸显能源安全、能源公平和环境可持续三重困境。能源需求的急速增长必然带来能源争夺与争端。另外，全球水资源问题与粮食、能源和环境等问题还会产生风险联动。水资源短缺将影响全球粮食安全，用水需求的增加导致全球深层地下水位持续下降，已经危及中、印、美三大产粮国。能源生产对水资源的需求也在大幅增长，水资源与能源和环境的联动安全问题也已经显现。[②]

---

① 喜马拉雅冰川的加速融化将影响下游诸国水资源分布，很可能导致严重洪灾、干旱，季节性融雪减少还将影响河流流水量。跨境河流水资源利用争端成为影响地区安全的敏感变量，引自 IPCC, *Climate Change 2013: The Physical Science Basis, Summary for Policy-makers*, September, 2013, https://www.ipcc.ch/pdf/assessment-report/ar5/wg1/WGIAR5_SPM_brochure_en.pdf。

② 国际能源署报告显示，当前全球用于能源生产的水占用水总量的约 15%，到 2035 年能源用水预计将上升到 85%。页岩气的开采耗费大量水资源，也将对深层地下水带来不可逆的污染风险。

　　国际社会的深重危机和深层矛盾，要求国际应对能力和手段必须实现深刻变革与更新。而恰恰在这一点上，包括各国领导层、精英集团和普通民众在内的全球认知严重滞后，国际社会对全球化治理的新情况、新需求明显准备不足，反应不力，举措失当。人类社会对国际政治行为的理性认知，总体上停留于过去时代，依然沿用旧手段应对新矛盾，不具有现代适应性。在全球化时代国际社会共生性已经明显上升为社会主流生态的情况下，各国依然以强化损益型的国际政治理念和行为来进行战略思考和应对，固守在权力政治、主权利益、实力政策的旧思维、旧框架中寻求解决之道，普遍找不到新出路，也缺乏开辟新方向的勇气，纷纷退回到靠实力说话、以对抗求解的死胡同中，结果只能收到抱薪赴火、火上浇油的反效果。

　　面对种种不祥之兆，一些重要大国对国际安全形势的研判也趋于严峻。综合最新发布的美国国家安全报告、美国国防部四年防务评估报告、俄罗斯新版军事学说、日本国家安全战略、法国国防白皮书、印度国防年度报告、澳大利亚国家安全战略报告等国别性战略文件分析评估的共同基调是：国际安全形势"更加脆弱""更不稳定"，"各种威胁正以快速、复杂的多种方式相互影响和相互作用"，"对立各方之间爆发军事冲突的可能性切实存在"，"世界状况发生突变的因素增多"，"遭受袭击的持续性风险"引起"对全球安全的焦虑"。

三　现实的战争危机来自何方

　　国际社会对战争形势的误判还包括对战争威胁源的认定。不同的人从战争历史这面镜子中只捕捉到他们自己想要的东西，关于战争危险来自何方，各国实际上是各唱各调，观点严重对立。这种歧见本身就是导致战争冲突的因子，更遑论凝聚起制止新战争危机的国际共识。

　　现实的战争危机究竟来自何方？

　　第一，不能排除大国冲突的风险。普遍性战争只有当大国直接卷入时才成为可能。可以肯定地说，当前不存在大国冲突和相互战争的意愿，在深度相互依存和深重的全球化危机面前，选择大国战争就等于人类自寻毁灭。但这并不等于导致大国冲突的客观土壤不存在。中美两个最大国家的关系正面临"修昔底德陷阱"的拷问，战略互疑抵消战略互信；俄罗斯与欧美国家的关系因乌克兰、叙利亚危机濒临热战，引致普京在瓦尔代会议上发出俄要"先动手"的言论，并向全国下达了随时准备应付美国发动的"闪电式打击"的指令；中日关系因战争认知和钓鱼岛争端相持不下，跌入建交以来最低点。就大国之间目前相互争执的事端来说，谁也不肯退让，也很难做出退让的决定。战争与和平的选择被各方坚守的利益红线压缩在一个过于狭窄的空间，在如此刚性的场景下，偶发冲突极可能导致管控失利，而一旦出手就很难收手。因小事件绑架大格局，因小争端引发大战争，因"第三方"裹挟大国冲突的火种是现实存在的。

第二，要警惕亚洲陷入与历史上欧洲相似的冲突局面。亚太地区是当今世界最具活力、发展前景最被看好的地区，但又是种族宗教多元、社会制度差异最大、利益诉求和国家间争端最复杂的地区。日本及"亚洲四小龙"经济在 20 世纪 80 年代到达发展顶峰后开始下滑，特别是在 1998 年亚洲金融危机后发展势头严重受挫，当前正在企图"再崛起"，其他亚洲发展中国家在冷战结束后，也在试图借发达国家产业转型之际加快工业化、信息化建设，各国所依赖的产业支柱互补性差、同质性高，使该地区进入历史上最为激烈的竞争时代。在亚洲国家竞相发展的进程中，国家实力和军事力量快速积累，对物质资源的需求和国家荣誉的诉求也在迅猛增强。在今天欧洲各国已经相互开放它们的主权空间时，亚太各国却在强化各自的主权诉求。相对于亚太地区各个民族国家发育成熟的程度，安全整合机制却没有跟上，虽有东盟论坛、上海合作组织等地区多边或双边安全机制存在，但实质约束性差，呈现出最为典型的威斯特伐利亚国际体系特征，即独立主权国家在安全上高度自助。这一特征非常类似一战前欧洲所处的发展阶段。历史上正是这种格局最可能导致大规模的冲突和战争。严峻的安全现实使亚太各国在经济相互依赖加深的同时，安全上疑虑增多，拉帮结派相互防范。亚洲的工业化会不会重蹈欧洲工业化时期战争的历史覆辙，这是对和平发展生命力的重大考验。

第三，国际极端主义势力成为新战争的战略性威胁源。当前，国际社会正面临的战争危机分为两大类：一类是与国家行为体相关的传统战争，一类是由非国家行为体所从事的非传统战争。现行国际体系在防止和规范第一类战争，即国家间战争行为上是比较有效的，即使发生战争，从时间和范围上讲，都可能是有限战争。但对于管控第二类战争则面临越来越大的挑战。冷战结束以来，极端伊斯兰政治势力的影响日益广泛深入，被冠以"恐怖主义"标签的宗教激进主义普遍确立了以建立哈里发国家，或以伊斯兰法取代现代国家法律体系的目标，构成了对欧美基督教文明的致命挑战。另外，多数信奉伊斯兰教的国家，特别是西亚、北非国家，遭遇了从前现代社会向现代民族国家转型的失败，普遍呈现出解构性强和建构性弱的弊端，为极端主义势力立足继而肆虐提供了土壤。由于百年来中东和南亚地区穆斯林人口向欧洲迁徙已经打破了欧洲传统社会结构，欧洲很难消纳第三次伊斯兰冲击（第一次是 8 世纪阿拉伯伊斯兰势力入侵欧洲，最终被击退；第二次是 15 世纪奥斯曼伊斯兰势力对东南欧的冲击，后果是欧洲局部伊斯兰化），爆发与政治、经济诉求相结合的全面"文明冲突"的可能性极大，这一冲突极有可能演变成为普遍的暴力对抗，并发展成持久的非传统战争。"异教徒"和"地狱"学说极易被极端势力用来煽动一般信众投入攻击性宗教战争。随着人口不均衡增长导致基督徒与非一神教人口比例下降，消纳伊斯兰冲击的能力减弱，这种战争在欧洲、南亚和中亚等混合文明区爆发和蔓延的风险已经逼近。历史证明，凡是有极端意识形态贯穿其中的战争，都表现得十分惨烈和持久，中东地区事实上已经陷入普遍战争的局面，这个战略性威胁源正在向欧洲腹地、中亚、南亚和中国新疆地区扩散。对此态势需引起高度警觉。

第四，核不扩散体制的失效增加了核战争变为现实的可能。随着 4 个"第二代核国家"站稳脚跟，国际核不扩散努力濒于失效。与冷战时期相比，有核国家不断扩大，而且出现严重分化。面对核平衡被打破的局面，核大国一面加紧构筑战略防御系统，一面纷纷推进核武器的小型化、核战争的实战化，组建或提升战术核部队。有些拥核国家，例如巴基斯坦已将使用战术核武器对付来自外部的常规入侵确定为维护国家安全的基本国策。巴基斯坦和朝鲜还一直在暗中从事核扩散，再加之某些拥核国家的掌门人和宗教极端、恐怖主义势力所具有的"非理性行为情结"，一旦核武和核脏弹在手，实际使用的概率会非常之高。目前，安理会五常拥有的核武器属"大国核武器"，构成对毁灭性战争的威慑；印度和巴基斯坦同时拥有的核武器属"对手核武器"，有助于对手之间的对抗不至失控；以色列的核武器属"末日核武器"，其功能在于吓退致命威胁，避免亡国灭种。这三种核武器拥有者造成的核冲突风险相对较小。最有可能造成核冲突的是"非理性拥核者"，特别是受极端思想控制的国家或组织滥用其拥有的核武器。目前。在伊朗核协议签订之后，伊朗事实上已经成为坐在核门槛上的国家，阿拉伯世界为追求同"波斯核力量"的平衡，不可能不展开大规模核竞争，核不扩散体系有可能最终失效。由于阿拉伯国家政治和社会结构的不稳定性，这一竞争过程极易失去控制，导致核材料流失并被用于敲诈和实施恐怖活动，从而引发核冲突升级，直至核战争。而朝鲜手中的核武器，在其政权面临严重压力危及生存的情况下，更难以排除突然使用的可能。由此可见，核武器作为"战争稳定器"的功能已大大削弱。环绕在中国周围的拥核国家，不见得都具有打到美国的技术能力，而对中国发动核攻击的技术条件却都已绰绰有余，对此我们不能不高度重视、防患于未然。

第五，网络技术催生新型毁灭战争。我们用什么样的方式生产，就用什么样的方式作战。今天，我们生活在一个网络社会，在网络信息技术广泛应用带来诸多便利和优势的同时，也造成了更大风险。当前，网络侦攻防行动几乎每天都在进行，每一个现实军事热点都会伴随有虚拟空间的网络对抗。网络战装备与技术突出的战略性、低成本性、毁伤效果的多重性以及运用上的隐蔽性、突发性和罪责难究性，对所有国家甚至非国家组织和个人都构成了极大的吸引，各方纷纷加快网络战装备与技术的研发。网络空间已被列为陆海空天之外的第五大作战领域。网络武器成为信息时代的"大规模毁伤性武器"。

2013 年 3 月，联合国裁军研究所发布《网络指数——国际安全趋势与现实》报告，称 193 个联合国成员中有 114 个国家确立了网络安全项目。47 个国家强调军队在网络安全中的作用，几乎包括所有全球和地区大国以及热点地区国家，其中有 12 个国家在发展进攻性网络战能力。① 网络武器，特

---

① UN Institute for Disarmament Research（UNIDIR），"The Cyber Index：International Security Trends and Realities," 2013, http：//www. unidir. org/files/publications/pdfs/cyber-index - 2013-en-463. pdf, p. 1.

别是漏洞的地下黑市交易异常活跃与隐蔽①，政府很难控制，很可能导致网络武器成为"个人手中的原子弹"，势必极大威胁地区和全球安全。由于网络战争的实力对比处于高度的非对称性状态，从而使网络强势一方与弱势一方相互之间的网络战争更容易爆发。美国公开宣布的网络部队已从 2013 年的 40 支编制目标大幅扩展至 2014 年的 133 支，并同步制定了《网络空间作战条令》和网络战国际法手册，标志着霸权国家网络战实战能力已进入随时可战的状态。此外，通过网络进行恐怖主义动员和攻击的行为也在加快蔓延，一个熟谙互联网技术的恐怖分子个体就能造出网络"超级武器"，并随时发动"一个人的战争"。由于网络空间的虚拟性，在爆发网络战争的情况下，被加害方不能快速有效归因，找不到战争的源头；不能准确进行意图沟通，及时化解战争的误判；不能进行有力的威慑，制止战争的连环升级。当前的网络空间处于高度无序状态，一个关乎各国生存和发展根本利益的领域竟然没有任何国际行为标准，如何行事完全取决于单方行动。各国实际上都裸露在"网络珍珠港"袭击的威胁之下。

结　语

面对上述局面，是坚持和平逻辑，全力防止和避免战争，延续和平发展的大好形势，还是被战争逻辑拖入普遍动乱的漩涡，致使和平崛起的进程被打断，这是中国战略顶层设计需要重视和回答的问题。

首先，要从战略认知上保持清醒，切实看到存在着战争与和平的两种趋势。

---

① 2013 年各种网络系统漏洞，特别是"零日漏洞"（ZDE）的黑市交易极为泛滥与繁盛。西方大型军工企业也在转型研发网络武器装备。2013 年 7 月，《纽约时报》报道，已有多家私营公司甚至黑客个人开始在网上兜售"零日漏洞"。2013 年 12 月，美国网络安全分析公司 NSS Labs 发表分析报告《知所不知》（The Known Unknowns）称，过去 3 年来，每年都有约 100 个漏洞被网络武器开发者用来制作间谍软件和程序代码。网络公司与政府之间的网络武器交易已达日交易 85 项漏洞的程度。由于缺乏相关法律规范，网络漏洞多采用分期付款方式交易，漏洞提供者往往会同时向多个买家出售同一漏洞资源，网络罪犯和恐怖分子也有可能获得这些网络武器。政府很难全面管控漏洞交易，结果是漏洞作为网络武器被扩散。

虽然世界经历了长期的和平，但战争没有远去，和平也不是必然。和平的意愿与和平的努力尚未铸就定论，支撑中国三十多年改革开放局面的战略稳定环境并不牢固，战争危机还有卷土重来的可能。

其次，要强化中国对和平的引领作用。中国的崛起是世界格局变动的核心因素，在很大程度上和许多方面，中国都是引起变化的自变量，其他因变量随中国而动。在战争与和平的塑造方面，中国要有担当。中国作为和平发展的重要力量，是世界和平稳定的压舱石，是推动国际政治转战为和的关键因素。这些年来，中国提出了一系列引领时代潮流的新理念，推出了像"一带一路"这样的合作共赢的示范工程，但世界对中国的疑虑还是很多。这是需要我们认真思考的现象。说明我们在取信于国际社会方面做得还不够。周恩来总理在外交工作中特别强调要"实事求是""合情合理""求同求异"，强调"要用外国人听得懂的逻辑讲得合情合理"。①这一外交理念在当年中国冲出封闭走向开放时十分有效，在今天对于我们冲出崛起困境同样有着重要的指导意义。中国的崛起不仅要注重国际合作性，而且不能忽视国际合法性；不仅要谋力量的增强，而且要谋力量的认同。孟子说："以力假仁者霸，霸必有大国。以德行仁者王，王不待大。"② 中国在国际上反对霸权、推行公道，合法性和认同感与硬实力同样重要。中国应当坚定开辟"命运共同体"的崭新方向，从全球化的时代条件中寻找撬动历史的杠杆。

再次，要确立积极避免战争的指导方针。避战并非惧战。积极避免战争是为了维护和平发展得以延续的大局。国力在和平建设时期的积累是一个长过程，一旦陷于战乱，国家下落是很快的。20 世纪 70 年代的苏联，综合国力达到美国的 70%，形成苏攻美守的局面，一场阿富汗战争就把苏联拖垮了；苏联解体后，美国一超独霸，热衷于单边主义，阿富汗、伊拉克两场战争使其元气大伤。国力与国家威信在战争中的透支是重要的教训。所以，

---

① 1970 年美国作家韩丁访华，要求了解清华大学在"文革"期间的红卫兵运动情况，周总理指定钱伟长接受采访并陪同接待。钱伟长请教如何应对时，周总理指示："合情合理照直说"，"要用外国人听得懂的逻辑讲得合情合理"。后来钱伟长又多次承担外事任务，深感周总理的"实事求是""合情合理""求同存异"在外事工作中的重要性。引自《钱伟长文选》第 5 卷，上海大学出版社，2012，第 52~53 页。

② 杨伯峻：《孟子译注》，中华书局，1960，第 74 页。

"不轻率言战"是慎重负责任的方针。积极避战还应包括不轻易卷入他国战争。

最后，要坚定不移、坚持不懈地加紧建设有效的战争威慑力量。要立足于打赢未来可能面对的各种样式的战争进行全方位的战略布局，把深化军队改革作为最重要的应对战争的准备来抓。

最关键的是要在安全领域进一步解放思想，创新战略思维。习近平主席非常强调创新的重要性，我们在某些安全领域要避免把棋走死，关键是要破除思想上的障碍，从看似"不可触碰"或陷入螺旋形困境的纠结中解脱出来，开辟新的思路，破解世纪性难题。当前对危机的管控只是战术层面的举措，战略冲突的矛盾得不到化解，单纯的管控迟早是要破局的。

附录　国际社会关于战争危机与风险的舆情选录

一　国别战略评估

（一）美国的评估

美国2014年版《四年防务评估》报告全面阐述了美国当前面临的安全和战争风险。报告称：亚太地区由于历史久远的主权争端，或是对自然资源的声索而产生的紧张状态，可能会激发破坏性的竞争，或者会爆发为冲突，扭转正在崛起的地区和平、稳定和繁荣的趋势。

中国的军事现代化进程还在继续，步伐快速，范围全面；与此同时，其领导层无论是在军事能力上，还是在军事意图上，都相对缺乏透明度和公开性。

朝鲜依然保持封闭和独裁局面。朝鲜的远程导弹和大规模杀伤性武器计划，尤其是其违背自己的国际义务而追求核武器，对朝鲜半岛和东北亚地区的和平与稳定都构成了重大威胁，并且日益成为对美国的直接威胁。

中东地区的摩擦点持续存在。宗教差异，尤其是不断扩大的逊尼派和什叶派分裂，是该地区出现跨国对立的根源之一。在未来数年中，对包括能源和水在内的资源的争夺将使紧张状态更加恶化，并且可能会使地区性对抗升级为更大规模的冲突，在脆弱国家中尤其如此。

恐怖主义企图利用转型政府，并且扩大自身的影响。叙利亚的内部冲突仍在宗派摩擦中持续，已经造成了重大的人员生命损失。叙利亚已成为吸引全球"圣战组织"的磁石，并且只要其当前的领导层还在台上，这种情况很可能就会持续下去。严重的外溢效应正在发生，包括外国战斗人员的流入，以及大量难民涌入邻近国家。这些艰难的政治转型提醒我们，该地区发生的事件尚需数年，甚至可能是几十年，才能完全露出其面目。

在非洲，恐怖分子、犯罪组织、民兵、腐败官员和海盗仍然在利用该大陆上缺乏治理或治理不善的地区及其周边海域。一些迅速发展的潜在威胁——尤其是在一些脆弱国家中——包括暴力公众抗议和恐怖袭击，足以对美国利益构成严峻挑战。

虽然大多数欧洲国家今天都致力于维护安全，但巴尔干地区和欧洲边缘地带仍然存在着不稳定性，将继续构成一种安全挑战。

俄罗斯进行的多维度防务现代化的努力以及它侵犯邻国主权的行为，也制造了一些风险。我们将促使俄罗斯提升透明度，以减少军事误判的风险。

与此同时，技术催生的 21 世纪作战环境也提供了新的工具，让国家和诸如恐怖分子等非国家敌人可以寻求非对称途径，利用我们的最薄弱之处。

网络威胁来自大量的国家、组织和个体，其活动对美国国家安全构成了日益严峻的风险威胁。某些威胁者试图定期从网络非法进入国防部及相关工业和基础设施，来削弱国防部的近期和长期军事效能。而且，潜在的敌人还积极侦测美国国内及伙伴国家的关键基础设施，这可能对全球经济造成重大破坏，造成或加剧安全环境的动荡。

美国 2015 年《国家安全战略报告》对形势的评估比上一年趋于严重，认为美国的国家安全正在继续面临严峻挑战。"暴力极端主义和不断演变的恐怖威胁，使美国和我们的盟友面临遭受攻击的持续风险。对网络安全的挑战不断升级、俄罗斯的侵略、气候变化的影响加剧以及传染病的爆发，都使人们对全球安全感到忧虑。""我们正在与欧洲盟友协调一致，对俄罗斯实施严厉制裁，使其付出代价，阻止其未来的侵略。""我们与中国的合作前所未有，但同时对中国的军事现代化保持警觉，并拒绝通过恐吓解决领土争端。"

（二）俄罗斯的评估

2010年版《俄罗斯联邦军事学说》第二部分"俄联邦军事危险与军事威胁"第八章"外部主要军事危险"，共11条，其中有关西方的威胁占7条。"外部主要军事危险"第一条称："企图将北约成员国军事潜力全球化，以破坏国际法准则；企图将北约成员国军事设施向俄联邦边境推进，包括采取扩大集团的手段"，是俄面临的首要军事危险。与原军事学说相比，新军事学说的不同之处是，在冷战结束后首次公开把以美国为首的北约东扩列入军事危险"黑名单"。这充分表明俄罗斯对以美国为首的北约东扩的高度关注和对俄罗斯面临的现实安全态势的焦虑。

2014年版《俄罗斯联邦军事学说》认为，现阶段世界发展的特点是：在国家间和地区间互动的各个领域，全球竞争和紧张程度日益加强；价值追求和发展模式相互竞争；在国际关系错综复杂的大背景下，全球和地区层面的经济与政治发展进程均不稳定。影响力的阶段性再分配正在向新经济增长中心和政治引力中心倾斜。许多地区冲突尚未得到调解，使用武力解决的趋势依然存在，包括与俄联邦接壤的地区。现存的国际安全体系无法保障所有国家享有平等安全。信息空间与俄联邦内部的军事危险和军事威胁出现融合趋势。由此，尽管爆发大规模反俄战争的可能性降低，但是在诸多方向上，俄联邦面临的军事危险反而有所增强。俄罗斯认为，目前面临的主要外部军事危险是：（1）北大西洋公约组织的潜力不断增强，并具有全球范围内破坏国际法准则的能力；北约成员国军事基础设施迫近俄联邦边界，包括通过进一步扩大联盟的方式进行；（2）某些国家和地区形势不稳定，全球和地区稳定遭到破坏；（3）在与俄联邦接壤的国家领土上及其附近水域，外国（国家集团）增加了军队部署，对俄联邦施加政治和军事压力；（4）战略反导防御体系的建立和部署，破坏全球稳定，打破了导弹核领域业已形成的力量对比关系，实施"全球打击"构想，企图在太空部署武器，包括部署高精度非核战略武器系统；（5）规制俄联邦及其盟友的领土，干涉其内部事务；（6）扩散大规模杀伤性武器、导弹和导弹技术；（7）个别国家破坏国际协议，不遵守所签署的禁止、限制和削减武器领域的国际条约；（8）在与俄联邦及其盟友接壤的国家领土上使用武力，破坏《联合国宪章》和其他国际法规；（9）在与俄联邦及其盟友接壤的国家领土上存在（出现）武装冲突的策源地和日益升级的武装冲突；（10）由于国际反恐合作效率不高，全球极端主义（恐怖主义）威胁日益增强并不断出新；存在使用放射性物质和有毒化学物质制造恐怖活动的现实威胁，有组织跨国犯罪规模不断扩大，首先是非法倒卖武器和毒品的活动；（11）存在（出现）引发民族间和宗教间关系紧张的策源地，国际极端主义武装集团和外国私营军事公司在与俄联邦及其盟国边界地区进行活动，以及世界某些地区存在领土争端，分离主义和极端主义更加活跃；（12）为达到军事政治目的，运用信息和通信技术，进行违反国际法的行动，破坏国家主权、政治独立与领土完整，威胁国际和平、安全及全球与地区稳定；（13）在与俄联邦接壤国家内，推翻合法国家权力机关，建立旨在推行威胁俄联邦利益政策的国家制度；（14）外国及国家联盟的情报机关与情报组织实施反俄联邦的破坏活动。

（三）日本的评估

2013 年 12 月 17 日，日本通过了《国家安全保障战略》《中期防卫力量建设计划》《国家防卫计划大纲》三份文件，重点评估了日本所处的国际环境、周边安全形势，详细阐述了日本的基本防卫方针，明确规定了日本今后 5 ~ 10 年的防卫力量建设目标。新《大纲》指出，自 2010 年以来，"日本周边安全环境日趋严峻，各种安全议题和不稳定因素正在表面化、尖锐化"，并从国际、地区和国内三个层面对日本所处的安全环境进行了充分评估。在国际层面，"应对新型威胁与影响和平、安全的多种事态成为紧要问题"，主要表现为地区纷争不断、领土主权和海洋权益争端凸显、大规模杀伤性武器等进一步扩散、国际恐怖组织活动频繁以及海盗活动猖獗等。此外，随着信息技术的发展，不仅要"确保对太空和网络空间的稳定利用"，还应认识到"精确制导武器相关技术、无人化技术等对军事战略及军力平衡产生的巨大影响"。在地区层面，"中、朝、俄等国不断发展的军事力量对地区安全造成威胁"。对朝鲜，有"必要高度关注"其不断进行核试验、连续发射导弹以及对日本进行军事挑衅的一系列加剧地区紧张局势的行为。中国近年来"国防经费持续增长","军力缺乏透明度",并"试图以实力为背景'改变现状'"。同时,新《大纲》对中国"在东海、南海的海空域频繁的军事行动""擅自划定东海防空识别区""扩大军事活动范围"等系列军事动向表示"强烈担忧",并将予以"高度关注"。

另外,日本2014年版《防卫白皮书》也认为:近年来,世界各地发生的地区冲突其性质未必相同。起因可能是民族、宗教、领土或资源等问题,而气候变化等全球性问题所带来的影响也可能成为冲突的导火索。这些冲突的样式各异,从武力冲突到军事对峙不一而足。伴随冲突而产生的人权侵犯、难民、饥饿、贫困和恐怖主义也有可能成为国际问题。因此,在一国或某一地区发生的战乱或安全保障方面的问题,直接扩大成为整个国际社会共同面对的安全保障方面的课题或者不稳定因素的风险正在不断增大。核生化武器等大规模杀伤性武器及其运载手段、弹道导弹的转移与扩散问题,一直被认为是冷战后的重大威胁之一。特别是那些传统的控制方式对其很难发挥有效作用的恐怖分子等非国家行为体,他们获取并使用大规模杀伤性武器的情况依然令人担忧。

(四) 澳大利亚的评估

澳大利亚2014年版《国防事务》在评估"常规军事冲突是否有增加的危险"时,做出比2013年的评估更为悲观的结论,认为在印度洋和太平洋地区,各国经济与军事实力的增长以及希求塑造有利于己的战略环境,导致这一地区不稳定因素增多。如朝鲜对东亚各国的安全威胁,东北亚以及南中国海地区的海洋主权争端。此外,印巴问题、阿富汗问题、南亚各国由于政治与经济转型所带来的国内安全风险等都对地区安全带来挑战。中东地区更是处于极度不稳定的状态,各种问题交织混杂,值得高度警惕。

二 各国政要言论

据《环球时报》2015年11月21日发表的《傅莹对话基辛格》的文章报道:2014年6月与10月,全国人大外事委员会主任委员傅莹与美国前国务卿、著名国际政治家基辛格博士就中美关系展开了两次对话,在回答当前大国之间的战争风险提问时，基辛格说："历史上不是所有的战争都有经济上的原因。现在，虽然大国之间相互作战的可能性不大，但战争的风险仍然存在。回顾一战发生前 10 年的欧洲，虽然没有发生战争，但几乎每年都会出现大大小小的危机。人们对危机习以为常了，不去认真处理，导致失控，走向战争。现在如果对危机处理不及时或者不恰当，也有可能失控，引发战争。当前的风险是，国家在发出威胁后不知道如何体面地下台阶。根据我的经验，有的国家正在美中之间玩游戏，美中双方都须保持清醒的头脑，以免被利用了。"

2014 年 1 月 13 日，英国前首相托尼·布莱尔在世界报业辛迪加网站发表文章称：2013 年 11 月，我时隔 13 年后首次在联合国安理会演讲，与过去气氛相比，世界的差异之大令我惊奇。2000 年 9 月的世界似乎非常不同。我们那时尝试着在柏林墙倒塌十年后明确新的安全秩序。诚然我们当时也有不少挑战，但是我们讨论消除发展中国家贫困时，气氛是轻松的，甚至可以说是积极的。

如今，人们的情绪是消极的。2014 年的开篇更令一切雪上加霜。随便哪一天的新闻都有以宗教为名进行的恐怖主义和暴力活动。施暴者有的是非国家行为体，有的是国家行为体；但是事件背景都是因宗教信仰分歧而产生的矛盾和冲突。

这是 21 世纪的新斗争，除非标本兼治，否则我们无法取得胜利。没有比这个更紧迫的问题。宗教冲突目前的确有可能取代 20 世纪以意识形态为基础的斗争。而两者的毁灭力不相上下。

2014 年 2 月 10 日，德国前副总理兼外长约什卡·费舍尔在德国德意志报网站发表题为《一再战争》的文章称：今年是第一次世界大战爆发 100 周年，我们应以此为契机，思考当今时代能从这场欧洲原始灾难中学到什么。如今，北半球的大部分地区仍受到几大欧洲帝国遗留问题的折磨，帝国的崩溃留下了断裂区。时至今日仍存在破坏地区乃至世界和平的高风险，对巴尔干和中东地区而言尤其如此。

不过，现在回忆 1914 年夏天，最令人担忧的是东亚地区。几乎与史书如出一辙，那里现今聚集着当时那场灾难的全部要素：军备精良；有中国这样一个正在崛起的世界大国，存在大国对抗；悬而未决的领土和边界问题；

朝鲜半岛冲突；历史遗留问题和虚荣心；几乎不具备合作的甚或一体化的冲突解决机制，而是一味争夺权力，而且互相不信任。

世界、理想和国际体系在这 100 年间发生很大变化，尽管有各种可怕的冲突，但爆发一场新的世界大战的可能性降低了。但我们不应忘记，在 1914 年夏天，大多数国家还认为不可能出现后来的那场灾难。尽管如此，它却发生了！

2014 年 9 月 22 日，新加坡海峡时报网站发表文章，题为《新加坡总理说，世界面临三大严重危险》。此言出自李显龙在新加坡峰会开幕晚宴上的讲话。他说：历史绝对不是那么容易预料的，世界和亚洲目前正处在十字路口。他强调了三个危险：一是欧洲和美国的经济困境；二是亚洲日益抬头的民族主义情绪，这种情绪可能导致紧张局势与冲突；三是中国实力增强引发战略平衡方面的变化以及这一变化对美中关系产生的影响。李显龙说，如果所有这些危险都变为现实，世界将陷入困境。

据《环球时报》2014 年 12 月 5 日报道，12 月 4 日，俄罗斯总统普京在一年一度的国情咨文中向西方发出了相当强硬的声音："仇恨人类的希特勒试图摧毁俄罗斯，将我们赶到乌拉尔。呼吁大家记住结果如何。我们的军队消灭了敌人，解放了欧洲。不要忘记 1941～1942 年的惨败，以免未来重犯这一错误。我们时刻准备接受任何挑战，并取胜。"讲话在西方媒体引起一片哗然。彭博社说："这是极富挑衅意味的演讲。"路透社说，普京"刺耳的民族主义"似乎比以前有过之而无不及，他吹嘘了对克里米亚的吞并，捍卫了他富有侵略性的外交政策。

据德新社华盛顿 2015 年 8 月 20 日电（"美国防部部长称俄构成严重威胁"），在美国国防部召开的新闻发布会上，当记者询问国防部部长阿什顿·卡特，近来有美国高级军官把俄罗斯称作是比"伊斯兰国"组织武装分子还要严重的威胁，你是否同意这一看法时，卡特回答："确实是非常、非常严重的威胁。"他说，在冷战结束的 20 多年里，我们并没有把俄罗斯视为对手，但在普京的领导下，俄罗斯的行为在某些方面来看"表现出对手的样子"，"这是新情况，我们需要对此做出调整，加以对抗"。此前，即将上任的美国参联会主席约瑟夫·邓福德上将在对其进行任命的听证会上把俄罗斯称作美国的"头号威胁"。

2015 年 1 月 6 日，英国驻朝鲜前大使约翰·埃弗拉德在英国每日电讯报网站发表文章《中日韩在煽高战争的火焰》。文章说，东亚是全球经济的引擎，但这个地区的国家间关系并没有实现与经济增长对等的提升，而是陷入新仇旧恨中，有时候还因为高涨的民族主义变得更危险。东亚与一百年前的欧洲存在令人不安的相似之处。更糟糕的是，不同于世界多数地区，东亚没有有效的地区机制推动各方和平解决争端，致使彼此的仇恨日益加深。

文章认为，美国与这个地区的几个国家签有防务条约。一旦中国与其中一个国家发生武装冲突，很可能把美国和中国拖入正面军事冲突中。

2015 年 1 月 30 日，澳大利亚前总理陆克文在美国外交政策网站发表的文章《21 世纪的海上巴尔干?》中提到，正如一个世纪前的巴尔干半岛，东亚地区当前的战略环境十分复杂。至少有 6 个国家或地区与中国发生了领土争端，其中 3 个都与美国保持着紧密的战略伙伴关系。虽说美国一直基本上保持中立，但声索国较狭隘的利益和美中两国在更大范围内的战略竞争的交叉度很高，对这种交叉局面也无法自动加以控制。

令情况更趋复杂的是，东亚而今日渐意识到，它在被拉向完全不同的方向。一方面，全球化力量让该地区各国民众及经济的联系紧密程度超过了以往任何时期；另一方面，原始的民族主义势力强大，可能导致该地区四分五裂。结果，尽管对任何一个从地区经济获利中获益的国家来说，武装冲突与构成自身利益的每个因素都显得背道而驰，但武力成了该地区国家打交道时一个可怕但几乎很平常的组成部分，其推动因素就是最近出现的领土争端。中日和中越关系的裂痕最令人担忧。

三 见诸媒体的相关报道

据《环球时报》2015 年 3 月 18 日报道，瑞典斯德哥尔摩国际和平研究所 17 日发布新版世界常规武器交易报告。报告概述了 2009~2013 年世界武器进口和出口的重要动向，并与上个 5 年（2004~2008 年）的数字进行了对比。世界武器进口方面，亚洲和大洋洲过去 5 年武器进口量占全球 47%，比上个 5 年增加了 7 个百分点，欧洲的比例持续下降，从 21% 降为 14%。最大的武器进口国仍为印度，占武器进口总量的 14%，其次是中国和巴基斯坦，均为 5%。印度军购量是中巴的 3 倍。世界武器出口方面，美国占 29%，俄罗斯占 27%，德国占 7%，仍然占据前三位。

"亚洲继续领跑全球武器进口"是 2015 年 3 月 17 日很多媒体报道的标题。武器进口排名前五的国家均为亚洲国家。法国《诺曼底新闻》称，印度 2009~2013 年比此前 5 年间武器进口量增长 111%，同期，巴基斯坦进口量增长 119%，上述数据表明，印巴这对积怨深厚的南亚国家间的军备竞赛依然激烈。

德国电视二台评论说，亚洲军备竞赛是一个致命的链式反应和可怕势头，使它成为一个巨大的冲突地区，德国新闻电视台称，亚洲军事升级"让人嗅到一战的危险"，100 年前欧洲发生的惨剧与军事竞赛升级有很大关系。

据合众社华盛顿 2015 年 6 月 17 日电：澳大利亚经济与和平研究所年度全球和平指数报告采用 23 个衡量指标，评估 162 个国家的和平状况。报告称："如今的世界不如 2008 年和平，恶化最严重的指标是难民人数、国内冲突死亡人数和恐怖主义影响。"报告称："仅去年估计就有 2 万人死于恐怖主义袭击，10 年前死于恐怖袭击的人数为 2000 人。"由于国内动荡和恐怖主义活动加剧，西亚和北非地区成为（自 2007 年以来）全球最不和平的地区。叙利亚、伊拉克和阿富汗是世界上最不安宁的国家，和平状况恶化最严重的是利比亚和乌克兰。2014 年全球各类战争与冲突耗费的资金达到全球国内生产总值的 13.4%，相当于巴西、加拿大、法国、德国、西班牙和英国的经济总和。

日本时报网站 2013 年 1 月 12 日刊登文章《世界第二核时代》，使用了"原子弹又回来了，准备再次行动。这是它在后冷战时代的一次返场"的语句。文章指出，大国核垄断丧失，核多极体系已经来临。在中东、南亚和东亚，旧的对立如今在核背景下显露出来。大国一度的核垄断被打破，像朝鲜、巴基斯坦、以色列——很可能还有伊朗——等较小的国家获得核能力。第二核时代的轮廓仍在形成之中，今后几年将特别危险。因为在规则和红线重新界定之前，新情况本身就构成危险。

据韩国广播公司（KBS）电视台 2015 年 8 月 27 日报道，为应对朝鲜半岛可能出现的突发情况，韩美于 6 月签署了新的"作战计划 5015"，旨在主动摧毁朝鲜核武器和导弹、生化武器等大规模杀伤性武器，在朝鲜半岛发生突发事态时实施"先发制人"的军事打击。这与原先的"作战计划 5027"明显不同，原先的计划是防守反击型的，是在朝方先动手的情况下采取应对行动。考虑到最近朝鲜不断开发核武、导弹，攻击力大幅提高，在其首轮攻击后，韩军将蒙受重大损失。因此新作战计划将采取在最短时间内将朝鲜的攻击力予以摧毁的方案。

日本外交学者网站 2015 年 10 月 20 日报道，巴基斯坦外交秘书艾扎兹·乔杜里当天证实巴基斯坦正式确立了用低当量核武器先发制人打击入侵印度军队的计划。这一表态是巴基斯坦高官首次承认他们在应对与印度未来的潜在冲突中使用战术核武器的意图，证实了国际军控组织长久以来的猜测。

美联社华盛顿 2015 年 12 月 9 日电，美国前国防部部长威廉·詹姆斯·佩里就真实存在且与日俱增的核威胁发出警告。他说，核威胁清单上处于首位的危险是美国某个大城市发生核恐怖袭击或是误判美与俄罗斯爆发的热战演变为核战争。他在接受记者采访时说：使用核弹或简易核装置的恐怖袭击可能发生在"现在的任何时候——明年或后年"。

《环球时报》2015 年 9 月 15 日发表题为《美国手中有"网络战大杀器"》的文章。文中谈道："美国总统奥巴马近日在马里兰美军基地开会时再次指责所谓'中国对美国发动网络攻击'，并声称，'如果要打网络战，我保证，只要我们想赢，就一定能赢'。"美国在网络领域的先天优势是奥巴马敢于夸口的原因。常见的网络攻击手段，理论上各国都可以掌握相关技术，只是水平高低存在差异。美国在网络战领域真正让其他国家难以超越的，是作为互联网搭建者带来的先天优势——几乎所有基础网络协议和框架都是由美国定义的，大部分重要的基础硬件也都由美国制造或掌握在美国手里。

美国外交政策网站 2015 年 2 月 9 日发表《伊斯兰教内部的世界大战》一文指出：在当年美国进军伊拉克之后，国内的左派和右派评论员都一致认为，"基地"组织对美国本土令人震惊的袭击是西方与"伊斯兰法西斯主义"之间的首轮战争。而现在这一斗争的轨迹正从西方转向伊斯兰世界本身。这将是一场长期的战争——但不是"我们"与"他们"的战争，而是伊斯兰世界内部的战争。

马来西亚新海峡时报网站 2015 年 1 月 12 日发表题为《美中关系紧张可能引发意外战争》的署名文章指出：最近数周，东亚地缘政治紧张局势骤然加剧，令人毛骨悚然的事件几乎肯定会不断发生，从而继续带来爆发意外战争或非计划战争的风险。

美联社夏威夷州火奴鲁鲁 2015 年 5 月 17 日电：美国海军陆战队和海军本周在夏威夷款待亚太地区防务领导人，召集亚太 23 国谈两栖作战合作。美国盟国和亚洲伙伴国都将与会；中国没有受邀。这是此类会议的首次召开，正值该地区有关岛屿的领土纠纷愈演愈烈之际。国际战略研究所执行主任蒂姆·赫胥黎接受采访时说："各国越来越重视捍卫领土要求，以及对岛屿和其他小地物的要求"，"有关南中国海一些小岛的领土争端是促使各国对两栖作战越来越感兴趣的一个因素"。

美国《国家利益》杂志网站 2015 年 6 月 6 日发表署名文章分析：导致中国和美国在南中国海开战的三个擦枪走火的因素是岛屿之争、战机对抗和潜艇误判。文章说，中国和美国都不想开战，至少在近期不想这样做，但双方在这一地区冲突中所立下的誓言难以收回。在上述三种情况下，紧张局势可能发展为冲突。

四　智库学者的分析

日本外交学者网站 2015 年 5 月 20 日的报道称，几年前创造"修昔底德陷阱"概念的美国贝尔弗科学和国际问题研究中心主任格雷厄姆·艾莉森在 4 月向美国参议院军事委员会作证时指出，他的研究显示："在过去 500 年中，在崛起国家挑战占统治地位大国的 16 个例子中，有 12 个结果是战争。""修昔底德陷阱"暗含的理念是，当一个崛起中的大国即将与既有大国势均力敌时，极有可能爆发冲突。

2015 年 3 月 12 日，西班牙中国问题专家胡利奥·里奥斯在西班牙中国政策观察网站发表题为《亚洲的三个"回归"》的文章称，安倍晋三宣布日本"回归"正常国家，中国领导人习近平宣布古老中央帝国的复兴"回归"，奥巴马宣布美国战略重心的重返亚太"回归"。世界三个主要经济体的野心汇集到这个世界上最活跃的地缘政治区域，对于这些国家和平解决冲突的能力而言，将带来很大的不确定性。

新加坡国立大学东亚研究所所长郑永年 2014 年 2 月 18 日在新加坡《联合早报》发表题为《如何避免第三次中日战争》的文章称，晚清以来，中日两国已经经历了两次大战。今年又是甲午年，中日关系又遇到了自从朝鲜战争结束以来最严峻的时刻。有关第三次中日战争会不会爆发也俨然成为政策研究界和政治人物争相讨论的话题。

他认为，有三种观点必须要超越。第一，一些人对目前的紧张局面不以为然，认为双方都在玩政治，玩民族主义，国内有这方面的需要。无论中国还是日本，实际都不想发生战争，等到国内的问题稳定了，两国关系自然就好了。第二，也有一些人认为中日两国经济已经高度互相依赖，两国之间的战争难以想象。战争会给双方带来巨大的利益损失。这种观点显然过于经济理性。第三种观点与前两种相反，也就是已经在国际社会开始盛行的"中日必战论"。无论中国还是日本，双方都存在"主战派"，其观点很简单："既然这样，那就打一仗吧！"到目前为止，两国的主战派都还没有跑到台面上来，但如果情势这样升级下去，主战派也可能成为主流，国际上盛行的"中日必战"的悲观论调也会强化主战派的观点。

他认为，要维持和平避免战争，这三种观点都是必须加以超越的。人们既不能忽视甚至漠视中日之间日益恶化的关系，更不能简单地接受中日必战的悲观论调，而是应当更多地思考如何避免战争。战争的代价无法计算，不仅仅是人的生命、经济和社会的代价，而且也会是永恒的痛苦记忆。钓鱼岛问题本身就是上一场中日战争的遗产。况且，现在国际社会更面临着核战争的威胁，一旦发生战争将是毁灭性的。

日本外交学者网站 2015 年 3 月 29 日报道，美国芝加哥大学政治学家米尔斯海默在《大国政治的悲剧》一书的新版中再度语出惊人，在加入全新内容的中国章节中，他进一步阐述自己以前的观点，即认为美国和中国即将卷入一场"安全竞争"，并最终可能引发战争。米尔斯海默认为，中国"在国际无政府状态下生存的最好方式是取得亚洲地区霸权"，为实现该目标，中国将首先"谋求尽量扩大与邻国的实力差距"，从而成为地区军事霸主。

因为这样做将为中国带来巨大利益。

他相信，遏制是美国防止中国谋得地区霸权的唯一办法，这意味着与中国的邻国结成"制衡联盟"，但遏制不能防止当前美中紧张关系升级为直接冲突。一个原因在于，中国的弱邻具有强烈的动机，要在中国尚未更强大之前，现在就挑起危机。这就使美国容易卷入与中国的冲突。另外，存在于两国的强烈民族主义加剧美中互视对方为威胁。简言之，长远而言，美中将进行"一场激烈的安全竞争，且很有可能升级为战争"。

他认为，利益冲突主要体现在三个领域：经济、安全和政治。结果可能是武器贸易成倍增加，军事演习频繁举行，可用兵力的重新部署等，所有这一切都会促成致力于遏制中国的政治联盟的联合。

据美国《星条旗报》2015年9月21日报道：美国兰德公司当月初提交了一份430页的分析报告。报告审议了美国应对亚太未来战争冲突的军事能力，以7年为间隔，从1996年开始，并投射到2017年。报告设定了两个"貌似合理"的场景：中国大陆武力犯台和其军队占领斯普拉特利群岛（即我南沙群岛）。报告的结论是："在未来5~15年，如果美国和中国的部队维持目前的发展趋势，亚洲将见证美国军事优势的消退。""在2017年台湾地区发生冲突的情况下，美国航母将处于显著的风险之中；在斯普拉特利群岛（即我南沙群岛）发生冲突的情况下，也将处于危险之中，虽然程度稍轻。"该报告主要撰稿人埃里克·赫金博瑟姆称："没有人想要战争，没有人希望战争，但我认为，力量的平衡影响双方的算计，力量的平衡对战争的可能性产生重大影响。"该分析报告建议，针对中国日益增加的反水面舰艇的能力，美国应减少对大型航母的依赖，而把更多的资金花在加强潜艇和太空作战能力方面。

总部设在匈牙利的布达佩斯俱乐部创始人欧文·拉兹洛2010年出版了他的新著《世界走入混沌点》。他在书中发出警告：全球目前处于紧急状态，正面临世界性的危机。人类正在遭遇气候变化、经济萧条、生态崩溃、人口压力、食物及水短缺、自然资源不足以及核武威胁。然而，系统的整体瓦解可能会发生得更早，因生态灾难或宗教、地缘政治、资源等冲突所引发的战争而崩溃。

该书指出：人类社会正处在现代系统理论所定义的混沌状态，稳定循环让位于日益复杂和无序的行为。这个混沌状态有一个短暂的窗口，在这一窗口时期，系统极度脆弱，潜伏着高度波动，任何微小的信息输入都会"引爆"系统的全面崩溃，这个不可回头的时点被称为"混沌点"，人类社会已非常接近下一个"混沌点"，可能是未来的 20 年，甚至就在 5～10 年内。

图书在版编目（CIP）数据

国家战略研究. 第 1 辑 / 周琪主编. -- 北京 : 社会
科学文献出版社，2017.7
ISBN 978-7-5201-0934-5

Ⅰ.①国… Ⅱ.①周… Ⅲ.①国家战略-研究-中国
Ⅳ.①D60

中国版本图书馆 CIP 数据核字（2017）第 136892 号

国家战略研究（第 1 辑）

主　　编 / 周　琪

出 版 人 / 谢寿光
项目统筹 / 祝得彬
责任编辑 / 仇　扬　王　燕

出　　版 / 社会科学文献出版社·当代世界出版分社（010）59367004
　　　　　　地址：北京市北三环中路甲 29 号院华龙大厦　邮编：100029
　　　　　　网址：www.ssap.com.cn
发　　行 / 市场营销中心（010）59367081　59367018
印　　装 / 北京季蜂印刷有限公司

规　　格 / 开本：787mm×1092mm　1/16
　　　　　　印张：15.25　字数：245 千字
版　　次 / 2017 年 7 月第 1 版　2017 年 7 月第 1 次印刷
书　　号 / ISBN 978-7-5201-0934-5
定　　价 / 58.00 元

本书如有印装质量问题，请与读者服务中心（010-59367028）联系